幼儿园入学准备教育主题活动实例

主　　编　茅　茵　邵日芳

副 主 编　聂小玲　毕雪琴

编 委 会　茅　茵　邵日芳　朱　璟　薛媛媛　邢　囡　李　征
尹晓杰　宋　军　王清华　张　媛　于晓烨　于　红
于立新　董　跃　李　霞　周　韦

编　　者　（按姓氏笔画排序）
于　炜　于清华　万慧文　万慧馨　王秀波　王学荟
王春晓　王思懿　王秋霞　王聪聪　孔祥艺　叶佳文
冯琳楷　毕雪琴　刘欢欢　刘　洁　刘晓晨　刘慧玉
齐　放　关乔予　安育红　孙鑫鑫　李　莹　杨　丽
时　璐　沙　爽　张诗其　张　玲　陈思佳　邵晓晨
罗晓慧　周玲慧　郑忠鹏　赵　妲　赵春萍　姜一兴
聂小玲　贾国琴　徐　洋　高逢霞　黄　丽　崔露露
梁百合　梁　虹　隋　丽　董　悦　蔡程程　薛寰宇
薄　欢

辽宁师范大学出版社

·大连·

图书在版编目（CIP）数据

幼儿园入学准备教育主题活动实例 / 茅茵，邵日芳主编 . -- 大连：辽宁师范大学出版社，2023.12
ISBN 978-7-5652-4272-4

Ⅰ . ①幼… Ⅱ . ①茅… ②邵… Ⅲ . ①学前教育—教学参考资料 Ⅳ . ① G613

中国国家版本馆 CIP 数据核字（2023）第 233172 号

You'eryuan Ruxue Zhunbei Jiaoyu Zhuti Huodong Shili
幼儿园入学准备教育主题活动实例

责任编辑：孙晓艳
责任校对：刘臣臣
装帧设计：周佰惠

出 版 者：辽宁师范大学出版社
地　　址：大连市黄河路 850 号
网　　址：http：//www.lnnup.net
　　　　　http：//www.press.lnnu.edu.cn
邮　　编：116029
营销电话：（0411）84206854　84215261　82159912（教材）
印 刷 者：大连天骄彩色印刷有限公司
发 行 者：辽宁师范大学出版社

幅面尺寸：185mm × 260mm
印　　张：22
字　　数：352 千字

出版时间：2023 年 12 月第 1 版
印刷时间：2023 年 12 月第 1 次印刷
书　　号：ISBN 978-7-5652-4272-4

定　　价：98.00 元

前言

2021 年 3 月，教育部颁布了《关于大力推进幼儿园与小学科学衔接的指导意见》（以下简称《指导意见》），明确了幼小衔接应该衔接什么以及如何衔接的问题。对于基层幼儿园来说，深入落实《指导意见》，帮助幼儿做好入学准备，实现向小学的顺利过渡，关键在于课程实施的高质量。本书整理汇编了 25 个优秀的幼小科学衔接主题课程实例，每篇案例由主题缘起、主题网络、主题实施（案例节选）、经验梳理四个部分组成，真实还原了鲜活的课程现场，再现了儿童学习与发展、教师支持与引导的全过程。

本书编写团队由大连市市、区两级学前教育教研员，以及诸多优秀的幼儿园一线园长和幼儿教师组成。本书是基层幼儿园贯彻落实《幼儿园保育教育质量评估指南》《指导意见》文件精神，不断开展课程探索的智慧结晶。本书收录的案例主要体现了以下几个特点：一是关注儿童发展的连续性、整体性、可持续性，尊重儿童的经验与差异，为儿童的适应与进阶提供支持，既有大班的专项衔接课程实例，又有小、中班的融入渗透性课程；既有教师预设的活动，又有关注幼儿兴趣和发展需要，追随幼儿自发生成的有意义的活动。二是主题课程实施路径多元化，整合一日生活中可利用的教育资源，融合游戏活动、教学活动、生活活动、家长工作等，全面而有重点地呈现基于问题解决的研究与实践中的探索历程。三是对标《幼儿园入学准备教育指导要点》（以下简称《指导要点》），准确把握入学准备教育的核心要素，努力帮助幼儿实现身心准备、生活准备、社会准备、学习准备中的 16 项发展目标。

我们编写此书的初衷是聚焦幼小科学衔接主题课程，基于实践的需要，给每一个从事和关注学前教育事业发展的人以启迪和帮助：一是深化幼小衔接课程改革，指导并促进课程改革在幼儿园的推行，提升幼儿园课程品质，满足课程建设者和实施者专业发展的需要；二是希望能给更多的幼儿园以借鉴，作为幼儿园一线教师的参考用书，为教师开展幼小衔接研究活动提供一些启示和借鉴。

努力让儿童以最恰当的方式稳步前行，用高质量的衔接课程赋能儿童未来发展是我们最朴素的初心。感谢每一位打开本书的学前教育工作者走进我们的课程故事，让我们在这方有温度的教育场域，发现儿童，看见自己，彼此共鸣。

目录

嗨，恐龙

大连市金州区第二幼儿园 董悦 王聪聪

主题缘起

在大班主题活动“恐龙乐园——我知道的恐龙”中，我出示了各种各样的恐龙图片，幼儿看到后立刻兴奋起来：“我知道，这个是三角龙。”“这个是霸王龙，超级大的恐龙。”“对对对，这个是翼龙，会飞的恐龙。”“你看这个恐龙脖子那么长，一定是副栉龙。”整个活动充满幼儿兴奋的讨论声。活动结束后，很多幼儿还在意犹未尽地讨论关于恐龙的话题，已经消失的恐龙以其独特的神秘感紧紧抓住了幼儿的好奇心。好奇心是幼儿智慧的嫩芽，恐龙的形象让他们对远古时代充满无穷想象，随之而来的是强烈的探究和求知欲望。

基于此，我们追随着幼儿的关注点和兴趣点，围绕恐龙的外形、种类、生活习性以及灭绝原因等方面，结合大班幼儿入学准备需要，开展了绘本阅读“骑着恐龙去上学”系列活动，在充分了解幼儿对恐龙的已知经验的基础上，支持幼儿主动学习，开启了“恐龙”主题背景下的课程实践之旅。

主题网络

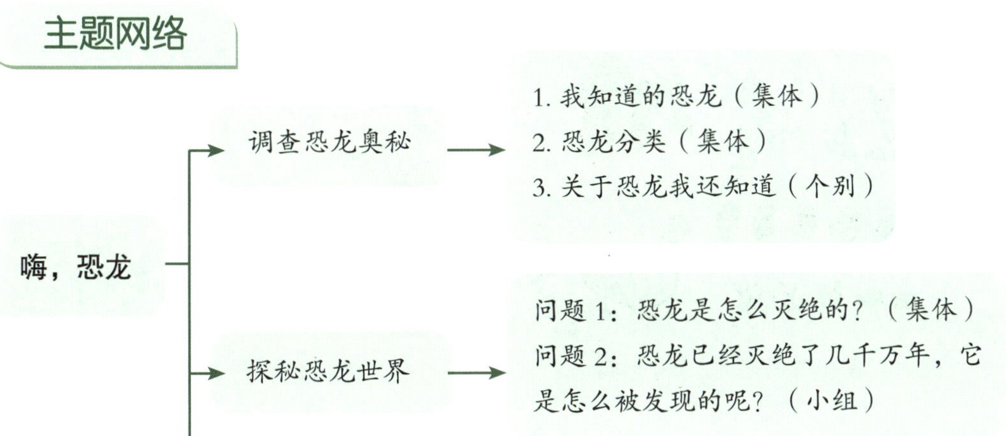

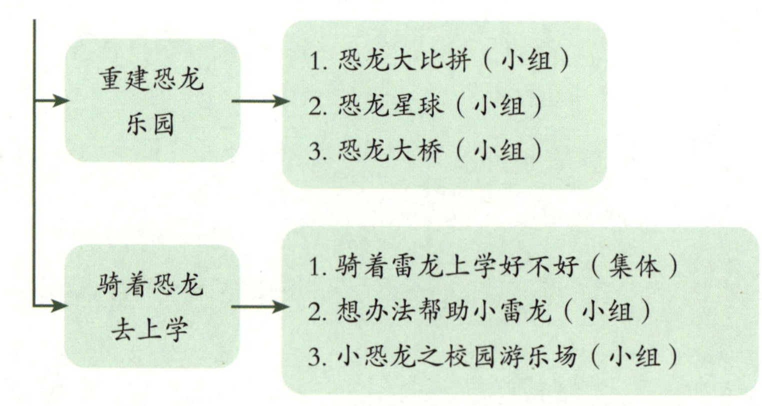

主题实施

对于已经在地球上大约消失了 6500 万年的恐龙来说，它一定不知道现在的幼儿对它的喜爱已经达到了痴迷的程度。幼儿对恐龙到底知道多少呢？关于恐龙的调查开始了……

一、调查恐龙奥秘

1. 我知道的恐龙

《3~6 岁儿童学习与发展指南》（以下简称《指南》）指出："幼儿科学学习的核心是激发探究兴趣，体验探究过程，发展初步的探究能力。"带着疑问，我们开展了"我知道的恐龙"大调查，让幼儿和爸爸妈妈一起查阅资料，选两种最感兴趣的恐龙，了解它们的名字、外形特征和生活习性等。

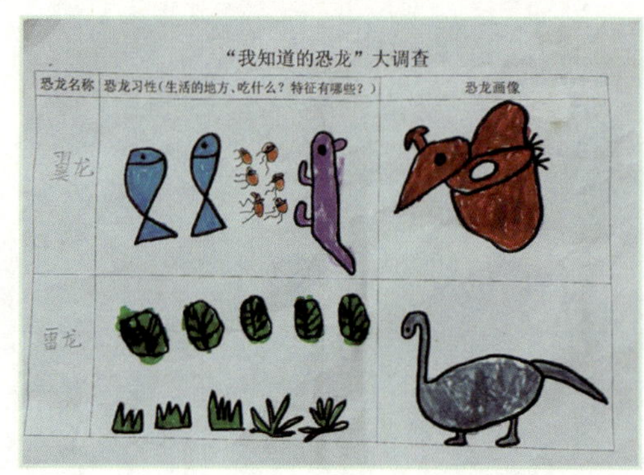

"我知道的恐龙"调查单

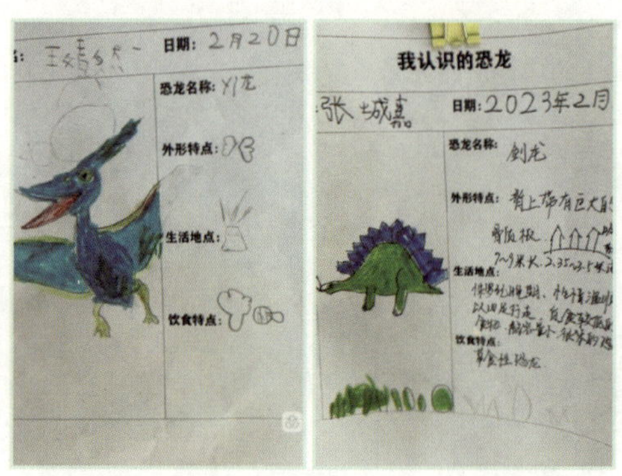

"我认识的恐龙"调查单

通过调查和分享交流，幼儿一下子认识了20多种恐龙，他们还给不同的恐龙绘制了专属名片。如剑龙是生活在侏罗纪晚期的恐龙；霸王龙前肢较小，但后肢有力；腕龙最喜欢吃高大树木的叶子……

幼儿绘制的恐龙名片

2. 恐龙分类

幼儿收集了与恐龙相关的图书、模型，创设恐龙展馆、恐龙图书展，开展恐龙趣谈活动，通过观察、讲述分享自己的见解，丰富关于恐龙的知识经验。

恐龙图书展、模型

恐龙展馆

经过持续的讨论交流，幼儿从觅食方式、生活时代两个方面对恐龙进行了区分和比较。

★按觅食方式区分

通过查阅资料，幼儿了解到霸王龙是肉食恐龙，和它一样的还有迅猛龙、翼龙、沧龙等；植食恐龙有梁龙、雷龙、三角龙、剑龙等。

恐龙分类调查表

肉食恐龙和植食恐龙在觅食方式、外形特点、斗争方式等方面有很多不同。

肉食恐龙	植食恐龙
·以植食恐龙和其他动物为食。 ·长有尖锐的牙齿和锋利的爪子。 ·有较大的头，后肢有力，前肢很短。 ·攻击性较强。	·以植物为食。 ·爪子相对较小，牙齿呈勺状。 ·体型巨大，行动缓慢。 ·防御性较弱。

★按生活时代区分

通过观看视频、亲子阅读等方式，幼儿知道恐龙还可以按照生活的时代进行划分，不同时代的恐龙生活环境是不一样的。恐龙生活的时代包括三叠纪、侏罗纪、白垩纪三个地质年代。恐龙出现于三叠纪，鼎盛于侏罗纪、白垩纪中期，灭绝于白垩纪晚期。

上网做调查

利用配对游戏了解恐龙生活的时代

3. 关于恐龙我还知道

恐龙元素常常出现于幼儿生活中，如动画片、恐龙玩具、恐龙主题乐园、恐龙博物馆以及与恐龙相关的绘本故事等，这些元素拉近了幼儿与恐龙的距离。恐龙还有哪些奥秘呢？我鼓励幼儿通过阅读绘本、参观博物馆、和爸爸妈妈上网查阅资料等方式去了解更多的恐龙知识，并将自己了解到的恐龙知识记录下来与其他幼儿分享。

幼儿表征解读：恐龙为什么能长这么大？因为恐龙体内有特殊的器官有助于散热，又有充足的食物供给，所以恐龙会长得很大。

幼儿表征解读：恐龙是怎么被发现的呢？大家很早便发现了恐龙化石，一位热衷于化石研究的医生经过鉴定，确定这些化石是已经灭绝的恐龙化石。

幼儿表征解读：植食恐龙和肉食恐龙有什么区别？植食恐龙体型较大，用四只脚站立，肉食恐龙大部分有粗壮的后腿；植食恐龙牙齿小小的、密密的，肉食恐龙牙齿尖尖的；植食恐龙行动缓慢，肉食恐龙善于奔跑。

幼儿表征解读：植食恐龙有哪些保护自己的方法？特别的角作为防御和攻击武器；厉害的尾巴可以反击敌人；巨大的身体让敌人难以靠近；身上的盔甲更让敌人无从下口。

二、探秘恐龙世界

除了对未知的恐龙本身感兴趣，在探究恐龙的过程中，幼儿还对恐龙生存的环境、恐龙化石等相关事物产生兴趣。于是问题来了：为什么现在没有恐龙了？恐龙是怎么灭绝的？恐龙灭绝以后，人们又是怎么发现恐龙的呢？

问题 1：恐龙是怎么灭绝的？

恐龙曾经是地球的主人，是什么原因导致恐龙灭绝了呢？对此，我和幼儿进行了猜想和激烈的讨论。

人类砍伐树木，导致沙尘暴，造成恐龙灭绝

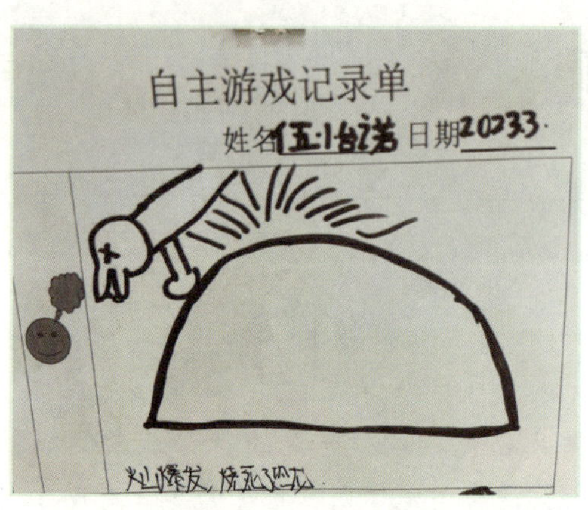

火山爆发，恐龙被烧死

陨石降落，恐龙无处可逃

温度过高，恐龙无法生存

幼儿猜想的原因主要有沙尘暴、火山爆发、陨石降落、温度过高等几方面，猜想的结果充分体现了他们的已有经验。那么恐龙究竟是如何灭绝的呢？我和幼儿一起观看科普视频来了解科学家对恐龙灭绝原因的推测。

恐龙的灭绝是因为陨石降落，污染了大气层。被污染的大气层阻断了阳光的照射，空气也被污染。没有阳光和新鲜的空气，草木枯萎，导致植食恐龙灭亡。

问题 2：恐龙已经灭绝了几千万年，它是怎么被发现的呢?

如此庞大威武的恐龙现如今已经看不到了，对于恐龙，幼儿更多停留在听起来如何、看起来如何的层面。幼儿如果能亲眼看，亲自动手操作，相信会有不一样的体验和感受。于是我为幼儿提供了恐龙化石考古玩具，还原挖掘情境，带给幼儿最真实的体验。幼儿用凿子和锤子小心翼翼地将石膏打破，生怕破坏了藏在里面的化石，然后他们用刷子清理化石上的灰尘，取出恐龙化石。

提供恐龙化石考古玩具

开展“考古”游戏

挖出恐龙化石的幼儿激动不已，“原来化石就是恐龙的骨头呀”，“这些骨头还都埋在地底下呢”。经过梳理、查阅资料，我们最终知道了恐龙化石的来历：恐龙死后其骨骼包括牙齿等硬体组织被埋在泥土里，经过几千万年甚至上亿年的时间，恐龙骨头更加坚硬，成为化石，最终被人类发现。

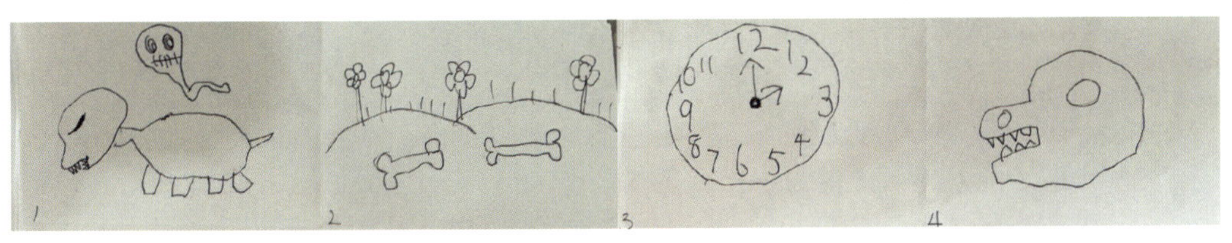

恐龙化石的来历

三、重建恐龙乐园

恐龙灭绝的原因让幼儿唏嘘不已："没想到这么强大的恐龙竟然一下都消失了。""好想再看看它们啊。"经过热烈的讨论，他们产生了重建恐龙乐园的想法。于是，一群热爱恐龙的孩子开始了恐龙乐园的建设工程……

1. 恐龙大比拼

★剑龙、翼龙

英晨和立臻发现剑龙的后背上有尖尖的背骨，于是他们用三角形积木块做剑龙的背骨。

剑龙

用三角形积木块做剑龙的背骨

梓潼、悠悠、宝马和英晨一起讨论想要做一只会飞的翼龙。于是我给他们提供了比较轻的纸板，他们用雪花片拼插出翼龙的身体，用剪刀剪出长长的薄片做翼龙的翅膀，用彩笔为翼龙画上漂亮的装饰。

幼儿在讨论做一只会飞的翼龙

生动的翼龙作品

★副栉龙

几个幼儿准备搭一只副栉龙，他们对比着副栉龙的模型认真搭建，俊俊用六根圆柱积木，两根在下一根在上，做恐龙的两条后腿；俊岐用缺角正方体和小圆柱搭配做恐龙的肌肉；大堃用正方体积木交错叠放进行垒高，用直直的积木做副栉龙的长脖子，俊俊说：“不对，副栉龙脖子是弯曲的。”怎样让副栉龙的脖子弯曲呢？他们重新开始，依次把上面的积木块放到下面积木块一半的位置上，如此重复，放完第三块，只听“啪”的一声，刚搭好的积木都倒了。大堃想到一个好办法，在每层积木下面都交错放一块薄积木，这样就稳定了，等到弯曲的地方，把上面的积木放在下面积木的前面，这样就能弯曲了。

幼儿对比着副栉龙的模型进行搭建

让副栉龙的脖子弯曲

两个人开始尝试，“一层、二层、三层……”搭建到第五层的时候，他们准备让恐龙的脖子弯曲，结果当第五层积木块放上去的一瞬间积木倒了。几个幼儿经过讨论觉得倒塌的原因是脖子弯曲得太早了，他们决定垒到第十层再将积木错开放。大家又小心尝试，等到第十层的时候，他们小心翼翼地错开放积木，一次只错开薄积木那么宽，垒到第十三层的时候，脖子已经开始晃动了，大堃赶紧拿出一块长板压在上面，这回副栉龙的脖子弯曲后没有倒塌。

2. 恐龙星球

在“搭建高楼大厦”活动中，梓瞳对球形建筑物很感兴趣，突发奇想要搭建一座恐龙星球。刚开始时，幼儿用积木围成直上直下的四方体，梓瞳说：“恐龙星球是球形的，怎么才能让它变成球形？”若曦说：“球形下面是窄的，中间越来越宽，上面又变窄了。我们先用短积木做个正方形，再用长一点的，中间用最长的，这样就一层层变大了。”大家按照若曦的想法去找木板，但是事与愿违，他们很快发现虽然积木一点点变长，但搭出来的还是方形建筑。怎么办呢？看到幼儿变得沮丧，我问道：“方形建筑和圆形建筑有什么不同呢？”若曦说：“方形是有角的，圆形没有角。”“怎样才能没有角呢？”“我们用积木压住角来试试。”若曦用三块短积木围成三角形，第二层用四块积木围成正方形，压在第一层三角形的角上，上一层比下一层多一块，第三层就是五边形。

搭建球形的技巧

搭建的恐龙星球

梓瞳说："球形中间最大的部分怎么办呢？"若曦说："短的积木可以做小的三角形、四边形，中间我们用最长的积木吧！这样球形中间就是最大的了。"梓瞳问："那怎么扩大、缩小呢？"这时大堃跑过来说："宽的地方把积木往外放，不要超过下面积木的一半就能稳定住，窄的地方把积木往里收。"听了大堃的方法，她们俩马上行动起来，若曦和梓瞳小心翼翼地摆放每一块积木，把积木依次放在下层两块积木的缝隙中间，就像盖房子砌墙一样。她们俩齐心协力，恐龙星球搭好了。

3. 恐龙大桥

在接下来的游戏中，幼儿为恐龙乐园添置了许多建筑物，如恐龙医院、恐龙餐厅、恐龙大桥等。恐龙大桥楼梯的搭建吸引了我的注意力。俊岐和永俊先是用高度不一的圆柱体做桥柱，再在桥柱上放上长方形木板做大桥的楼梯。

幼儿正在进行恐龙大桥楼梯的搭建

后来两个人决定改用小木块来搭建大桥楼梯，我发现两人采用了两种不同的方式。俊岐抓了一大把薄积木块，运用点数的方法数出相应数量的积木，第一层1块，第二层2块，每增加一层多加一块，共搭了九层；永俊则用填补的方法，搭好最高的一层，剩下的用木块填补进去。他拿出薄积木块，不按顺序放，尝试了几次终于搭好了，楼梯的高度和俊岐的一样，只是从侧面看不够整齐。随后我问俊岐："你一共用了多少块积木？"他开始一块一块数，一直数到45，我又问他："你还有更快的方法能知道用了多少块积木吗？"他想了想说："第一层1块，第二层2块，每一层都比前一层多一块，1+2+3+……，一直加起来。"他在纸上算了起来，惊喜地告诉我也是45。我又问永俊："你用了多少块积木？"他开始数了起来，由于是用填补方式搭建的，显得很乱，数得也很慢。很长时间后，他说："47块，我比俊岐多2块。"我问他："你能用什么方法快速地知道自己用了多少块积木？"他想了想说："我不能用加法，我搭的楼梯每一列都不一样，还是俊岐的方法好。"

搭建恐龙乐园持续了一个多月，幼儿通过探讨交流、操作尝试，不断解决建构中的问题，并伴随搭建活动获得巩固形状、数量关系、模式排列、空间感知、部分与整体等数学核心经验。

恐龙乐园搭建成果展示

四、骑着恐龙去上学

毕业前夕，大班幼儿频频谈起入小学的话题，幼儿有期盼也有担心和焦虑。一天，乐乐拿来了绘本《骑着恐龙去上学》。绘本刚投放到阅读区就激发了幼儿的阅读兴趣，于是我决定和幼儿一起仔细阅读这本有趣的绘本，通过阅读绘本来帮助幼儿建立良好的入学期待。

1. 骑着雷龙上学好不好

幼儿分小组自主阅读图书，看着书上的小朋友能骑着恐龙上学，大家羡慕不已。有人觉得骑着小雷龙上学真是太酷了，自己要是也能骑着恐龙上学就好了；有人觉得骑着小雷龙上学太危险了，那么高万一坐不住掉下来怎么办？

“那么，骑着雷龙上学好还是不好呢？”我抛出这个问题引发幼儿思考，决定展开一场辩论赛，将幼儿分成正方和反方进行辩论。经过激烈的辩论，我们总结出以下骑着雷龙上学的好处和坏处：

好处	坏处
·可以节省汽油，避免尾气污染。 ·可以在高高的恐龙背上看到更多远处的风景。 ·可以帮助别人取下高处的物品。 ·楼上的人可以直接从恐龙脖子上滑下来，节省了下楼时间。	·又大又重的恐龙会压坏路面。 ·会碰坏电线杆和高楼。 ·会造成交通堵塞。 ·庞大的恐龙行走在路上，会吓到胆小的人和其他动物等。

2. 想办法帮助小雷龙

小雷龙接送幼儿上下学，造成了很多的麻烦，警察局寄来罚单，禁止小雷龙上路。可是，幼儿又特别喜欢小雷龙，他们想每天和小雷龙在一起，有什么好办法可以帮助他们吗？幼儿用画笔记录下了自己的想法。

把楼房建得矮一些，避免被恐龙尾巴扫到。

通行的地方设立护栏，保护车辆和楼房。

装上翅膀，让小恐龙飞行。

设立恐龙、车辆、行人专用通道。

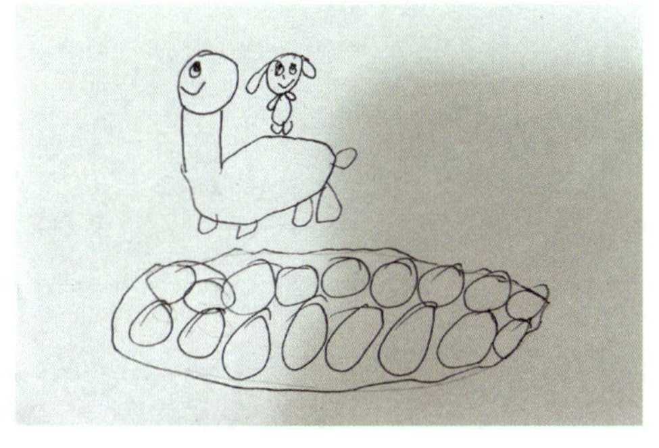

在桥下垫上很多石头，避免恐龙把桥压断。

将红绿灯设置在栏杆上，低一点，恐龙就不会撞到了。

3. 小恐龙之校园游乐场

小恐龙来到了校园后，又会发生什么有趣的故事呢？

小恐龙带着新入学的小朋友参观校园。

体育课上，小朋友把球踢到了树上，小恐龙一伸脖子就把球拿下来了。

小恐龙用自己的尾巴帮小朋友拎书包。

见到小朋友吵架，小恐龙会劝架，无论是几年级的，大家都是好朋友。

体育课上，踢足球累了的小朋友还可以在恐龙的身上休息。

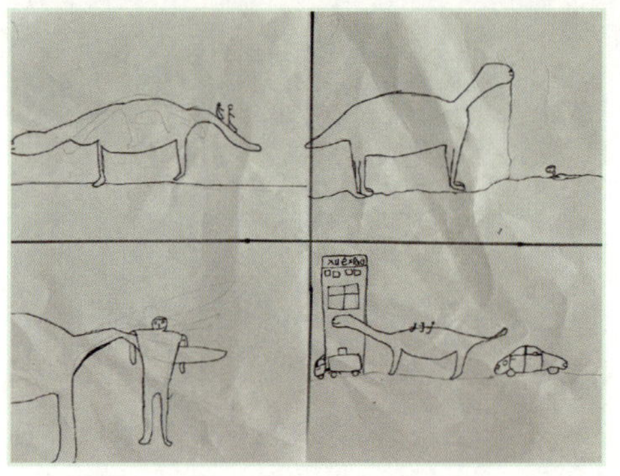

恐龙的尾巴可以做滑梯，可以让小朋友荡秋千，恐龙还会流泪给小朋友的泳池注水，大家一下课都爱找小恐龙玩。

恐龙在操场上陪小朋友玩跷跷板、滑滑梯，不同年级的小朋友都可以在一起做朋友。

小恐龙会安慰赖床不起的小朋友，督促他赶快上学，还会用自己的脖子让小朋友荡秋千。

经验梳理

身心准备	1. 初步了解小学生活，建立积极的入学期待，保持积极、稳定的情绪。 2. 运用简单的工具和材料，通过画、剪、折、撕、粘、拼等，进行各种恐龙造型活动，锻炼手部小肌肉动作，提升手部动作协调能力。
生活准备	能对收集的恐龙玩具、模型、图书等进行分类整理和收纳，并自主创设恐龙展馆、恐龙图书展。
社会准备	1. 主动与同伴交流、讨论自己对恐龙的认识，分享自己了解的与恐龙相关的知识经验，合作进行恐龙搭建活动，体验合作的重要性。 2. 遵守游戏规则，能与同伴讨论并自主制定恐龙搭建的游戏规则，养成良好的规则意识。
学习准备	1. 尝试运用查阅资料、调查统计、讨论分享等方式获得对恐龙外形、种类、生活习性等方面的认识，积累关于恐龙与人类关系的相关经验，萌发探究恐龙秘密的兴趣。 2. 运用调查、分类、记录等方式，分享自己的发现以及探究的过程、方法，提高科学探究的计划能力和符号记录能力。 3. 尝试与同伴合作，运用多种工具和游戏材料制作恐龙、建构恐龙和恐龙乐园，表达自己对恐龙的认识与感受，促进语言、情感、社会性等多方面的发展。 4. 运用文字和符号记录、总结游戏的过程、想法，感受文字符号在日常生活中的功能和意义。 5. 自主了解、阅读与恐龙相关的知识、图书，增强阅读兴趣和理解能力，能根据情节、图书画面对故事结果进行预测或续编、创编故事。 6. 运用数数、排序、简单的统计和测量等数学方法解决游戏中遇到的问题，体验运用数学方法解决问题的乐趣。

我们幼儿园的地图

大连市中山区东港第一幼儿园 李莹 关乔予

主题缘起

“我们幼儿园的地图”主题活动源自大班幼儿对方向和位置的兴趣和探究欲望。在“姓氏密码”游戏课程中，幼儿通过在地图上寻找祖籍，掌握了“上北下南，左西右东”的平面方位认知经验，并尝试将方位经验迁移运用到实际生活中，讨论记录自己关注的家、班级、幼儿园、街道的方位。我抓住了幼儿的兴趣点，结合《指南》及《指导意见》文件精神，支持幼儿在解决实际问题的过程中不断提升各方面能力，全面做好入学准备教育。

主题网络

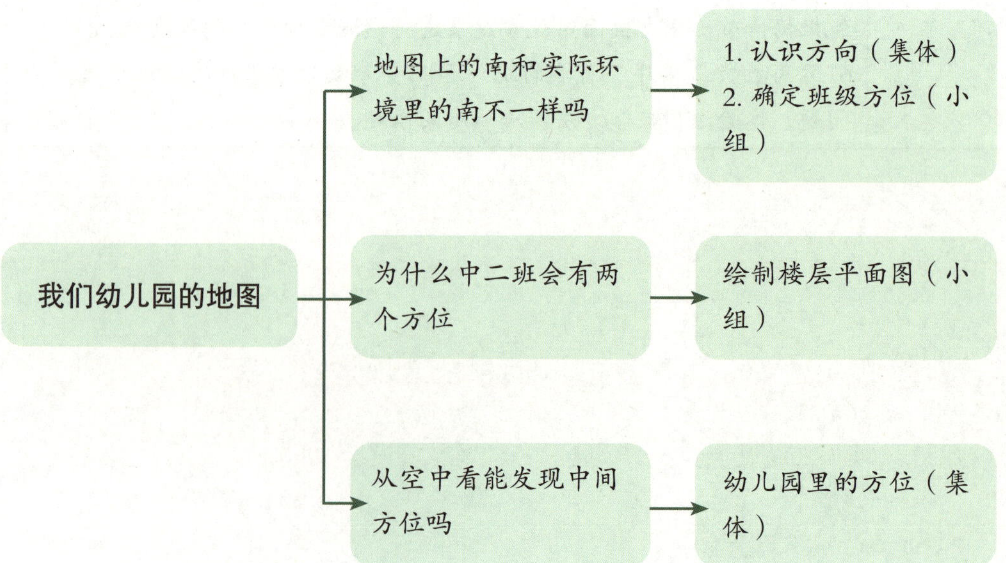

主题实施

一、地图上的南和实际环境里的南不一样吗

1. 认识方向

幼儿打算先给自己的班级画一张地图，在确定方位时他们迁移了在中国地图上学到的关于方位的常识性经验“上北下南，左西右东”。在用这个经验观察班级各个房间所处的方位时，他们迅速得出结论：天花板的方位是北，地面的方位是南。看到幼儿积极地将经验进行迁移，我提醒幼儿可以到实际环境中找一找、看一看，“地图上和实际环境中的东南西北一样吗？”

“好像不一样，不是有阳光照进来的那个方位是南吗？地面上可没有阳光照进来，窗户那个方位才有阳光照进来。”小彬对之前的结论提出了质疑，围绕这个话题大家开始了讨论。

一皓说：“有阳光的地方就是南，这个没错呀。”

幼儿观察阳光照进来的方向

小哲补充说：“对对，我看到中午的时候阳光从阅读区的窗户照进来，那个方位就是南；吃早餐的时候阳光从钢琴旁边的窗户照进来，那个方位就是东，因为早上太阳从东边升起来。”

小彬说：“可是为什么看地图的时候是‘上北下南，左西右东’呀？”

“‘上北下南，左西右东’肯定没错，地图上就是这样看的！”小米搬出自己在前一个主题里学习到的经验。幼儿分成了两派，一派质疑一派坚持，各自努力寻求有力的证据。

“我们不是要画地图吗，地图就应该按照‘上北下南，左西右东’这样画。”他们重新强调了要做的事情。

2. 确定班级方位

听着幼儿的热烈讨论，我提出了一个问题：“我们班级有活动室、阳台、寝室，还有衣帽间和卫生间，如果找不出来它们的方位怎么在地图上画呢？”这个问题提醒了幼儿，于是两派终结对立达成共识：“那我们就先找出哪里是南吧。”于是大家按照阳光的提示很快就确定了活动室的方位是南，能看到太阳升起来的阳台方位

就是班级的东，与南相对的更衣室和卫生间方位就是北，与东相对的寝室方位就是西。我鼓励幼儿将“东南西北”四个字贴到相应的方位上，幼儿很有成就感，大家一边来回看一边指着说：“活动室在南边，更衣室在活动室的北边，阳台在东边，寝室在阳台的西边。”

找到了东西南北，幼儿认为可以画班级的地图了。他们开始在记录单上画地图，按照什么方位画呢？“当然是‘上北下南，左西右东’了！”幼儿原有的知识储备又被迁移过来，很快班级的地图被他们画出来了。更衣室的方位在北边，所以它在地图的最上面；活动室的方位在南边，所以它在地图的最下面；寝室的方位在西边，所以它在地图的左边；阳台的方位在东边，所以它在地图的右边。

在展示绘制的班级地图时，幼儿非常有成就感，小彬感叹道：“画一个地图太麻烦了！”“最麻烦的是什么？”我顺着小彬的感慨问他们，幼儿七嘴八舌地抢着说：“就是得想着地图上的‘上北下南，左西右东’和实际站在教室里看的方位不一样。”

“对，就是一个得这样从上往下看，‘上北下南，左西右东’；一个得这样左右前后都看看，找到阳光才能找到南，面朝南，南的对面就是北，左手边就是东，右手边就是西。”一茗边比画边说。

“对，找好了东南西北，然后才能按照‘上北下南，左西右东’的经验在地图上画出来，这是最麻烦的。”小彬说。大路补充说：“嗯，得在脑子里转一下。”

教师的思考

幼儿发现了地图上的南和实际环境里的南不一致，他们所质疑的问题背后的核心概念其实是方位的两个维度，地图上的“上北下南，左西右东”是以整个地理位置背景做参照物的平面方位，而实际环境里的东西南北是以太阳光线为参照物的视觉性方位。

围绕这个问题，幼儿运用已有经验，在观察实践、争辩讨论中逐渐明晰将问题分成“两步走”的解决方式，先在阳光的提示下观察确定视觉性方位——“面南背北，左东右西”（面朝南，后背对着北，左右两侧分别是东和西）。幼儿通过阳光确定方位，再按照平面方位“上北下南，左西右东”的规则把视觉性方位画出来，虽然幼儿还没有这两个方位维度的概念，但实际上已经通过自己的探究理解了这两个方位的不同维度，获得了解决这个问题的关键经验。

二、为什么中二班会有两个方位

绘制楼层平面图

有了给班级画地图的经验之后，幼儿开始准备绘制幼儿园不同楼层的地图。为了更好地了解幼儿园的全貌，我和幼儿一起进行了细致的实地参观，在后面的记录环节，小史所在的小组把二楼所有的房间都画了下来，从西往东分别是小三班、中二班、大一班。大一班的小米看着地图说：“我们班级的方位是在东边，中二班是在我们班的西边。”“我看中二班是在小三班的东边。”小史和小米说的不一样，一个中二班出现了两个不同的方位，为什么呢？

小邱仔细看着地图说：“都对呀，中二班在大一班和小三班的中间，它的东边是我们班，它的西边是小三班。”

幼儿都围拢过来，有的赞同小邱的说法，有的说：“那中二班到底是哪个方位？是要给中二班分成两半吗？”

“不用分成两半，你们看中二班就在小三班和大一班的中间，所以中二班在小三班的东边，在我们班的西边。”小邱指着地图自信地解释。

“就看它和谁比了呗。”显铭在一边说。

幼儿讨论后绘制的立体楼层地图

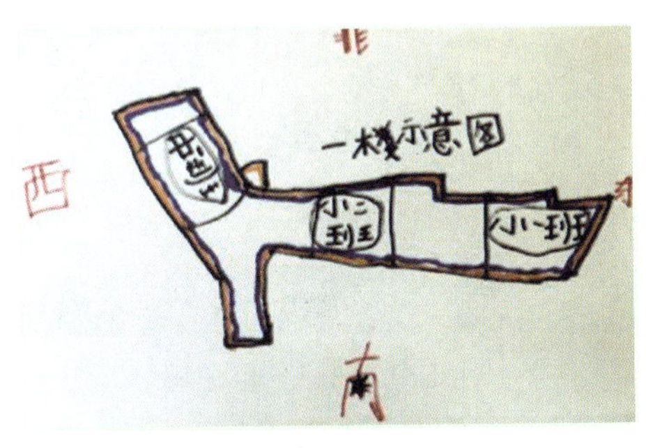

幼儿绘制的一楼平面示意图

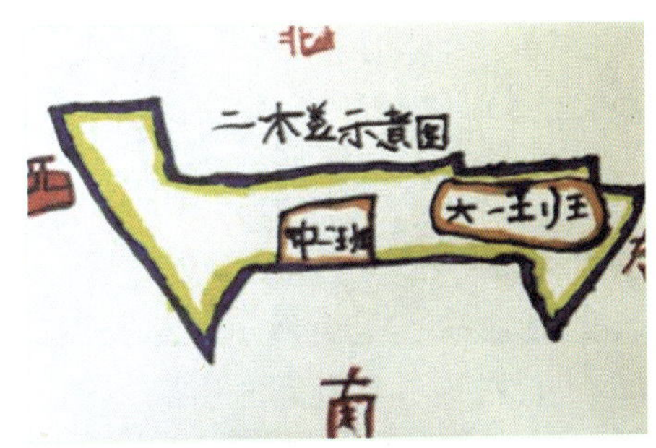

幼儿绘制的二楼平面示意图

教师的思考

幼儿关于中二班所在方位这个问题的争论以及最后对这个问题的总结“就看它和谁比了”，涉及的核心概念是方位的两个属性：第一是方位有相对性，第二是判断方位的前提是确定参照物。幼儿在对所在环境的观察和分析中，明白了参照物的含义和对于方位判断的意义，知道了位置是固定的，如果参照物变了，方位就会随着改变，也获得了用“和谁比”来确定参照物的关键经验。

三、从空中看能发现中间方位吗

幼儿园里的方位

在绘制幼儿园外观地图的过程中，幼儿围着楼体边转边记录，晴晴跟小伙伴说："从我家窗户上能看到幼儿园的全部，看得可清楚了。"其他幼儿也抢着说："我家也能看到，从高处往下看幼儿园的大楼和操场都变小了。"

听着幼儿的议论，我立刻反思，应该利用幼儿园的自然条件，让幼儿到二楼、三楼的阳台上，从高处俯瞰幼儿园全貌。

这个主题活动的推进也借助了家长资源，有的家长通过用无人机拍摄幼儿园的鸟瞰图来支持幼儿的探究。在观察鸟瞰图时，幼儿给幼儿园标注了方位，小旭指着东北角说："我们采海棠果的地方是什么方位？""我看在楼的东边。""我看海棠果树还靠近楼的北边，它又在东边又在北边。""小棠营地也是一样，一边在南边一边在东边。"

小邱也发现了这样的地方，我顺势引导，告诉幼儿这样的方位叫"中间方位"，我们可以给这样的方位起一个名字。小旭说："海棠果树的方位就叫东北，那小棠营地的方位就叫东南，'乔治房'的方位就叫西北，攀爬网的方位就叫西南。"中间方位的学习加深了幼儿对方位的整体认识，能支持幼儿更精准地绘制幼儿园的外观地图。

幼儿到东侧平台俯瞰

幼儿到西侧平台俯瞰

俯瞰后幼儿开始绘制幼儿园的大地图

幼儿绘制的幼儿园外观地图

教师的思考

对于大班幼儿来说，绝对化思维方式占主导，要真正把相对性的方位概念转化为新经验，必须借助真实的环境，通过直接感知、亲身体验、实际操作才能实现从绝对化思维向相对化思维的过渡，这是单纯依靠机械识别和记忆无可比拟的。幼儿自主发现了中间方位的存在，就是对方位这个具有相对性、连续性、可变性的概念有了更深层次的理解。

经验梳理

身心准备	1. 手部动作协调，能使用简单的工具和材料设计幼儿园的地图。 2. 通过多种形式的户外活动，在幼儿园的各个角落识别方位。
生活准备	1. 自主调整作息时间，延长游戏活动的时间，能够逐渐自主决定活动内容，推进游戏进程。 2. 有初步的时间观念，做事不拖沓，按照自己的时间计划完成相关活动内容的调查。 3. 有自我保护意识，从不同角度观察幼儿园位置时，懂得自我保护，安全进行活动。
社会准备	1. 能与同伴分工合作共同完成任务，体验合作的重要性。 2. 同伴遇到困难时，尝试主动提供力所能及的帮助。遇到冲突时，尝试用协商、交换、轮流、合作等方法解决，不争抢，不欺负同伴。 3. 能够认真倾听同伴的想法和建议，当意见不一致时说明理由，能主动向老师表达自己的想法和需求。 4. 在日常生活和游戏中建立良好的规则意识，尝试与同伴讨论制定游戏规则并自觉遵守，做到举手提问、轮流发言，别人讲话时认真倾听、不随意打断等。 5. 理解游戏活动推进过程中的任务要求，能向家长清晰地转述并主动去做。 6. 热爱集体，愿意为集体出主意、想办法、做事情。
学习准备	1. 对大自然和身边的事物有广泛的兴趣，有好奇心和探究欲。喜欢刨根问底，乐于动手动脑，努力寻找答案。 2. 乐于独立思考并敢于表达。做事情有一定的计划性，并能较清楚地讲述一件事情。 3. 能在教师的指导下，尝试运用数数、排序、简单的统计和测量等方法解决生活和游戏中的问题。能运用上下、左右等方位经验绘制地图，体验解决问题的乐趣。

蚂蚁和西瓜

大连市人民政府机关幼儿园 齐放

主题缘起

谦牧从家带来了喜爱的绘本《蚂蚁和西瓜》与小朋友们分享。“小蚂蚁都在干什么？”幼儿围绕这个问题开始了交流。小蚂蚁有的在吃西瓜，有的在睡觉，有的在用铲子挖西瓜，有的在搬西瓜，有的忙着运走西瓜……绘本中的小蚂蚁动作夸张有趣，吸引着幼儿，激发了他们对蚂蚁无限的好奇和疑问，因此寻找小蚂蚁成了幼儿户外活动时的必选项。

幼儿有着与生俱来的好奇心和探究欲望。结合绘本故事《蚂蚁和西瓜》，从探究蚂蚁的奥秘到产生表演蚂蚁搬西瓜的愿望，幼儿从多种形式的活动中去了解蚂蚁，一场关于蚂蚁的探究之旅就这样开始了。

主题网络

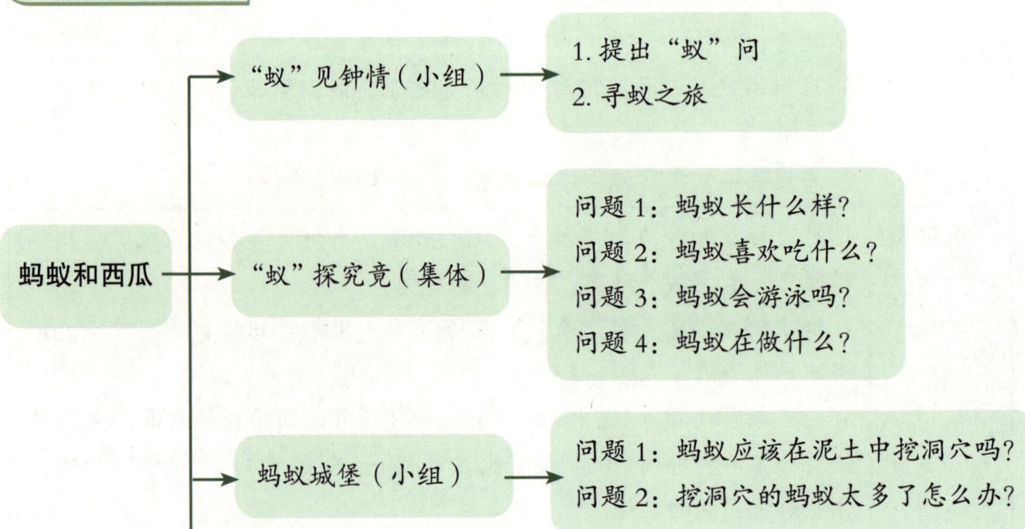

- 关于西瓜（集体）→ 问题：西瓜从何而来？
- “蚁”起表演（集体）→ 问题1：表演过程混乱怎么办？问题2：如何分辨四个角色？
- 蚂蚁餐厅（小组）→ 问题1：将西瓜运回洞穴后要做什么？问题2：做完的西瓜美食可以用来干什么？问题3：小蚂蚁除了搬运西瓜还能搬运什么回家？

主题实施

一、“蚁”见钟情

1. 提出“蚁”问

在自主阅读后，幼儿对小蚂蚁产生了很多疑问。

婉晴：蚂蚁有几条腿？它有没有眼睛？

甜甜：蚂蚁是怎么搬东西的？

瑞辰：蚂蚁的洞为什么在地下面？

乐意：蚂蚁都爱吃些什么呢？

2. 寻蚁之旅

在户外活动时，幼儿自发开始了寻找小蚂蚁的活动。大家找了一阵，却一无所获。“怎么我们找了半天也没找到呢？蚂蚁躲哪儿去了？”我说：“是呀，蚂蚁到底躲哪里了？为什么它们要躲起来呢？是不是天气太冷了，它们都躲在土里面了？”

寻蚁小分队

教师的思考

寻找小蚂蚁活动让幼儿有了初步的探究能力，虽然没有找到蚂蚁，但这也引发了幼儿的思考。显然在冬季是找不到蚂蚁的，但教师并未直接扼杀幼儿探寻的兴趣，也没有直接告诉他们答案，而是鼓励大家回家搜集资料。幼儿对自己动手寻找到的答案，印象往往更加深刻。

二、“蚁”探究竟

通过查阅资料，幼儿知道了蚂蚁冬天会“藏”在洞穴里。他们对蚂蚁的探究兴趣越来越浓，都很想看到真实的蚂蚁，我提供了可以观察的蚂蚁工坊。有了这个蚂蚁工坊后幼儿一有空就围在一起观察蚂蚁。

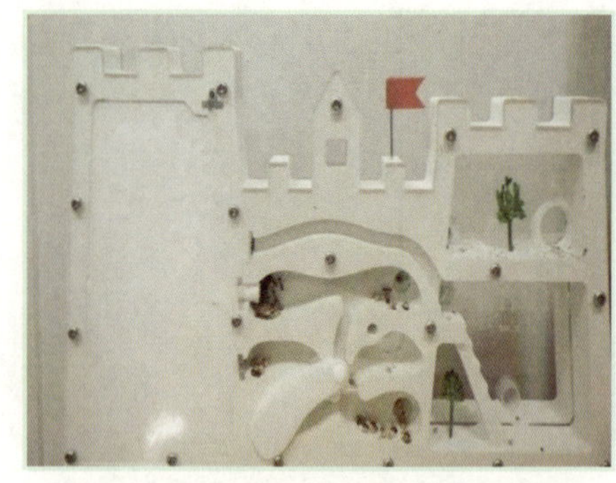
蚂蚁工坊

问题 1：蚂蚁长什么样？

幼儿很好奇蚂蚁的样子，我准备了放大镜，方便幼儿观察。谦牧说：“蚂蚁的嘴真小啊，小蚂蚁吃东西时用两把小刀一样的‘工具’把好吃的切下来。”可航说：“蚂蚁也是有牙齿的，哎！不过它太小了！”“小蚂蚁还有两个触角。”“小蚂蚁有 6 只脚，一边 3 只。”

幼儿观察蚂蚁

问题 2：蚂蚁喜欢吃什么？

“咱们一起给小蚂蚁喂食吧！”“它最喜欢吃什么呢？”幼儿展开了一系列猜想，大家觉得蚂蚁会比较喜欢吃西瓜、苹果、饼干和毛毛虫。为了给予幼儿充分表达的机会，让每一名幼儿都发表意见，大家用投票的方式选出蚂蚁最喜欢吃的食物，票选结果为西瓜。

“蚂蚁吃什么”大调查

“蚂蚁洞穴”主题墙

谦牧说：“小蚂蚁的洞穴里都有什么？”“巧克力、饼干、糖果、落叶……”大家对蚂蚁喜欢吃的食物表现出极大的兴趣，我为他们准备了超轻黏土，大家分组共同体验合作创作的快乐，一起将做完的食物挂在了班级环境墙“蚂蚁洞穴”里。

问题 3：蚂蚁会游泳吗？

“老师，蚂蚁怎么喝水呢？它喝水时会不会被淹死？”“它会不会游泳啊？”我又把问题抛给幼儿，幼儿马上积极回应：“蚂蚁会游泳。”“蚂蚁不会游泳，会淹死的。”通过一起查找资料，最后得出结论：小蚂蚁会游泳。幼儿还一起表演了蚂蚁游泳。

幼儿设计的蚂蚁泳池乐园

“蚂蚁在水里会怎么玩呢？咱们给小蚂蚁设计一个泳池乐园吧！”宝如设计了直线滑梯和螺旋线滑梯，“小蚂蚁从滑梯上‘扑通’一声滑到水里。”佳阳说：“小蚂蚁也需要救生圈，我给它们准备了好多。”

问题 4：蚂蚁在做什么？

“你们看！蚂蚁都在挖洞呢。”“它是怎么挖的？用什么挖的？”“它们会挖出来几条路？真像个迷宫。”“蚂蚁为什么会挖洞？它们的家是不是也在洞洞里？”幼儿大脑中飞速闪现一连串的问题和疑惑，于是他们开始行动起来。

蚂蚁挖洞图片

师幼通过共同查阅资料发现：蚂蚁一般都会在地下筑巢，地下巢穴的规模非常大，有良好的排水、通风措施。谦牧看到有很多分支的小洞洞，好奇地问道：“真的蚂蚁窝为什么有这么多小隔间？这些是用来干什么的？像个大迷宫一样！”“这个问题留给你们回家找答案吧！”我鼓励幼儿回家后和爸爸妈妈一起继续查阅资料。

第二天，我为幼儿设置了“蚂蚁小讲坛”，请幼儿和大家分享调查结果。“蚂蚁的家有放食物的地方，有蚂蚁宝宝的房间，有蚁后的房间……”随后幼儿利用绘画的方式画出蚂蚁洞穴，画好后与其他幼儿互相交流。“蚂蚁挖了很多的洞洞，有大有小。”“蚂蚁排队整齐，挖的洞也是有规律的。”“我这是世界上最大的蚂蚁洞穴。”“小蚂蚁的洞应该连在一起，它是有通道的。”“蚂蚁城堡里还有蚂蚁活动室、蚂蚁餐厅、蚂蚁卧室。”

幼儿查阅的蚂蚁洞穴资料

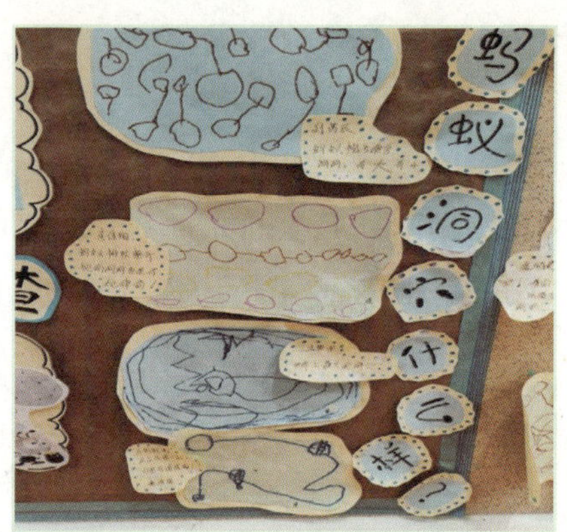

幼儿绘画的蚂蚁洞穴

教师的思考

教师观察发现幼儿对蚂蚁外形感兴趣，从而引导幼儿仔细观察工坊中的小蚂蚁，培养幼儿的观察力与专注力。通过提问引发幼儿思考，鼓励幼儿继续探寻蚂蚁外形，并与家长一同查找相关知识，共同准备分享内容，自信大胆地表达搜寻的结果。教师还鼓励幼儿回家查阅资料验证自己票选的结果是否准确。第二天，甜甜小朋友与大家分享了自己调查的结果，最后得出结论：蚂蚁喜欢吃甜食、肉类，部分蚂蚁还会吃蔬菜、水果，但不会吃很多。

在这次探究过程中，教师耐心倾听幼儿的想法，充分挖掘幼儿的需求，给予幼儿适时、适宜的帮助与支持。教师鼓励亲子查阅相关知识，为幼儿提供分享的机会；鼓励幼儿通过实验、调查等方式验证自己的猜想（蚂蚁喜欢吃什么）；提供材料支持，如蚂蚁洞穴空白板、彩泥和甜食的图片。师幼共同查阅资料，教师鼓励幼儿用图画、符号表达自己的想法，记录游戏的过程。

三、蚂蚁城堡

问题1：蚂蚁应该在泥土中挖洞穴吗?

幼儿对蚂蚁的兴趣逐渐提高，在一次区域游戏中，可航饶有兴致地说："我们来当小蚂蚁吧，这里就是我们的洞穴。""洞穴才不长这样，洞穴里有不同的房间，还有很多路线。""可是怎么分呢？蚂蚁应该都是在泥土和沙子中打出通道的。"幼儿你一言我一语讨论了起来。

用沙盘搭建蚂蚁洞穴

问题2：挖洞穴的蚂蚁太多了怎么办?

搭建蚂蚁洞穴的幼儿越来越多，教师又提供了积木和各种纸筒。由于沙盘区地方太小，幼儿在寝室搭起了蚂蚁洞穴，扩大了游戏空间。可航负责挖通道，淳溪搭建蚂蚁游乐园，佳阳搭建蚂蚁卧室和蚂蚁餐厅，雅潇搭建蚂蚁游泳池。经过一次次遇到问题并共同商量解决问题后，洞穴的路线更加复杂，小蚂蚁的活动内容也更加丰富，蚂蚁洞穴变得像一个地下宫殿了。

幼儿搭建蚂蚁地下宫殿

教师的思考

教师充当游戏的观察者和游戏环境的支持者，观察到幼儿对蚂蚁洞穴感兴趣后，向幼儿提供了蚂蚁头饰和沙盘。随着沙盘上的蚂蚁洞穴越来越多，幼儿开始商量着给蚂蚁添置一些家具，这时教师在小筐中为其提供了小盒子、纸筒和塑料杯等材料。幼儿在这些材料的基础上利用沙子做出了蚂蚁的演讲台、睡床、餐桌等。

低结构、高开放的材料（沙盘、纸筒、纸板、小盒子、塑料杯）和不确定的情境（蚂蚁洞穴的路线和小蚂蚁活动空间）包含着更多可以探索的问题，能为幼儿提供更多自主探究、运用经验、思考和创造的空间，引发幼儿深度学习。

四、关于西瓜

问题：西瓜从何而来？

蚂蚁的地下城堡已经搭好了，幼儿在里面扮演小蚂蚁。淳溪说：“我是蚂蚁妈妈，你们要在卧室里等着我，我去给你们搬运吃的。”“我们要吃大西瓜。”“那我跟妈妈一起去搬大西瓜，妈妈自己搬不动。”可航和淳溪假装在外面搬起了西瓜，可是没有实物的表演让两人提不起兴致，“要是有个真的大西瓜，我们再来搬就更好了。”

面对幼儿游戏的困境，我鼓励大家围绕问题进行讨论：“我们去哪儿弄个西瓜呢？”“我家有西瓜，明天带来一个吧！”“要不我们一起做一个吧。”“咱们怎么做？”

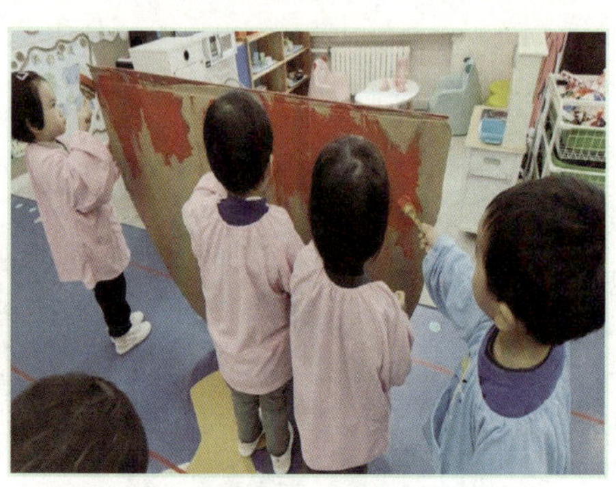

制作西瓜道具

进行西瓜拼图游戏

教师的思考

幼儿对制作西瓜道具感兴趣，可是无从下手，教师抓住这次的问题生长点与他们共同了解西瓜的秘密。幼儿先了解西瓜的外形结构后再共同制作西瓜道具，在这一过程中幼儿对西瓜的兴趣也被激发出来，他们共同玩转西瓜、种西瓜、记录西瓜生长过程，这是游戏的过程，同时也是课程生成的过程。

五、“蚁”起表演

问题 1：表演过程混乱怎么办？

有了西瓜道具后，幼儿的表演活动便呼之欲出了。他们穿戴好蚂蚁服装，开始了第一次表演游戏。繁景、壮壮、乐意、一钊和淳溪一拥而上，跑到了大西瓜旁边，繁景说：“你们俩搬这个，我搬这个。”

他们每人抓起两三个西瓜，迅速把手里的西瓜放到蚂蚁厨房，西桐站在一边没有搬西瓜，而是在旁边大声呼喊：“快来搬西瓜！快来搬西瓜！” 听到西桐的呼喊声，又有几个幼儿纷纷跑来把西瓜搬运到蚂蚁厨房，大家如此反复搬运西瓜，西瓜很快被搬完了。

问题 2：如何分辨四个角色？

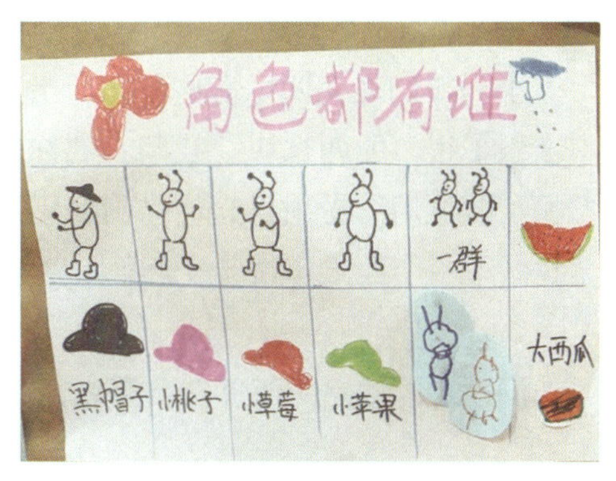

给四个主角起名字

第一次表演结束后，师幼再次共同观察绘本情节，谦牧说：“先出场的小蚂蚁有四个，第一个蚂蚁还戴了黑帽子。”我说：“那黑帽子后面还有几只呢？我们应该怎么区分呢？”“给另外三只蚂蚁取名字吧！”师幼共同为这四只蚂蚁取了名字，依次为：黑帽子、小桃子、小草莓、小苹果。为了下次演出能记住角色，婉晴提议：“不如我们给这四只小蚂蚁都戴上小帽子吧，这样我们就不会弄混了。”

教师的思考

教师观察到幼儿在第一次表演过程中发生混乱时，并未干预，而是在游戏结束后将视频内容播放给他们观看。宝如发现了问题：“所有蚂蚁全部在抢西瓜，不像搬西瓜了。”婉晴说：“大西瓜瞬间被抢光了。”教师说：“那我们应该怎么解决呢？”宝如说：“我们下一次表演应该分角色。”可航说：“可以按照绘本中的故事来演。”教师与幼儿共同梳理出了表演的关键要素，在这基础上生成了戏剧相关课程，如“戏剧我知道”“我喜欢的角色”“我是小观众”“戏剧海报”“电影票我会用”等。学习活动在游戏中生发，游戏又不断引发课程的推进。

幼儿设计的戏剧海报

幼儿装饰的四顶帽子

自主游戏是一个深度学习的过程，幼儿在“游戏（表演蚂蚁）—发现问题（搬运混乱）—解决问题（给四个主角戴不同的帽子）—再次游戏”的循环中不断提升游戏水平。教师为幼儿提供了四顶空白帽子，幼儿根据给蚂蚁起的名字用不同的花纹装饰帽子。

六、蚂蚁餐厅

问题 1：将西瓜运回洞穴后要做什么？

小蚂蚁们搬完西瓜有些不知所措，漫无目的地在班级里逛了起来，而蚂蚁厨房中堆积了很多的西瓜块。我问：“你们把西瓜运到了小厨房，打算怎么处理这些西瓜呢？”他们纷纷把目光转向厨房中的西瓜块。淳溪进入了厨房，拿起了西瓜块，“我做了一个西瓜小饼干，老师你尝尝。”其他幼儿听到后也纷纷做起了西瓜美食。

问题 2：做完的西瓜美食可以用来干什么？

幼儿对制作西瓜美食产生了极大的兴趣，开始用黏土自制西瓜饼干、西瓜甜甜圈、西瓜蛋糕、西瓜甜汤等。瑞辰说：“我们可以开个西瓜甜品店啊！我来当老板吧！”就这样，西瓜甜品店诞生了。

西瓜冰激凌

西瓜美食作品陈列

问题 3：小蚂蚁除了搬运西瓜还能搬运什么回家？

西瓜甜品店开业了，繁景、瑞辰、谦牧等六名幼儿围坐在柜台前，都在大声叫卖：“卖甜品喽！卖甜品喽！”甜品师傅们正在制作西瓜甜品，宝如走过来说：“老师，我想小蚂蚁不光会搬运西瓜，还能搬运好多其他食物，我想做个炒面条来卖。”在分享环节，我将宝如的问题抛给大家：“小蚂蚁除了可以把西瓜搬运回家还能搬运哪些食物呢？”大家一起讨论小蚂蚁爱吃的食物，幼儿的思路一下子被打开了。“小蚂蚁可以捡胡萝卜”“还有鸡蛋”……

在之后的游戏中他们做了咖喱炒蓝莓、意大利面、桃子冰激凌……大家最后打算将西瓜甜品店改名为蚂蚁餐厅，蚂蚁搬运工负责搬运食物、蚂蚁厨师负责做美味佳肴、蚂蚁老板卖美食、蚂蚁顾客买食物回洞穴与家人分享……

蚂蚁餐厅中的美食

教师的思考

教师发现幼儿游戏中出现问题后，没有着急解决，而是把游戏中遇到的问题抛给幼儿，如：将西瓜运回洞穴后要做什么？做完的西瓜美食可以用来干什么？小蚂蚁除了搬运西瓜还能搬运什么回家呢？通过提问不断激发幼儿主动思考，在解决问题中推进游戏发展。

经验梳理

身心准备	1. 体验蚂蚁共同搬运西瓜的乐趣，获得积极的情绪体验。 2. 感受解决问题的成就感，能进行恰当的表达。 3. 手部动作协调，能使用简单的工具和材料。
生活准备	1. 能养成良好的个人卫生习惯，能够自觉洗手。 2. 坚持自己的事情自己做，能分类整理游戏材料。 3. 在合作表演中能遵守规则，有自我保护的意识。 4. 积极参与力所能及的劳动，能尊重和珍惜他人的劳动成果。
社会准备	1. 能和同伴友好相处，共同完成任务。 2. 能倾听别人的想法，具有初步的游戏规则和合作意识。 3. 出现角色矛盾时能与同伴商量，能够想办法解决。 4. 能理解任务要求，共同搭建蚂蚁宫殿，体验与同伴合作的乐趣。
学习准备	1. 喜欢观察、探究蚂蚁，对身边的新事物具有好奇心和探究欲。 2. 能专注地游戏，能够独立思考并敢于表达。 3. 喜欢接触大自然，对周围的动植物感兴趣，能大胆提出问题，并努力寻找答案。 4. 喜欢阅读绘本，遇到问题能够通过图书寻找答案。 5. 喜欢用图画、符号等方式表达自己的想法，萌生相互交流的欲望。

遇见水墨

大连市沙河口区第二教师幼儿园 孙鑫鑫

主题缘起

一天，我带了一幅水墨画到幼儿园，立刻吸引了幼儿的注意。“老师，这个画闻起来怎么有点臭臭的？”他们叽叽喳喳地讨论起来，纷纷猜测这是什么颜料，我告诉他们这是水墨画，是用墨汁画出来的。“是章鱼肚子里的墨汁吗？”对于墨汁，幼儿充满了好奇。

《幼儿园教育指导纲要（试行）》（以下简称《纲要》）中指出：“善于发现幼儿感兴趣的事物、游戏和偶发事件中所隐含的教育价值，把握时机，积极引导。”幼儿对墨汁很感兴趣，通过亲身探索墨的浓烈与淡雅、灵动与沉稳，感受水与墨的交融变幻。《指南》指出，幼儿期是幼儿获得艺术表现力、创造力的最佳时期，幼儿可以通过感受生活中的色彩、形状等来创造性地表达自己的情感体验，创造性地表达对事物的理解。水与墨的自由结合，对于充满好奇心的幼儿来说是变幻无穷的游戏，于是一场幼儿与水墨的邂逅开始啦！

主题网络

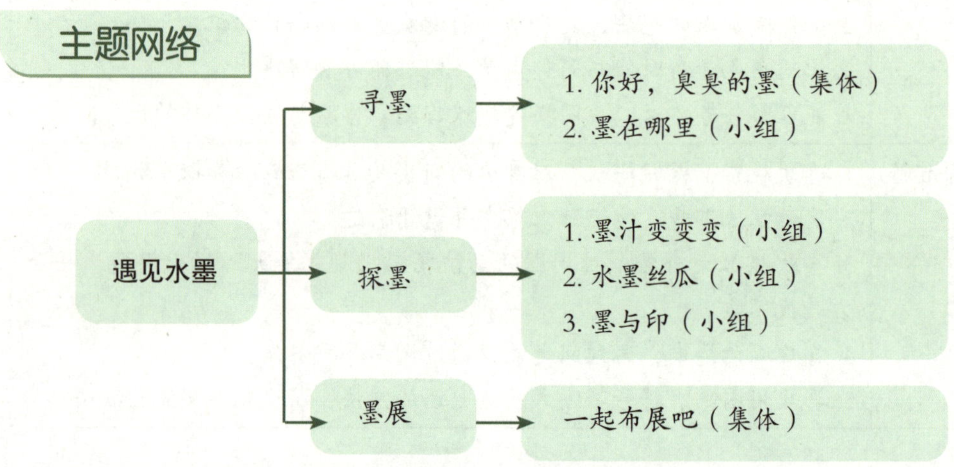

主题实施

一、寻墨

1. 你好，臭臭的墨

为了全面、深入地认识墨，教师引导幼儿近距离观察水墨画和墨汁，表达自己的感受，通过看一看、摸一摸、闻一闻的方式开始了与墨的初识。在这个过程中，幼儿对墨的认识更加丰富多元，为接下来对墨的深入探究做了良好的铺垫。

看一看

静玉：墨汁很黑，但画上有的地方只有淡淡的黑色。
千语：墨汁看起来就像黑色的水。
书瑞：这些画画的纸都很薄。

摸一摸

满满：画在纸上的墨，摸起来有点毛毛的。
诺诺：墨汁弄到手上黑黑的，不容易洗掉。

闻一闻

笑笑：有一点臭臭的。
子墨：味道不怎么好闻。
源源：还有一点香香的。

教师的思考

刚开始接触水墨画时，幼儿对水墨画没有较多的了解，因此教师以“墨”为切入点，引导幼儿感知水墨画。在幼儿的认知世界里，通常觉得美的东西都是香的，但这么美丽的水墨画为什么是臭的呢？教师及时抓住幼儿对这种反差的好奇，引导幼儿运用不同感官认识墨。通过观看视频讲解，幼儿明白了原来墨在生产过程中使用了动物胶和树胶，也会用一点点香料，但放置时间久了香味就会变淡，慢慢地就有了一点点臭味。

2. 墨在哪里

幼儿了解了墨的制作方式与形态，便想找一找幼儿园中哪里有墨。满满去闻了闻彩笔和油画棒，发现都没有墨的味道。源源发现幼儿园中的画都是用厚厚的纸画的，画纸并没有水墨画的纸那么薄。大家叽叽喳喳地讨论着、对比着，发现幼儿园中很少有墨的存在，这更激发了幼儿的好奇心，“为什么我们画画不用墨呢？”“我们可以用墨来画画吗？”他们因此有了自己动手尝试的想法。

教师的思考

面对幼儿的困惑，师幼一起寻找“墨在哪里”，激发幼儿对墨的探索欲。在寻找的过程中，幼儿不断重复学习墨的各种特征，从而加深对墨的认识。《指导要点》学习准备中指出：对大自然和身边的事物有广泛的兴趣，努力寻找答案。幼儿具有浓厚的学习兴趣和基础学习能力，有助于入学后掌握不同学科新知识、新技能，也有利于更加主动、持久、投入地学习。

二、探墨

在幼儿有了要自己动手尝试画一画的想法之后，我为他们提供了画水墨画所需要的材料，和他们一起在实践中深入地了解水墨、感受水墨的魅力。

为作画准备的材料

1. 墨汁变变变

通过观察水墨画，幼儿发现用同样的墨汁可以画出深浅不一的颜色，于是我引导幼儿思考颜色深浅不一的原因，并动手尝试。静玉说：“墨汁看起来好黑呀，像黑夜一样黑。”满满说：“加点水，能变淡一点吗？”幼儿尝试不断往墨中加水，找到了把墨变淡的方法，总结出水加得越多墨的颜色就会越淡的经验。

教师的思考

教师要在活动中做一个支持者、引导者，站在“一步之外”去观察，放手让幼儿在不断试错的过程中找到答案。幼儿通过尝试后发现了墨汁浓淡变化的原因，教师引导幼儿尝试画出墨的不同色阶，进而学习不同色阶的名称。只有放手让幼儿去实践，他们的能力才能得到提升和发展。

幼儿画出墨的浓淡变化

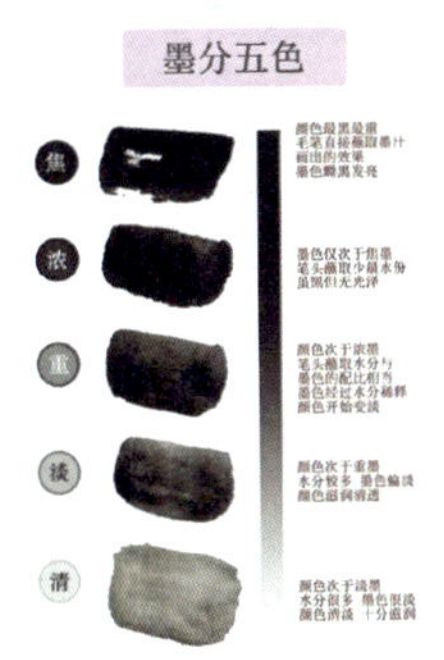

墨的色阶

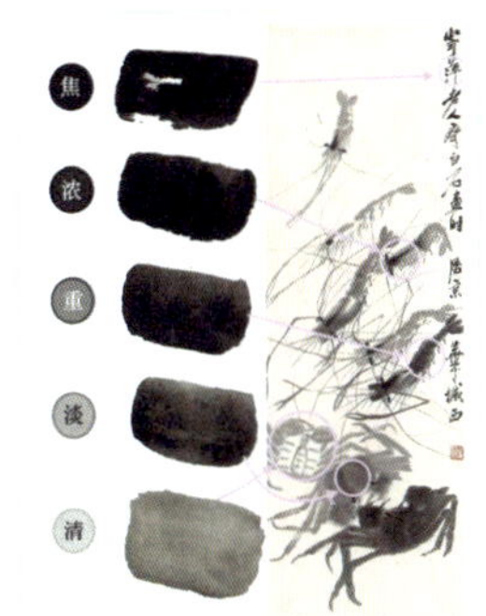

不同色阶在画中的位置

2. 水墨丝瓜

饭团说："老师，我们能自己用墨来画画吗？""当然可以啦，画什么呢？""老师画的这个太难了，我们要画些简单的。""就画我昨天的晚饭吧！我奶奶买了好长一个瓜。"抓住幼儿的兴趣点，我鼓励幼儿进行了一次画丝瓜水墨画的尝试，丝瓜的形状比较容易画出来，也很适合初次尝试水墨画的幼儿。

教师的思考

儿童水墨画多以表现儿童身边的事物为主，绘画是儿童认识世界、表达对世界感受的一种方式，因此人物、植物、动物等，涉及幼儿生活方方面面的事物都能够成为绘画的对象，他们几乎无所不画。此时幼儿能联想到奶奶买的丝瓜，从生活中的事物入手绘画，是一个很好的开端。

我们一起画丝瓜

3. 墨与印

小艺和静玉正在看书，看了一会儿，小艺说："老师，书上的字和画是用什么印上去的？"我说："是一种墨。""我们也有墨，我们的墨也可以印出字和画吗？""可以呀。""可是我们怎么印呢？"小艺回答道："用超轻黏土呀！我们可以把超轻黏土做成一小块一小块的，在上面刻上字或画，然后再涂上墨不就印上了吗？"于是，她们开始了一种墨的新玩法——印。饭团说："你们印的图案太小了，我想印大一些的。"

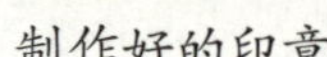
制作好的印章

幼儿正在给印章涂墨

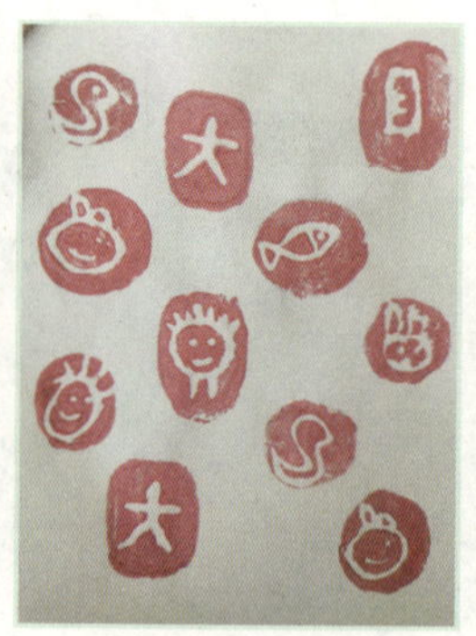

印出的效果

吹塑板拓印作品

教师的思考

由“小的”变“大的”，是幼儿思维不断完善、创新能力不断提升的过程。通过观察，教师发现幼儿可以自主地寻找材料，对墨印出来的东西很感兴趣，并发现墨的神奇用法，于是教师就多投放了一些低结构材料，鼓励幼儿去发现、去实践。

三、墨展

一起布展吧

一天，我将幼儿的水墨作品放在羊毛毡上晾干，源源看到铺满桌子的水墨作品提议说：“老师，我们办一个画展吧！”这个提议得到大家的积极响应，“还等什么呢，一起去布展吧！”师幼齐动手，选定展示区域，设计展示背景，大家分工合作，剪的剪，粘的粘，布置自己的小画展特别开心。分享是一种非常重要的社交技能，它不仅可以帮助幼儿建立良好的人际关系，还可以促进他们的情感发展。

教师的思考

幼儿在布展时学会与他人合作，共同完成任务，与同伴分享并介绍自己的作品，增强同伴之间的交流，增进彼此之间的友谊，有利于建立良好的人际关系。

水墨画表征墙

《丝瓜》作品

作品展示墙

经验梳理

身心准备	1. 在寻找水墨、探索水墨的过程中，收获积极的情绪体验；遇到困难，学会恰当表达和调控情绪。 2. 在绘画时，手部肌肉力量得到锻炼，动作更协调。
生活准备	1. 在活动后主动洗手，养成良好的卫生习惯。 2. 能在计划时间内，进行绘画、分享、分类整理，不拖沓。
社会准备	1. 能和同伴友好相处，遇到困难能主动向教师表达自己的想法和需求。 2. 能够遵守班级、小组的规则。 3. 理解教师的任务要求，并独立完成任务。
学习准备	1. 对水墨充满好奇心，探索过程中乐于动手实践、动脑思考。 2. 遇到问题独立思考，敢于表达自己的观点。 3. 对水墨活动感兴趣，努力寻找问题答案。 4. 认真倾听关于墨的知识，简单说出墨的制作材料、墨的不同色阶名称。

开进孩子们心里的地铁 5 号线

大连市甘井子区教育局蓝山幼儿园 徐洋

主题缘起

在晨间的自主游戏中，熙熙一边画着地铁一边说："你们看，这是昨天爸爸妈妈带我坐的地铁 5 号线。"小澥说："地铁 5 号线和其他地铁不一样吗？"幼儿谈论起了各自乘坐地铁的趣事。"夏天，地铁上的空调特别冷。""地铁看不到外面的风景，黑黑的。"……幼儿对地铁的兴趣持续高涨，参与聊天的幼儿越来越多，同时大家也对新开通的地铁 5 号线有了更多的疑问："地铁在地下，那它有雨刷器吗？""地铁的轮子和汽车的轮子一样吗？""地铁 5 号线从哪儿开到哪儿呀？"……经过此次讨论，我发现幼儿对地铁有着浓厚的兴趣和探索的欲望，基于保护幼儿的好奇心、支持幼儿的想法和持续探究行为的理念，我和幼儿开始了有关地铁的探索之旅。

主题网络

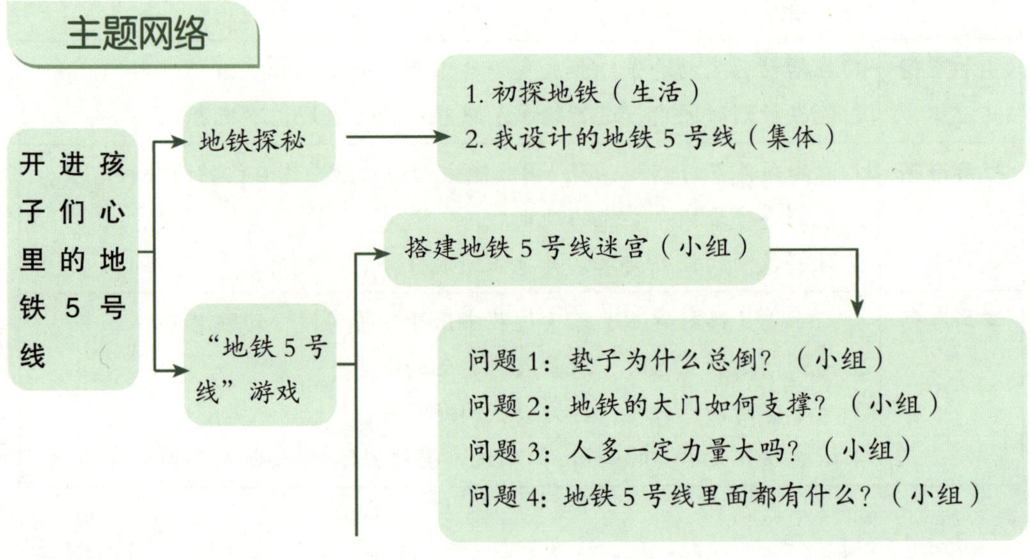

- 地铁 5 号线小车（小组）
- 地铁走进幼儿园（集体）

主题实施

一、地铁探秘

1. 初探地铁

基于幼儿对地铁浓厚的探索欲望，我提出一个问题：“关于地铁你想了解什么？”“我想知道地铁里有什么，坐地铁需要什么。”“我想知道地铁 5 号线有几站，都是哪些站。”我引导幼儿自己设计调查问卷，将好奇的问题写在问卷中。我在班级群请家长带幼儿体验乘坐地铁 5 号线，幼儿将自己的体验记录在调查问卷中，并带回幼儿园和同伴分享。“地铁 5 号线”自主游戏走进了家庭，家园共育，帮助幼儿获得经验。

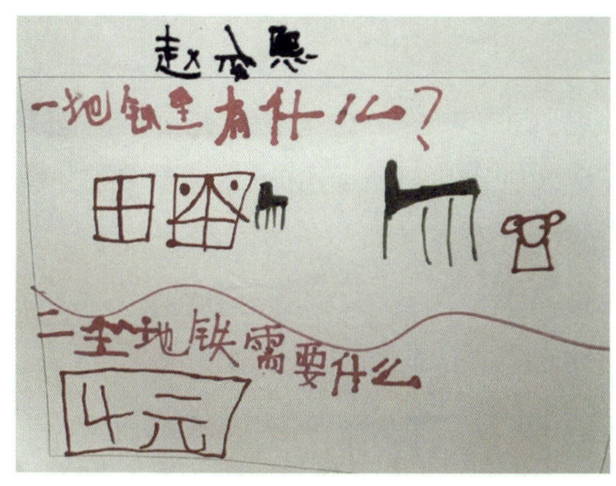

幼儿关于地铁的调查单

家长带领幼儿初探地铁 5 号线

哈尼：地铁里有窗户、门、座椅，还有空调，坐地铁需要花钱买票。

小智：我看到了地铁 5 号线里面有路线图。我还来到了青云街站，地铁站有好多好看的鱼！

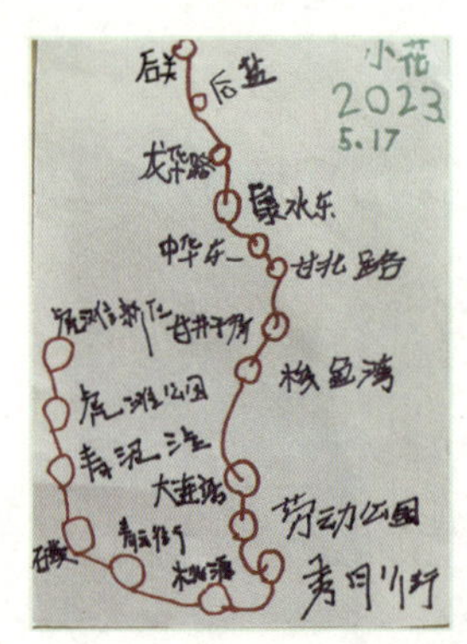

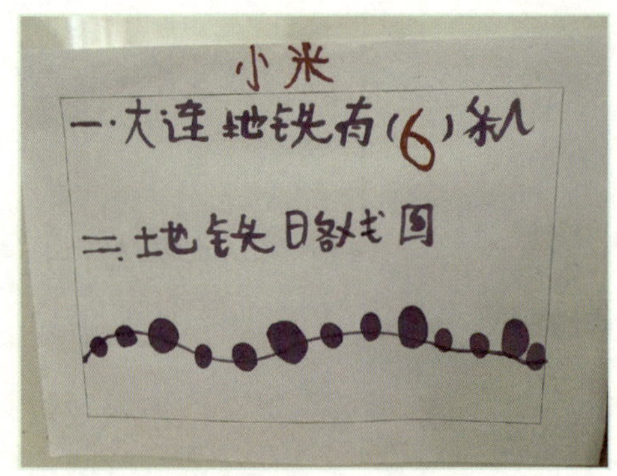

幼儿表征的地铁路线图

小花：这是我设计的地铁 5 号线路线图，它有许多站。

小米：大连地铁有六条线路，我最喜欢的是地铁 5 号线，因为它很漂亮。

2. 我设计的地铁 5 号线

在调查和亲身体验的基础上，幼儿想在幼儿园设计地铁。我通过问题“你见过地铁里的标志吗？地铁里的哪些地方需要标志？你想设计什么样的地铁路线？”激发幼儿的想象力和创作力。幼儿通过讨论，设计了各种各样的地铁 5 号线路线图，有迷宫形的，有方形的，还有幼儿自创的路线。通过回顾环节的分享，幼儿觉得路线应该鲜明，才更具有合理性。我用地铁站标志引导幼儿感知路线图的形状、色彩、图案。

熙熙：“我认为地铁 5 号线的路线应该是弯曲的，它的标志是小蛇一样的图案。”

安安：“我觉得地铁 5 号线应该是一个大圆圈，让人们更清楚地看到它。”

樱桃：“我记得妈妈带我坐过地铁 5 号线，有梭鱼湾这一站。”

小智：“地铁 5 号线像迷宫一样，可有趣了！”

赫赫：“地铁 5 号线应该用许多箭头标志，让人们清楚地看到它。”

幼儿绘画的地铁 5 号线

通过评选，幼儿推选出两张设计图纸。我肯定了他们各自的想法。在游戏中幼儿获得了对立体空间的感知与体验，这种体验远比枯燥的讲授有趣生动，同时令人记忆深刻。小花说：“立体的地铁不单单是两个面，应该是许多面。”她发现芊芊没有理解，就又通过演示和耐心讲解，帮助芊芊理解了平面与立体的关系，明确了下一步的设计方向。乐乐则用箭头来表示地铁的路线和方向。

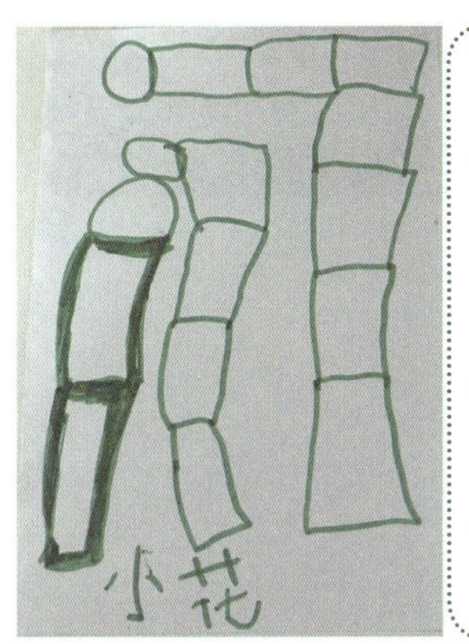

小花：我觉得设计图应该是立体的，它不单单是两个面，应该由许多面组成。

乐乐：我认为地铁的设计图应该用箭头表示，这样能更方便看清楚方向。

幼儿的游戏设计表征

教师的思考

在创设地铁5号线路线图的过程中，幼儿通过独特的思维方式进行绘画并探究地铁，教师及时倾听幼儿的想法。大班幼儿想象力比较丰富，但有些想法比较抽象或者天马行空，教师可以通过提问、借助简单的实物路线图等方法，使幼儿抽象的思维可视化。

运用环境与材料支持幼儿游戏。教师在班级里投放与地铁有关的绘本《神秘的地铁》《地铁的故事》，提供地铁车票、地铁宣传图、地铁线路图、地铁模型等材料，让幼儿观察地铁的外形、构造及特点，加深对地铁的认识，引发幼儿对地铁的兴趣。

班级中巧设问题板，记录主题实施中幼儿遇到的问题。教师鼓励幼儿将主题实施中遇到的问题、解决问题的过程呈现在问题板中。以问题解决为导向让幼儿在深度学习的过程中自主发现问题，并在自主分析问题与解决问题的过程中实现高阶思维的发展。

创设地铁5号线主题板

创设地铁5号线问题板

在班级内创设的地铁5号线区域

二、“地铁5号线”游戏

1. 搭建地铁5号线迷宫

区域游戏时，小智、凯轩等人经过讨论，开始各自拿材料，他们将垫子围合起来，围成了长方形、正方形等形状。从幼儿的对话中可以发现，他们对搭建地铁游戏有自己的想法。他们积极地表达自己的观点，经过一番讨论，决定把垫子当成地铁5号线的围墙。乐心又拿了两个拱门作为“出口”和“入口”，摆放好之后，他们继续游戏。

幼儿用垫子搭建地铁5号线迷宫

樱桃：“我们一起来搭建地铁5号线吧！”

乐心：“用垫子先摆起来。”

赫赫：“我们就叫它地铁5号线迷宫吧！”

小智：“我觉得应该就叫地铁5号线。”

问题1：垫子为什么总倒？

地铁5号线迷宫已经搭建好了，可是地铁的“山洞”还没有搭建。小智从操场的材料区搬来了一块垫子并站在了垫子的中间，凯轩和乐心在垫子的两边。乐心想要搬起垫子，但是没有抓手，他想了想对凯轩说道：“你和我一起站在中间的位置。”凯轩将双手放在了垫子上，三个人一起抬垫子。“好了好了，地铁山洞搭好了。”地铁迷宫的路线变换了很多次，每次都有不同的惊喜。

乐心：“咦？垫子为什么总是倒？”

小智：“我们一起来想想办法吧！”

樱桃："垫子倒了，地震了。"

几名幼儿将垫子扶起来，垫子又倒下了。

赫赫："不行，它总倒，我们再想想办法吧！"

乐心拿着锥形玩具，放到了垫子旁，小智搬来了平衡木，放在了垫子旁，之后静静地观察着。

小智："垫子固定好了，我们成功了！"

汤圆："地铁 5 号线迷宫，出发啦！"

搭建地铁 5 号线迷宫

游戏计划表征

问题 2：地铁的大门如何支撑？

"地铁的大门怎么才能立住？它为什么总倒？""对啊，怎样能够让大门立住？""我们看看什么材料最合适？"遇到困难后，幼儿在讨论解决方法的同时作出了许多假设，乐心一开始拿来了呼啦圈，试图将呼啦圈当成地铁的大门，他们用锥形玩具尝试固定呼啦圈，可是呼啦圈总是倒。"我们再想想其他办法吧！"乐心到积木区找到了拱门，说："没事儿，我想到了一个好主意，我们试试用拱门做地铁的大门吧。"他们小心翼翼地拿着地铁票通过大门进行"安检"，顺利进入了地铁。熙熙开心地说："哇，太好了，我们成功了！"在搭建大门时，他们不断获得新的经验，在实践中试错，最终用自己的方法达成了目标，同时还主动与他人分享。在不断的尝试和挑战中，幼儿逐步形成乐于观察，敢于探索，勤于动手、动脑获取问题答案的良好品质。

幼儿的游戏表征

小米：地铁大门怎么能不倒呢？我自己固定不好。

幼儿对地铁倒了的现象进行表征

乐心：地铁倒了，是因为我没有和小朋友计划好。

问题3：人多一定力量大吗？

赫赫、小智希望更多的人来帮助他们搭建地铁5号线迷宫。于是搭建地铁5号线迷宫的队伍由两人变成了五人。起初大家热情高涨，小智、赫赫很自豪地向大家介绍设计的地铁迷宫，详细地说明小的细节以及路线方向。在交流与磨合中，他们总结经验，发散思维，生发了“卖冰激凌啦，五块钱一个”“欢迎来到地铁5号线迷宫”等游戏。

在搭建地铁迷宫时，他们先分工，然后开始搭建，搭建速度和质量有所提升。但是随着游戏的推进，不断产生新的矛盾。他们发现垫子大小不统一需要调整，小朋友之间尝试相互传递垫子，场面变得越来越混乱。正在帮忙的幼儿很快对搭建地铁迷宫失去了兴趣，五个人又变成了两个人。

这个看似不成功的合作让幼儿充分认识到了多人合作具有一定的困难性，需要有明确的分工、计划，还要有统一的目标等。虽然合作不成功，但是成长和收获大家有目共睹。

问题4：地铁5号线里面都有什么？

幼儿开始探索地铁内部的搭建。凯轩说：“地铁5号线里面都有什么？”两名幼儿拿来了轮胎，汤圆把衣服放到了里面，起初我以为他们是热了，没想到汤圆和凯轩又相继拿来了许多轮胎，然后将轮胎叠起来。我仔细观察后，有了意外的惊喜。

小智：“滚筒洗衣机是高高的、大大的，让我们一起来搭吧。”

他们互相帮助，滚筒洗衣机搭好了，五彩的滚筒洗衣机放在了地铁5号线站内，他们继续开心地游戏着。

樱桃：“这个轮胎是什么？”

小花：“它是地铁站的厕所。”

幼儿搭建的地铁5号线迷宫

皮皮：这是我们一起搭的地铁5号线迷宫，在迷宫里有滚筒洗衣机，有卫生间，还有休息室，我要买票进站啦！

2. 地铁 5 号线小车

户外自主游戏开始了，“我想搭一个地铁 5 号线小车。”“用什么搭呢？”“用木板吧。”幼儿通过协商，把四个轮胎竖立起来，小米从架子上拿来了两块木板。“我和甜甜按住轮胎，你把木板放进去。”幼儿进行合作。樱桃试图把垫子搭在“车轴”上，结果两个垫子中间衔接的地方总是凹陷下去。如何让垫子平整并稳固地搭在“车轴”上？幼儿开始了讨论。“垫子中间塌下去了，怎么办啊？”“我们在垫子下面放一些标志桶吧。”“我想到了一个好办法，我们用木板固定一下试试。”幼儿先用木板搭在“车轴”上，再将垫子铺上去，这样垫子就不会凹陷下去了。经过幼儿的不断探索、改进，垫子终于平整地搭在了“车轴”上。麒麒拿来了一个轮胎，放在车头当驾驶舱，又拿来了一个呼啦圈，当起了方向盘。幼儿搭的地铁 5 号线小车引起了旁边幼儿的注意，他们纷纷表示想乘坐这辆小车。

幼儿搭建的地铁小车

地铁小车转弯成功

3. 地铁走进幼儿园

涂鸦游戏开始了，安安说：“这次我们一起画地铁 5 号线可以吗？”“让地铁 5 号线来到我们的幼儿园吧！”“好啊，我们在涂鸦墙画上长长的地铁吧！”

在准备材料时，安安一次性取了好几种材料，她开心地将小瓶子、涂鸦笔、小抹布等放在了上面，幼儿决定把地铁 5 号线涂成紫色。“老师，你看我调出了紫色，我把粉色和蓝色拌在一起，就变成了紫色。”“我也调出了紫色，但我是用蓝色、和红色一起调出来的。”他们认真地进行着涂鸦游戏。“我要在地铁里面画我和妈妈。”“我来画地铁里的乘客。”“我画的是地铁 5 号线的梭鱼湾站，地铁下还有许多小鱼呢！”通过设计、讨论，幼儿绘画出各种各样形状不同的地铁，在探索中他们进行了新的尝试。幼儿能够在涂鸦过程中发现并创造新鲜有趣的事物，在涂鸦自主游戏中，加入了游戏故事或想象，在想象和交流中产生新的涂鸦主题——地铁5号线。

幼儿的涂鸦表征

教师的思考

在搭建地铁5号线迷宫时，幼儿提出了“垫子为什么总倒”“地铁的大门如何支撑”“人多一定力量大吗”等问题，在不断发现问题、解决问题中幼儿获得经验提升。当游戏由于缺乏经验而失败时，教师没有直接告诉他们解决问题的办法，而是鼓励他们自主选择材料并反复尝试，支持幼儿专注持续地完成任务。

在“地铁5号线小车”游戏中，当幼儿发现无法自己解决问题时，能主动向同伴表达自己的想法和需求，通过语言沟通，不断地讨论、尝试，与同伴分工合作完成小车的搭建和转弯，获得成功的体验。

经验梳理

身心准备	1. 情绪良好：积极参加“地铁5号线”游戏活动，体验和同伴一起游戏的快乐。 2. 动作协调：手部动作协调，能使用简单的工具和材料设计地铁线路。
生活准备	1. 生活习惯：在活动后主动整理材料，养成良好的卫生习惯。 2. 生活自理：做好个人生活管理，学会分类整理和存放个人物品，逐步树立时间观念。 3. 安全防护：了解安全规则和交通规则，具有初步的责任感、自我保护的意识和能力。 4. 参与劳动：尊重身边的劳动者，珍惜劳动成果。

（续表）

社会准备	1. 交往合作：能在小组研讨、集体分享活动中交流自己的看法。 2. 诚实守规：在游戏中有规则意识，能与同伴讨论制定游戏规则并自觉遵守。 3. 热爱集体：感受大连地铁 5 号线的特色，初步形成爱家乡的情感。
学习准备	1. 好奇好问：对地铁游戏充满好奇心，乐于动手实践、动脑思考。 2. 学习习惯：在活动中遇到问题能独立思考，主动寻找答案。 3. 学习兴趣：能够运用图画、图像、文字、手工制作、建构等多种形式表征自己的游戏体验。 4. 学习能力：能够提出自己的问题和想法，并在图书、绘本、图片、视频等资料中与同伴一起探究答案。

小白菜快长大

大连市甘井子区教育局第三幼儿园 于清华

主题缘起

一次午餐时间，沐沐看着餐盘中的食物抬头问我："老师，这些吃的都是从哪来的？"我答道："这些蔬菜都是在地里种出来的，经过食堂叔叔阿姨的精心烹饪变成了可口美食呀！"餐后，沐沐拉着我的衣角问我："我们可以自己种、自己吃吗？"我将这个问题抛给幼儿，得到的答案出奇的一致。他们都想自己种植，并天马行空地讨论起来，"我想种火龙果。""我想种馒头。""我想种龙利鱼。"……虽然他们没有种植经验，但对于小班幼儿来讲何尝不是一次难能可贵的探究机会？由此，我们开始了种植蔬菜的活动。

主题网络

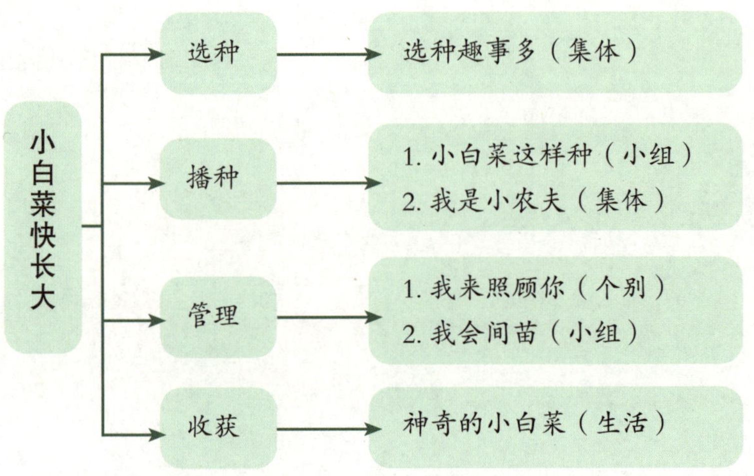

主题实施

一、选种

选种趣事多

前期，我们进行了种子大调查活动，在幼儿具备了一定的知识储备后便开始了选种之旅。

问题 1：选什么样的种子种植？

弋钊：“种咱们能吃的！”

八喜：“种长得快的！”

依诺：“种有营养的。”

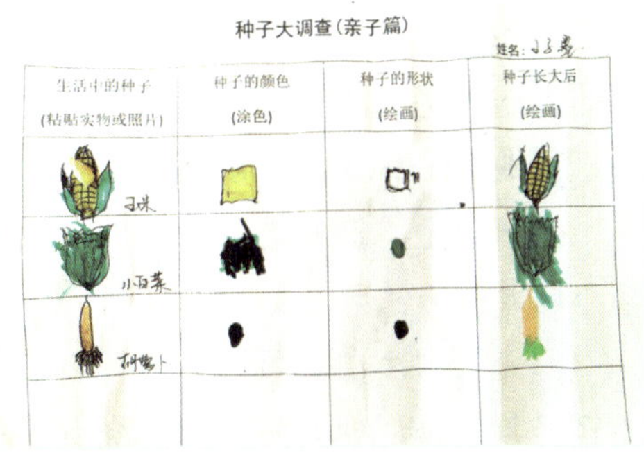

种子大调查

教师：“小朋友们知道什么植物能吃、长得又快，还有营养吗？请大家一起找一找生活中有哪些植物符合咱们的要求吧！”通过分享调查结果，我们发现符合要求的种子有很多，应该选择哪一种呢？

问题 2：怎样决定种什么？

“咱们投票吧，看什么票多就种什么！”几个幼儿商量着确定种什么的方法。“你们把想种的东西都画下来，我们再投票。”最终，票数最多的小白菜胜出。

教师的思考

在调查中，幼儿认识了多种多样的种子，并运用感官来感受种子颜色、大小、形状的不同，甚至有的幼儿还猜想黑色种子会不会长出黑色果实。

《指导要点》指出：“鼓励幼儿独立思考。为幼儿提供充分的时间思考、讨论和表达自己的观点，接纳幼儿不同的想法。”因此，教师要创设开放、自主的环境，巧妙利用环境来激发幼儿探索种子的兴趣，并围绕种植问题开展讨论。这也有利于小班幼儿积极思考问题，表达想法。

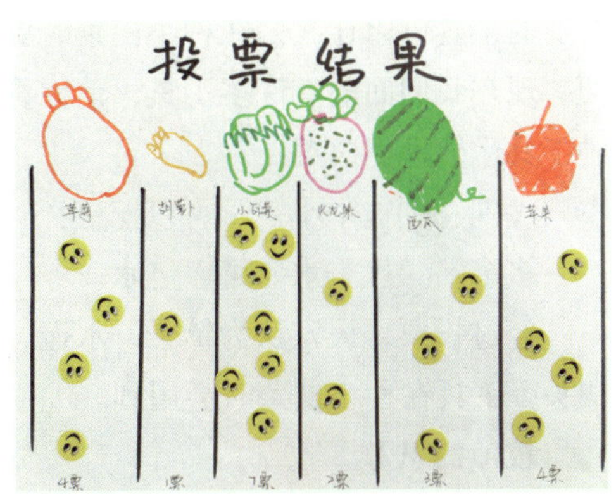

投票结果

二、播种

1. 小白菜这样种

选定种植小白菜后，下一步要做些什么呢?

问题 1：去哪儿获得小白菜种子?

墨墨："咱们还没有小白菜种子呢。"

沐沐："我们可以去买小白菜种子。"

初一："我姥姥有种子，还知道怎么种，可厉害了，我姥姥可以教咱们。"

教师："每一种植物的种植方式都是不一样的，我们除了要收集种子，更重要的是要知道怎样正确种小白菜。请小朋友们回家和爸爸妈妈一起寻找正确种植小白菜的方法并将方法记录在记录单上，明天我们一起来分享吧！"

问题 2：小白菜怎样种?

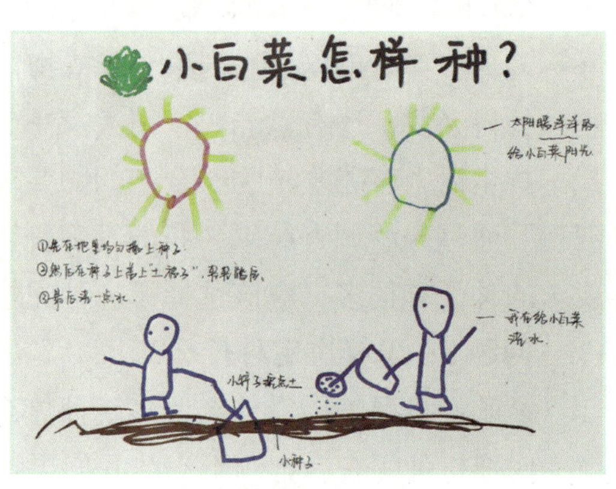

小白菜种植方法

次日早上，幼儿迫不及待地讨论种植小白菜的方法。

一一："小白菜可以撒播，然后用土轻轻盖上,再拿脚轻轻踩踩,浇点水。"

呜呜："种小白菜要像盖被子一样，种子宝宝睡在土里，盖上"土被子"以后再浇点水。"

根据大家的分享，我们整理出了正确种小白菜的方法。

问题 3：种小白菜时需要用到什么工具?

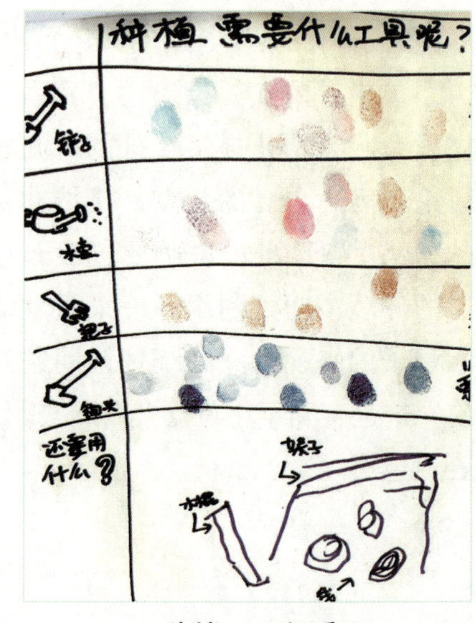

种植工具投票

教师："我们在种植时需要用到许多工具，合适的工具可以让我们在种小白菜时更快更方便。现在我们面前有许多工具，请你看一看哪种工具适合种小白菜。"

弋钊："这个小铲子可以挖土！"

多多："这个水壶可以浇水。"

经过投票，大家认为铲子、水壶、耙子、锄头等工具在种小白菜时会用到。

教师的思考

《指导要点》指出："引导幼儿有计划地做事。"专注力、坚持性、计划性等学习习惯的养成，有助于幼儿入学后更好地完成新的学习任务。

活动中，我们利用填写调查表、绘制步骤图、投票等途径帮助幼儿有计划地完成种植前所需要做的准备工作，也为幼儿今后完成种植劳动任务提供了有力支撑。小班幼儿初次接触种植，对于即将进行的一切都充满了好奇与期待，此时教师一定要将“种”的权利交还给幼儿，即使是小班幼儿也同样可以参与其中。

2. 我是小农夫

家长开放日也是我们的种植日，幼儿准备好小白菜种子，带好种植工具来到小菜地，在家长们的陪伴下开始种植。他们对于小白菜的播种特别期待，还给自己起了“小农夫”的名字，颇为有趣。

亲子种植活动

问题1：种子都撒在一块了怎么办?

弋钊：“这一块我已经撒了小白菜种子了，可乐还在这块撒，都撒在一个地方，别的地方都没有了！”

依诺：“那你在这儿看着吧，别让他们撒在一起。”

远远：“你往里边撒就没事了。”

开心：“要不你在这儿指挥吧！”

最后，弋钊站在菜地的一边，做起了小白菜地里的小小指挥员，指挥着小伙伴们把小白菜种子均匀地撒在地里。

问题2：小白菜种子盖不上“土被子”怎么办?

幼儿光顾着把种子撒出去，忘了给种子盖“土被子”了。婉晴便不断地提醒：“大家快给种子盖上‘被子’，不然种子就被风吹跑了！”于是大家纷纷开始盖土。

新问题又出现了，霖霖翻土时，种好的种子被翻了上来。鹏鹏想到了好主意，他手拿铲子跑到旁边的种植地去铲土，再一点一点地运到小白菜地里，其他幼儿看到也纷纷模仿鹏鹏。虽然过程有点麻烦，但幼儿通过自己的方式解决了难题，仍然是一件非常值得庆贺的事。

幼儿用铲子运土

在幼儿的精心呵护下，几天后第一抹绿色出现在了我们的小菜地里，大家不胜欢喜，每天午饭后都要相约去小菜地散步。小白菜一天天地长大，幼儿欣喜地将看到的小白菜幼苗用手工、绘画的形式记录下来。

手工制作小白菜幼苗

教师的思考

在使用工具过程中，幼儿充分锻炼手部动作，具备自我保护意识，知道怎样避免发生危险和伤害。在亲身体验、实际操作中，幼儿的主动性得到激发，生动、活泼的探究活动随之产生。

种植中也出现很多不确定性，如弋钊发现并制止其他幼儿重复将小白菜种子撒在一个地方，鹏鹏用自己的方式为小白菜种子盖“土被子”等。由此，我们可以看出“真”种植一定是生动的、活泼的、主动的！

三、管理

1. 我来照顾你

问题 1：怎么才能区别小白菜地的位置呢？

菜地挨在一起，怎样才能更加明显地区分小白菜地的位置呢？大宝提议：“不如我们一起给小白菜地做个牌子吧。”为了更醒目地展示小白菜地，幼儿开始动手制作。不久，一块漂亮的指示牌便映入了大家的眼帘。

问题 2：怎么能让小白菜苗长得快一点呢？

初一：“我想让小白菜苗快点长大，咱们给它多浇点水吧！”

大宝：“不能多浇水，水太多就淹死了。”

初一：“那怎么办呢？”

通过观看科学小视频，幼儿了解到种子的成长需要适宜的温度，充足的阳光、空气和适量的水，在小白菜生长过程中如果有杂草也需要拔掉。

婉晴：“咱们的小白菜每天都有阳光照着！”

八喜：“浇水只要浇到土地是湿的就行！”

墨墨：“咱们给它浇点水，土都干了，它肯定很渴了。”

弋钊：“把旁边的杂草也拔掉吧！”

幼儿一起为小白菜浇水、拔草，共同期待着小白菜快快长大。

为小白菜苗浇水

为小白菜苗拔草

教师的思考

在种小白菜的过程中，幼儿有各种各样的想法，他们主动与同伴交流自己的发现。当幼儿真正成为小菜园的主人后，种植活动便焕发出令人意想不到的活力，精彩的活动层出不穷。同时，幼儿能分工合作共同完成任务，并按照计划分工为小白菜浇水、除草，积极表征小白菜的变化，这一过程促进了幼儿的社会性发展。

2. 我会间苗

问题 1：小白菜长得太密了怎么办?

随着小白菜的长大，我们遇到了新问题——小白菜长得太密了，导致小苗都长不大。通过查找资料得知，这是因为撒种子时撒得太密了，需要拔掉一些小菜苗，其他菜苗才能长大，这个过程叫“间苗”。

问题 2：怎样间苗?

教师：“请小朋友们认真看，老师拔掉的是什么样的小白菜苗？”

依诺：“叶上有洞洞的。”

一一：“小小的。”

霖霖：“挤在一块儿的。”

教师：“我们要把这些小的、坏的苗苗拔掉一些，这样其他的苗才能长得更好。”

幼儿为小白菜间苗

问题3：拔出来的小菜苗怎么办?

鸣鸣："老师，拔出来的苗怎么办？"

可乐："扔了呗！"

海棠："可以把小白菜苗收集起来，喂给幼儿园的小兔子吃。"

婉晴："我们可以用它来画画。"

幼儿利用小白菜苗作画

教师的思考

在种植小白菜的过程中，教师注重呵护幼儿的好奇心，尊重幼儿好问的天性，有助于幼儿对周围世界保持持续的探究欲望，促使幼儿不怕困难，积极主动学习。

从种植的角度讲，菜苗种得太近、被虫咬、长不大等反映了种植的"失败"，但幼儿积极的心态、洋溢的笑脸让我明白了种植活动的价值——即使出现了问题也可以从"失败"中生发课程，支持幼儿持续深入探究解决问题的办法才是更为智慧的做法。

幼儿分析小白菜太密的原因

四、收获

神奇的小白菜

俗话说"一分耕耘，一分收获"，小白菜在幼儿的期盼中一天天长大，终于到了收获期。

东东："小白菜绿绿的，颜色深浅不一样。"

初一："小白菜爸爸妈妈带着白菜姐姐和白菜弟弟排排坐晒太阳呢！"

东东："小时候的小白菜像小爱心、小蝴蝶结，慢慢长大后变成了大的小白菜。"

鹏鹏："小白菜从小小的苗长成这么大个，太神奇了！小白菜有大的、有小的，里面还有嫩嫩的小叶呢。"

小白菜成熟

问题：小白菜成熟了可以怎么吃?

大宝：“我们把小白菜都送到食堂阿姨那里吧，让阿姨帮咱们做成好吃的。”

教师：“可以呀！你们知道小白菜哪里不能吃吗？”

诚诚：“这个根不能吃。”

小宋：“黄的叶也不能吃，得摘掉。”

在食堂阿姨的帮助下，我们摘下的嫩嫩小白菜变成了美味的食物……

教师的思考

收获是最令人喜悦和有成就感的一件事，从播种到丰收，对于幼儿来讲是非常大的激励。《指导要点》明确指出：“参与劳动有助于培养幼儿良好的劳动习惯，提高幼儿自理能力和动手能力，增强自信心，培养初步的责任感。”采摘小白菜、分享小白菜、品尝小白菜，进一步强化了幼儿对劳动价值的认识，让他们感受了劳动的快乐，促使他们在日后能更加积极主动地参与到种植劳动中来。

经验梳理

身心准备	1. 在种植活动中遇到困难能勇于面对，积极调整心态，学会以良好的情绪状态面对挑战。 2. 能通过动手种植、照料植物锻炼手部动作的力量及肢体灵活性。
生活准备	1. 亲身体验种植过程，能适当承担种植中的劳动任务，知道尊重自己以及身边人的劳动成果。 2. 有自我保护意识，知道怎样避免发生危险和伤害。
社会准备	1. 能和同伴分工合作共同完成种植任务，能按照计划分工为小白菜浇水、除草等；当出现冲突时能尝试协商解决。 2. 遵守共同制定的种植规则，愿意向教师和同伴表达自己的想法，与同伴共同制订种植计划并按计划完成任务。
学习准备	1. 能在亲身体验、动手操作中将知识内化为自身经验，持续深入地探究种植问题。 2. 对小白菜的形态和变化好奇，喜欢问问题，愿意参与观察，喜欢种植活动。 3. 对蔬菜的种植感兴趣，坚持种植小白菜，不轻易放弃，努力寻找答案并积极表达自己的想法。 4. 愿意运用图画、符号等表征方式表达自己的想法。

来了一颗蛋

甘井子区教育局实验幼儿园 万慧文

主题缘起

国庆假期结束后，幼儿聚在一起谈论假期的所见所闻。突然，淏良小朋友起身跑进衣帽间，手里捧着一颗硕大的蛋。这颗蛋的出现立刻吸引全班幼儿的注意。“哇！好大的蛋呀！”幼儿不约而同地惊叹道，围在一起，瞪大眼睛开始议论起来。他们想知道蛋的生活环境、照顾方法以及蛋宝宝出生后的生活等。《指南》中指出：“幼儿的学习是以直接经验为基础，在游戏和日常生活中进行。”为了尊重和保护幼儿的好奇心和学习兴趣，我们开启了有关“蛋”的探索旅程。

主题网络

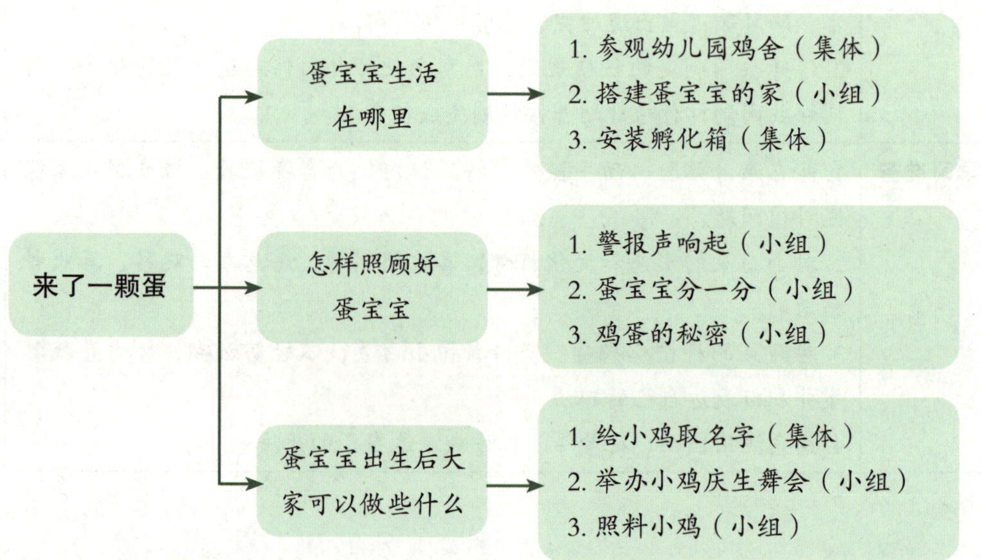

主题实施

一、蛋宝宝生活在哪里

1. 参观幼儿园鸡舍

幼儿对“小鸡是从蛋里面孵化出来的”有共同的认知，他们建议可以先到幼儿园户外的鸡舍观察一下小鸡的生活环境，再讨论怎样孵出小鸡。

楚楚说：“鸡舍里面的蛋宝宝就在小鸡的身体下面，蛋宝宝感觉到温暖就会快快长大！”图图说：“是呀，小鸡太可爱了！如果蛋里面真能孵出小鸡，它们生活在我们设计的爱心小屋里一定很幸福，大家一起照顾它们那该有多好啊！”我在一旁鼓励幼儿收集各种各样的材料，来模拟蛋宝宝的生存环境，一起搭建蛋宝宝的家。幼儿跃跃欲试，期盼着一起设计蛋宝宝的家。

幼儿观察小鸡的生活环境

2. 搭建蛋宝宝的家

回到室内，幼儿成立爱心小屋项目组，并制订计划和同伴一起利用班级建构区材料中的积木条和低结构材料进行自主游戏，搭建出不同功能的小屋，为蛋宝宝提供住所并照顾蛋宝宝。

小雨伞和萌萌设计了一个用大连特色贝壳装饰的小别墅，里面有休息室和吃饭的地方。颢然和晚晚设计了一个大型游泳池，吸管的两端连接水和蛋。球宝和果果搭建了一个心形温暖小窝，并在游戏中不断改进小窝居住条件，在小窝里面铺设彩色毛球，还装上了输送新鲜空气的新风系统。笑颜搭建小屋时测量了床的长度，使蛋正好能够放进去。项目组的幼儿在游戏后分享游戏经验，激发了更多幼儿对孵小鸡的兴趣和好奇心。

幼儿设计的蛋宝宝的家

幼儿搭建的爱心小屋

3. 安装孵化箱

等待多日，幼儿有些着急，为什么蛋宝宝还没有孵化出来呢？我请幼儿先查阅资料，一起观看《小鸡孵化》视频，了解“自然孵化”和“人工孵化”两种孵化方式，发现和记录小鸡的孵化条件究竟有哪些。在家园沟通中，家长得知幼儿对孵化小鸡感兴趣，积极配合准备了水床式孵化箱和 20 枚鸡蛋，这让幼儿兴奋不已。师幼一起研究安装的步骤和方法，一步一步进行安装。先制作水床，再固定位置，最后接通电源，整个放蛋过程充满小心与期待。

幼儿记录小鸡孵化过程

幼儿安装孵化箱

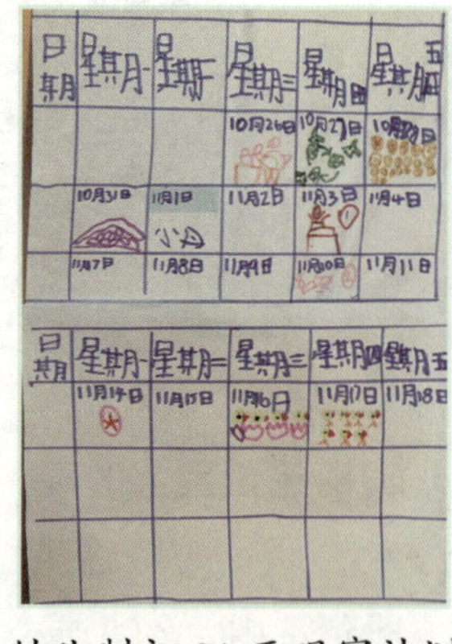

幼儿制订 21 天观察计划

教师的思考

教师在对幼儿自主游戏的观察与记录中发现，幼儿对照顾蛋宝宝饮食起居和孵化小鸡有着极大的探究兴趣。于是把握教育契机，基于幼儿的需求，师幼共建课程框架及时给予幼儿有效支持，一起梳理孵化条件，选择人工孵化箱和照顾方法，明确注意事项，初步制订小鸡孵化 21 天观察计划。活动中教师支持幼儿参与一日生活中与自己有关的决策，鼓励他们按照自己的意愿开展探究。

二、怎样照顾好蛋宝宝

1. 警报声响起

从开始孵化那天起，幼儿成为 20 枚鸡蛋的忠实守护者，他们每天都早早地来到幼儿园关注蛋宝宝的变化。幼儿每天都认真地陪伴它们，用超轻黏土捏出鸡妈妈给蛋宝宝讲故事，让它呵护蛋宝宝成长。“翻蛋”是幼儿每天关心和必不可少的事，他们自制表格坚持按时记录、按次翻蛋，期盼每个蛋宝宝都能顺利孵化成小鸡。

幼儿捏制鸡妈妈

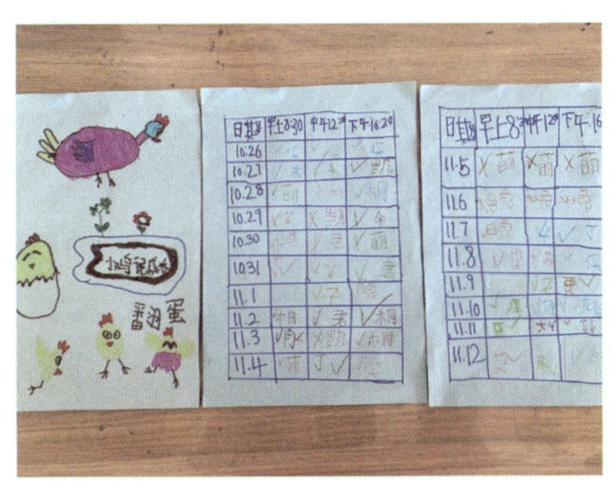

幼儿绘制表格记录翻蛋次数

这天不同以往，孵化箱突然响起警报声，幼儿纷纷猜测这是怎么了。三宝凑到孵化箱前再回头看看班级里的小朋友说：“是不是大家在游戏时声音太大了，吵到小鸡啦？”于是他拿出纸和笔制作了不要大声说话的标识牌，提醒大家注意音量。在三宝的提示下，教室里安静了下来。旦旦轻声说：“我还看到孵化箱温度板显示 36℃。”君宝说：“对了，小鸡孵化条件是保持在 38℃，36 小于 38，是不是温度低了？”为什么温度降低了呢？三宝说：“呀，孵化箱盖子没有合上。”三宝赶紧把盖子合上，又制作了孵化箱的盖子不能长时间打开的标识牌。

第二天，警报又响起来，钰函说：“大家都很安静了，孵化箱的盖子也没有长时间打开，怎么回事呢？”早早看了一眼温度板：“40℃啦，小鸡们快烤熟了吧！”幼儿赶紧打开盖子一看，蛋宝宝上面盖着多层布料和棉花，今天气温下降，有的幼儿担心小鸡冷，赶紧为蛋宝宝盖上了被子，导致孵化箱内部温度升高。

第三天，师幼一起学习了温度和气温变化对动植物和人们生活的影响。活动中幼儿还了解了警报的作用，学习了应对紧急情况的方法，积极解决问题，提升了安全防护和自我保护的能力。

记录孵化箱警报温度和音量变化

探究温度和气温变化对周边事物的影响

2. 蛋宝宝分一分

笑颜和晴晴来到小鸡孵化箱旁边，轻轻地打开孵化箱准备开始翻蛋。晴晴说："笑颜，你来翻红色的鸡蛋，我来翻白色的鸡蛋，怎么样？""嗯嗯，好的。"于是两人开始行动，翻着翻着，笑颜说："晴晴，这个鸡蛋我刚刚翻过了，你又翻了一遍。""这个鸡蛋是白色的呀！应该是我翻的。""这是红色的，应该是我翻的。"我在一旁引导她们："除了用这个方法来翻蛋，还可以用什么好方法呢？"

幼儿尝试用颜色区分鸡蛋

幼儿用数字编码区分鸡蛋

幼儿运用数的排列区分鸡蛋

幼儿利用圆片进行操作，比较和记录数量关系

3. 鸡蛋的秘密

转眼一周过去了，幼儿迎来了激动人心的“照蛋”时刻。当幼儿打开照蛋灯时，并没有观察到鸡蛋里胚胎的发育状况，文文将自己的观察记录下来并与小伙伴果果分享。果果说：“因为现在是白天，点灯没有效果。”于是他们便开始寻找合适的观察工具，用布和白纸挡着，但还是有光透进来，怎么能让蛋的周围暗下来呢？文文突然想到之前画画用的刮画纸上面是黑色的，于是他将刮画纸卷起来，透过小孔观察鸡蛋。文文兴奋地说：“看见了，里面有血丝和小黑影，但不是特别清楚，最好教室能够全部暗下来。”“那只能等到天黑，我们再来观察了！”果果说。过了几天正好阴天，幼儿赶紧将教室里的灯关上，将窗帘拉上，并用乒乓球表征记录下每颗蛋里不同的变化。幼儿因此萌发尊重和珍惜生命的情感。

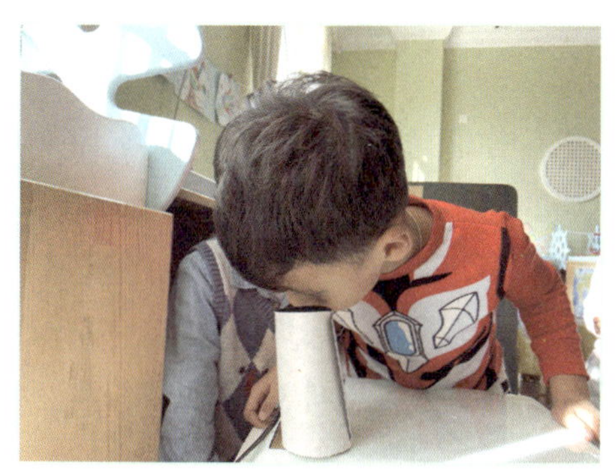

幼儿自制黑暗筒照蛋观察

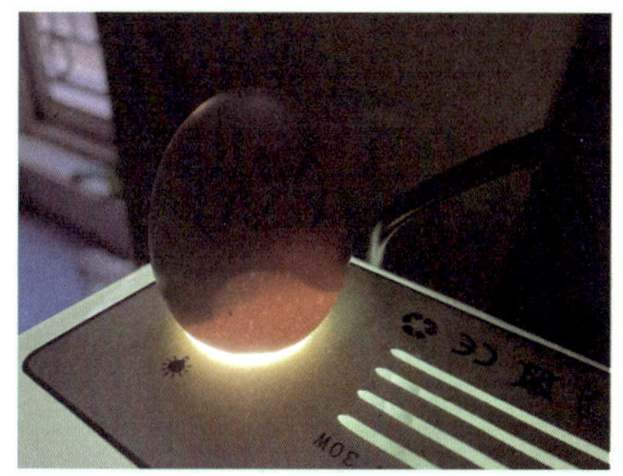

幼儿照蛋发现血丝

幼儿运用不同表征形式记录蛋里的变化并判断哪颗蛋可以孵出小鸡

教师的思考

教师要支持幼儿自发地进行观察活动，鼓励他们积极解决问题。在小组生成活动“警报声响起”、“蛋宝宝分一分”和“鸡蛋的秘密”中，幼儿将自己解决问题的方法进行了详尽的记录。笑颜和晴晴想出将鸡蛋进行数字标号，按数字顺序翻蛋；家禾将 20 枚鸡蛋排成 4 列，每行放 5 个鸡蛋，一下可以数出 20 枚鸡蛋；桐桐和大千通过操作圆形卡片进行排列，用简单的记录表表示数量关系，运用 20 以内加减运算解决问题。看到同伴们的方法，其他幼儿也练习操作、比较起来，寻找更多的方法，这有利于幼儿形成乐于学习、乐于探索的学习态度。

三、蛋宝宝出生后大家可以做些什么

1. 给小鸡取名字

幼儿每天都在为迎接小鸡出生忙碌着，语言项目组想象着每只小鸡都有自己的特点，一定要为它们取好名字。夏天说：“妈妈给我起这个名字是因为我在夏天出生。”大千说：“那我们把第一只出生的小鸡叫奖杯吧！恭喜它第一个出生。”子钰说：“我想叫它小福气，它来到咱们班肯定很幸福。”泡泡说：“叫小黄吧！这是小鸡身上的颜色。”“叫金金。”“叫小可爱。”“叫胖胖。”……越来越多的名字出现在幼儿的讨论声中。

图图说：“我来画一张小鸡名字记录表吧！你们可以把想好的小鸡名字画在表上。”于是，幼儿开始用文字和符号表现小鸡的名字及意义，然后全班幼儿用小贴纸进行投票，一起数数看哪个名字获得的票数最多。经过票数统计，“奖杯”“小可爱”“满满”“彩彩”“英雄”“小福气”“心心”“小脚”这些名字都具有较高人气。幼儿决定把最受欢迎的名字制作成小鸡名片贴在项目墙上，希望至少有 8 只小鸡能够平安出生。

幼儿绘制的小鸡名字记录表

幼儿制作的小鸡名片

2. 举办小鸡庆生舞会

艺术项目组计划制作装饰品和礼物、创编舞蹈动作为小鸡庆生舞会增添欢乐氛围。露锡说：“我们可以用毛根卷出头饰和首饰。”大琨说：“我们还可以用彩纸剪出吊饰挂起来。”开心说：“我想设计舞蹈图谱，照着上面的动作练习容易记住。”

于是幼儿收集、使用多种材料和工具进行艺术创作。有的为小鸡准备生日礼物，有的编排小鸡舞蹈，通过动作、表情等表达内心情感，跟随音乐自主表现为鸡宝宝庆生的场景，体验与同伴合作表演或独立表现的快乐。

3. 照料小鸡

幼儿设计的小鸡生日礼物和装饰品

幼儿创编舞会动作

终于迎来小鸡们破壳的日子，很幸运我们一起见证了奖杯、小可爱、满满、彩彩等 8 只小鸡的相继出生。幼儿亲眼看见小鸡啄破蛋壳，互相帮助的场面，真切感受到了生命的存在，感受自己的行为与动物成长之间的关系，从而真正认识生命、探究生命、感受生命。师幼共同将这一时刻记录下来分享给家长们，家长群里也“炸开了锅”，大家都想领养一只小鸡。幼儿带来各种领养装备和食物，要将小鸡们带回家继续照顾它们……

家园共育领养小鸡

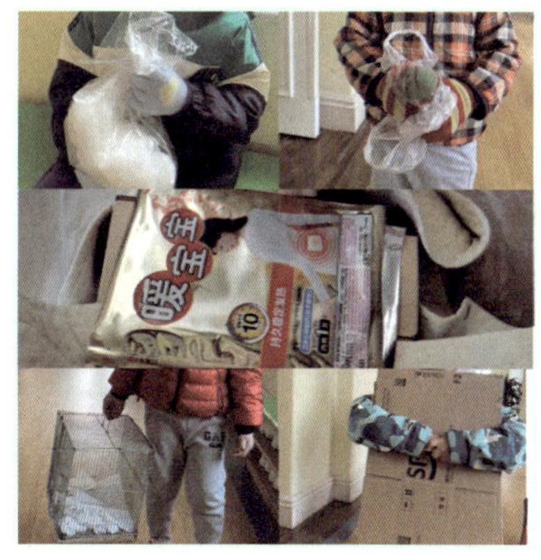

幼儿带来领养装备和食物

教师的思考

幼儿的创造力和想象力令教师惊叹不已，教师感受到了他们的活力和热情，也更加了解了如何与幼儿建立良好的沟通和互动。反思活动中，教师能够认真观察幼儿在各类活动中的行为表现并做必要记录，根据一段时间的持续观察，对幼儿的发展情况和需要做出客观全面的分析，提供有针对性的支持。在活动中教师不急于介入或干扰幼儿的活动，而是给予他们更多的自由和空间，让他们充分表达自己的意见和想法，还能够关注幼儿的个性和兴趣，根据他们的兴趣和特点进行个性化的指导与培养。

主题经验

身心准备	1. 了解小鸡成长过程，积累对生命历程的认知经验。 2. 保持积极稳定的情绪，具备一定的情绪调控能力。 3. 手部动作协调，能使用多种工具和材料搭建蛋宝宝的家。
生活准备	1. 能用各种感官积极主动参与蛋的孵化过程，建立初步的时间观念。 2. 有自我和为他人服务的意识，增强独立性和自信心。 3. 主动参与劳动，照顾鸡宝宝，了解人们的生活与自然环境的密切关系，学会尊重和爱护生命。 4. 具备安全防护能力，有自我保护意识。
社会准备	1. 能与同伴分工合作共同完成"放蛋"、"翻蛋"和"照蛋"等任务，遇到困难互帮互助。 2. 自觉遵守日常照顾蛋宝宝的规则和注意事项。 3. 能与同伴配合积极筹备小鸡庆生舞会，具备任务意识和执行任务的能力。 4. 愿意为集体出主意、想办法、做事情，能与同伴共同协商、合作解决问题。
学习准备	1. 对身边的新事物感兴趣，在照顾蛋宝宝的过程中萌发好奇心和求知欲，遇到问题喜欢刨根问底，善于动手动脑。 2. 在孵化蛋宝宝的过程中，提高自主学习和持续探索发现的意识和能力。 3. 对生活中的文字符号感兴趣，结合文字含义为小鸡取名字、画名字，愿意用图画、符号等方式记录自己的想法和发现。 4. 愿意运用数数、排序、简单的统计和测量等数学方法区分蛋宝宝，体验解决问题的乐趣。 5. 在集体讨论中认真倾听并能听懂他人说话，有疑问时能主动提问，清楚表达自己的观点。 6. 能从图书中、互联网上、父母及同伴的分享中收集孵化小鸡的方法，并运用在孵化小鸡的过程中。

由“一寸虫”引发的测量热潮

大连市人民政府机关幼儿园 王学荟

主题缘起

测量是幼儿园科学领域的重要教育内容，开展测量活动能够提升幼儿对物体量的认知、数的理解，在操作过程中培养幼儿的动手能力。大班幼儿在阅读绘本《一寸虫》时，萌发了对测量活动的兴趣，制作“一寸虫”，并尝试用“一寸虫”和身边的测量工具测量生活中的物品。教师抓住幼儿的兴趣点并结合《指导要点》《指南》内容，鼓励幼儿带着疑问探索实践，在亲身体验、自主探索、动手操作中，获取测量的正确方法及有益经验。

主题网络

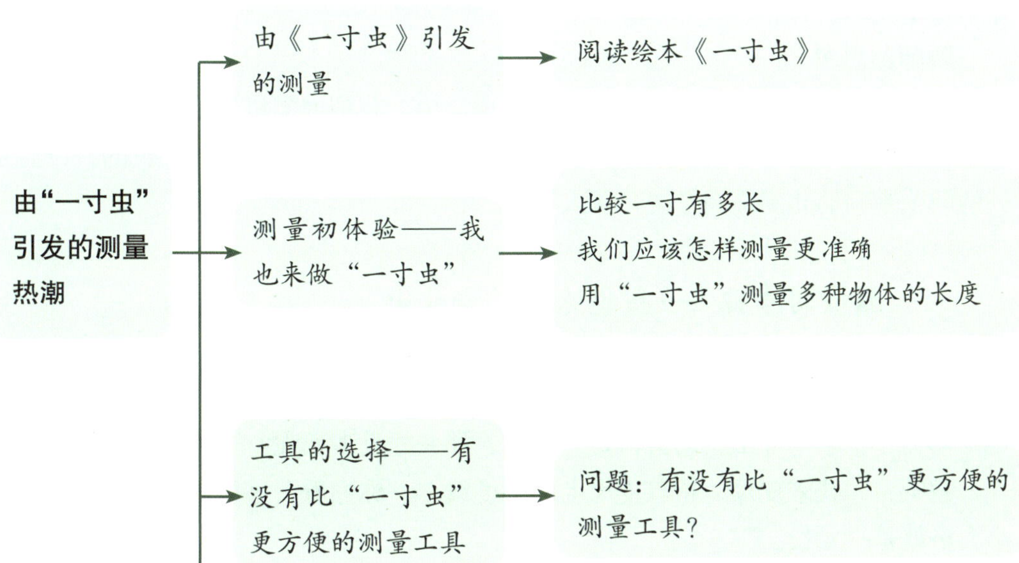

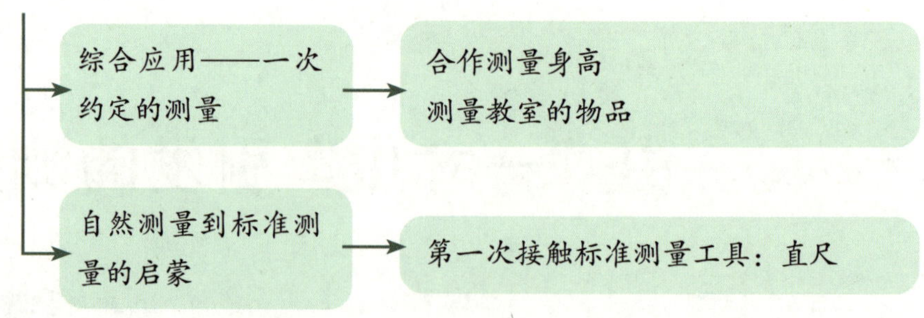

主题实施

一、由《一寸虫》引发的测量

班级开展亲子阅读《一寸虫》活动后，幼儿了解了“一寸虫”用它的身体测量了知更鸟的尾巴、火烈鸟的脖子、巨嘴鸟的喙和苍鹭的脚，并对这一故事情节非常感兴趣。石头妈妈发来了石头小朋友制作“一寸虫”的视频，石头说：“故事里的‘一寸虫’有一个本领，它能用身体量小动物的身体，‘一寸虫’的身体是一寸长，一寸到底是多长呢？我和妈妈一起做了一个‘一寸虫’，我用它测量了我的手指、脚掌。”绘本引发了石头小朋友对“一寸长”的好奇心和探索欲，有趣的测量活动也激发了班级里其他幼儿对测量的兴趣。

教师：“‘一寸虫’是怎样测量小动物身体的？”

小易：“它是用自己的身体测量趴着的小动物。”

教师：“你发现‘一寸虫’在测量的时候身体发生什么变化了吗？”

悠莉：“它在测量时头和脚先挨在一起，然后伸直身体，再头和脚挨在一起，是这样重复的。”

教师的思考

好奇心和探索欲是幼儿探究和学习的原动力。我把握契机从绘本《一寸虫》出发，引导幼儿通过绘本阅读了解“一寸虫”是如何测量小动物身体部位的，以启发式的问题带领幼儿围绕测量展开深入探究。

二、测量初体验——我也来做“一寸虫”

悠悠：“我也想做一只‘一寸虫’。”

糖糖：“‘一寸虫’的身体是一寸长，那一寸是多长呢？”

教师：（找来皮尺，指着皮尺上的刻度线）“你们看，这里从 0 到 1 之间的一个大格就是一寸长。”

幼儿若有所思地点点头，开始制作“一寸虫”。不一会儿悠悠就拿着他做好的“一寸虫”来到我身边。

悠悠：“老师，我想比一比，我做的‘一寸虫’是不是一寸长。”

教师：“可以，你想怎么比呢？”

悠悠：“把‘一寸虫’放在皮尺上，将它的头和0对齐，看一看它的尾巴是不是到1那里，就知道是不是一寸长了。”

找到皮尺上的一寸有多长

教师：“你这个方法不错，你可以试一试。”悠悠认真地将制作好的“一寸虫”放在皮尺上进行比较。

班级里其他幼儿也开始动手制作自己的“一寸虫”，有的幼儿用橡皮泥捏，有的幼儿用彩笔画，一时间各种各样的“一寸虫”在班级里诞生了。幼儿拿着自己制作的“一寸虫”开始了测量。

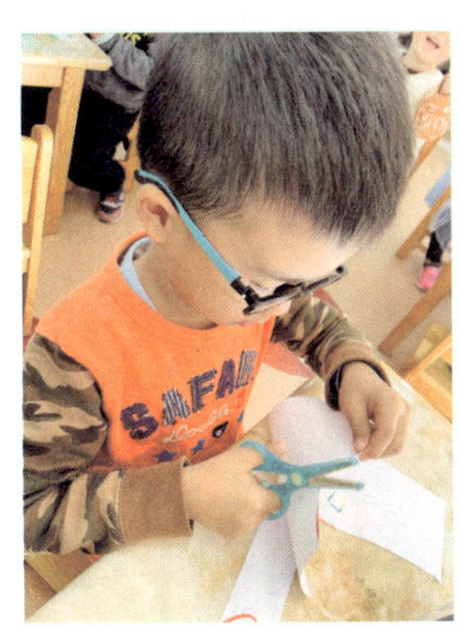

幼儿用多种材料制作“一寸虫”

比较制作的“一寸虫”是不是一寸长

这时，悦悦和娴娴争论了起来。

教师：“发生什么事情了？”

娴娴：“我觉得悦悦的测量不准确，可是她还不承认。”

教师：“你是怎么测量的？可以给小朋友们演示一下吗？”悦悦点点头，拿着“一寸虫”开始测量本子，她的“一寸虫”爬得很快，但测量时“一寸虫”的身体没有首尾相接。

小艺：“她在测量的时候没有把‘一寸虫’的头和尾巴连在一起，这样有的空隙没有测量到，所以她测量得不准确。”

悦悦听了也觉得非常有道理，可是对于如何更准确地测量她还没有想到好办法，于是我们一起展开了讨论。

教师："我们应该怎样测量能更准确呢？"

菲菲："可以用'一寸虫'量一下，做一个标记，再从标记处继续量。"

八福："可以用两只一样长的'一寸虫'，一只量完后，另一只的尾巴挨着前一只的头继续量。"

有的幼儿用"一寸虫"量了椅子的宽度，有 11 个一寸长；有的幼儿测量了橡皮泥盒盖的长度，有 8 个一寸长；有的幼儿用"一寸虫"量了量自己的裙子，告诉大家有 10 个一寸长；还有的幼儿量了教室里的桌子长度，有 32 个一寸长。

用"一寸虫"测量椅子的高度

用"一寸虫"测量桌子的长度

相同长度的测量工具交替测量

用手指做标记进行测量

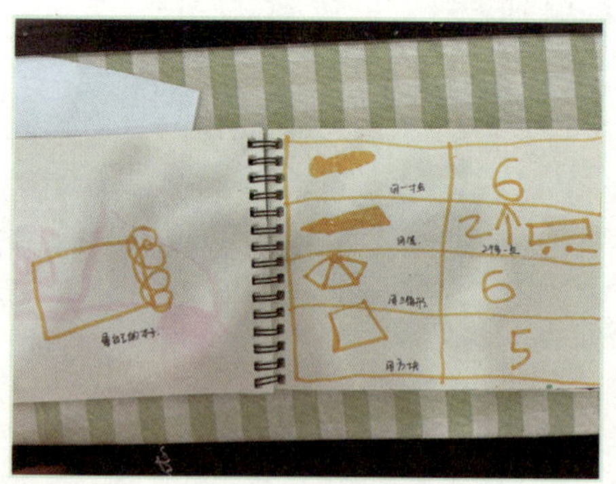

测量故事：我想测量本子的长度，我用到了"一寸虫"、方块、笔、三角形，发现用笔测量最合适。

测量故事：我用笔量了地面的线，用魔尺量了自己的身高，用笔量了桌子的长度，用书量了桌子的高度。我用了这么多的物品当测量工具。

教师的思考

能够正确地比较物体的长短是测量的基础。在制作"一寸虫"的过程中，幼儿能够用一端对齐，重叠或并置的方法比较"一寸虫"的长度。在测量的过程中，幼儿能注意到测量的准确性，这是幼儿探究过程中科学性、严谨性的体现，也推动了幼儿对测量更深入的探究。教师应支持幼儿热烈讨论。经过幼幼、师幼间的反复讨论与思考，幼儿得出了正确的测量方法：从左往右或者从上往下开始测量，如果长度不够，做好标记，再从标记处接着测量或用同种工具交替测量，保证测量结果的准确性。

三、工具的选择——有没有比“一寸虫”更方便的测量工具

区域游戏时间，幼儿拿出自己的“一寸虫”开始测量。悠悠用“一寸虫”量了班级的窗台，他量了一遍觉得不对，又量了一遍，告诉大家：“我们班的窗台有50个一寸长呢，这个窗台可太长了，我用‘一寸虫’量了好久。”

教师：“那有没有更方便的测量工具呢？”

源源：“我觉得可以用彩笔，彩笔比‘一寸虫’长一些。”

佳尔：“我觉得窗台那么长，用彩笔也得量很久，还是不合适。”

景骁：“我们用魔尺吧，魔尺很长，量几次就能把窗台量完了。”

悠悠：“我知道了，‘一寸虫’在测量窗台、地板这些比较长的物品时太短了，我们可以用长一点的物品来量。”

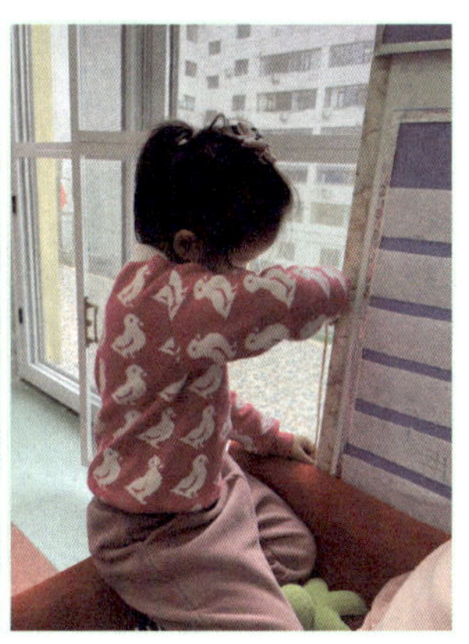

幼儿用多种测量工具测量班级的物品

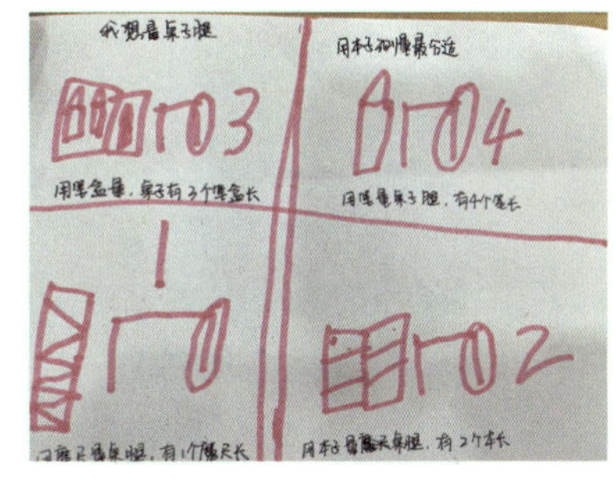

测量故事：我想测量桌子腿的高度。我用笔盒、笔、魔尺、本子进行测量。魔尺和桌子腿一样高，所以不适合。本子测量的次数最少，最合适。

教师的思考

引导幼儿根据被测量物的长度选择适合的测量工具是十分重要的。每次测量前，“可以用什么东西测量？”这个有趣的问题会引发幼儿的好奇心，促使他们开动脑筋，有步骤地去探索和发现，在操作中获取知识经验、学习方法，提升学习能力。为此，我在活动区提供了多种测量工具，如筷子、绳子、水彩笔、魔尺等，鼓励他们不断操作，思考测量不同物体用哪些测量工具最适宜，帮助他们更好地巩固测量的经验和做法。

四、综合应用——一次约定的测量

区域活动时，石头和八福在讨论怎样测量身高。

石头：“八福，你站直，我用魔尺在你的背后量一下，就知道你有多高了。”

八福：“好呀。”石头拿来一根魔尺，“我从你的头开始量吧，哎呀，我可能需要帮助，我的魔尺拿不住了，这样测量不准确。”

八福：“我可以趴在地上，这样你是不是就能量了？”

石头：“这个办法好，你快趴下吧。”八福说完，就趴在了地上，石头找来了两根魔尺，先比了比这两根魔尺是不是一样长，然后就开始用它们给趴在地上的八福量身高。石头将魔尺的一端与八福的脚对齐，魔尺紧挨着八福摆放，另一根魔尺和前一根相接，依次交替一直测量到八福的头。

八福因为太好奇石头是怎样测量身高的，总是抬头看。石头提醒八福：“这次量的也不准确，你的头总抬起来。这样吧，你去靠门站好，我再给你量一次。”

八福走到门口，身体紧贴门站好，还将鞋脱了下来，石头拿来直尺，平放在八福的头顶上，然后用彩笔在直尺与门接触的地方画了一道横线，就让八福离开了，接着他用魔尺测量了横线标记到地面的距离。

石头在后面帮八福量身高

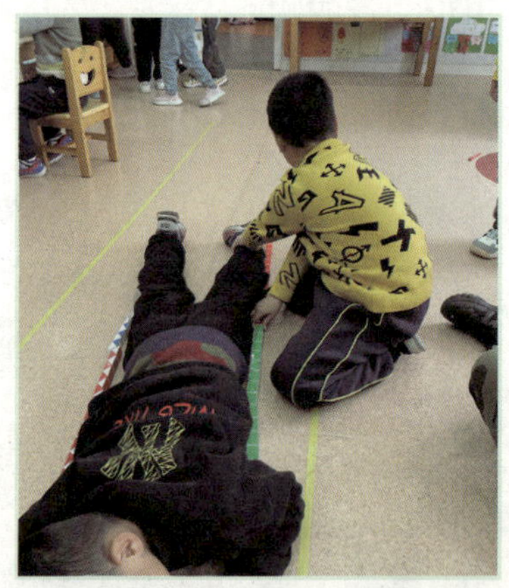

八福趴在地上让石头量身高

石头在直尺与门接触的地方做标记

石头用魔尺测量标记到地面的高度

测量故事：我给晨宇量身高，第一次晨宇站着，我在他背面量，不准确。第二次他趴下总抬头，还是不准确。第三次他靠门站好，我用直尺做标记，又用魔尺测量标记到地面的距离，成功啦。

源源和佳尔准备测量地面上摆放小椅子的细线。他们拿来两根一样长的魔尺，源源将魔尺与细线的一端对齐，佳尔将另一根魔尺接着源源魔尺的尾端，佳尔不动，源源把魔尺接着佳尔的魔尺继续摆，就这样一个接着一个量，他们很快把细线的长度量好了。幼儿对测量活动热情高涨，有的幼儿用毛根测量了图书区的墙，有的幼儿用彩笔量了换衣室柜门的高度，他们互相分享自己的测量结果，绘画测量故事。

教师的思考

测量身高是幼儿能够经常运用测量经验的生活情境，幼儿可以将活动中新习得的知识经验迁移运用到自己的生活中。在测量身高的过程中，幼儿从测量长度过渡到测量高度，自己选择适合的工具，与同伴合作测量，运用“两个一样长的测量工具交替测量”“从一端开始测量”“做标记连续测量”等核心经验，利用记录单进行记录。在观察、比较、操作等方法中，发现问题、分析问题和解决问题，幼儿的能力在实际应用中获得提升。

五、自然测量到标准测量的启蒙

八福：“我的身高用魔尺量是3个半魔尺高，那到底是多少厘米呢？”

悠悠：“‘一寸虫’的身体是一寸长，那一寸是多长呢？”

这时，我为幼儿提供了直尺，幼儿第一次接触标准测量工具直尺和测量单位厘米。幼儿发现原来直尺上的每一条小竖线都有特别的意义，知道了两个数字之间的距离就是1厘米，还用直尺测量了“一寸虫”和魔尺的长度，原来“一寸虫”有3厘米多，魔尺有30厘米长。

教师的思考

幼儿对自然测量进行探究与体验后，掌握了一定的测量方法，同时对标准测量更加关注。为了满足幼儿的需求，教师提供了直尺，为幼儿进行标准测量提供支持。

幼儿用直尺测量植物角茄子的长度

经验梳理

身心准备	1. 在测量活动中，能够经常保持积极稳定的情绪，遇到困难不乱发脾气，不迁怒于他人。 2. 手部动作协调，能使用简单的工具和材料进行游戏。
生活准备	1. 能够坚持自己的事情自己做，能分类整理和保管好自己的物品。 2. 有初步的时间观念，做事不拖沓，按照自己的时间计划完成相关活动调查内容。 3. 能够选择安全的材料进行测量，有自我保护的意识。
社会准备	1. 能与同伴分工合作共同完成任务，在测量身高时，遇到困难互帮互助，发生冲突时尝试协商解决，能主动向老师表达自己的想法。 2. 在测量活动的过程中，愿意为集体出主意、想办法、做事情。 3. 能够认真倾听同伴的想法和建议，当意见不一致时说明理由，学会协商解决问题，达成一致。
学习准备	1. 喜欢刨根问底，乐于动手动脑。 2. 能坚持做完一件事，遇到困难不放弃。愿意用图画、符号等方式记录自己的想法和发现。 3. 愿意用数学方法尝试解决生活和游戏中的问题，体验解决问题的乐趣。在集体情境中能认真听并能听懂他人说话，有疑问时能主动提问，能较清楚地讲述一件事情。 4. 乐于独立思考，敢于表达。做事情有一定的计划性。 5. 在活动中能运用正确的测量方法测量物体的长短，能根据测量物体的不同选择适合的测量工具。

“蒜”我最了解

大连市甘井子区教育局第三幼儿园 姜一兴

主题缘起

随着谷雨节气的到来，班级里掀起了一场关于谷雨节气的讨论热潮。幼儿了解谷雨节气常识后，对“谷雨是最适合播种的节气”这一话题很感兴趣。他们叽叽喳喳地讨论种些什么，“我们小朋友种的东西也能长出来吗？”“也不是种什么都行吧？”“种什么呢？”“在哪种呢？”关于种植，幼儿表达着自己天马行空的想象和疑问。

《纲要》中指出：“教师要善于发现幼儿感兴趣的事物、游戏和偶发事件中所隐含的教育价值，把握时机，积极引导。”基于幼儿对种植话题的兴趣，为了让幼儿亲身探索自然的神秘，沉浸式感受植物生长的奥秘，我们班的体验式种植活动开始啦！种植活动前，为了了解幼儿种植的兴趣点和想法，我们展开了一次“想要种什么”集体讨论，幼儿都表达了自己的想法，他们想要种的东西五花八门。下面是对幼儿想法的梳理和记录。

幼儿姓名	想要种什么	幼儿姓名	想要种什么
乙墨	想种西瓜和苹果	语欣	想种一些绿色的菜，还想种大葱
梓涵	想种大蒜，我在家就种过，还能剪蒜苗	嘉瑜	想种小油菜，长出来可以炒蘑菇
靖涵	想种金针菇，我喜欢吃金针菇	浚淇	想种洋葱和萝卜
兆廷	想种大蒜	建洋	想种蘑菇，小小的蘑菇
静静	想种玉米	星然	想种小白菜，我家阳台就有小白菜

（续表）

幼儿姓名	想要种什么	幼儿姓名	想要种什么
晏宁	想种火龙果	雨诺	想种土豆，土豆很好吃
珈硕	想种萝卜	可馨	想种大蒜
梦涵	喜欢蘑菇	轶凡	想种大蒜，我妈妈就在家种大蒜
歆可	想要种香蕉		

小班幼儿处在以自我为中心的阶段，都希望达成自己的意愿，但是在种植方面的经验非常有限，如果由教师来决定种什么，那些种植愿望没有达成的幼儿，会出现负面情绪，我打算把问题抛给他们：“到底种什么呢？”小朋友们想种的水果和蔬菜都适合在班级种吗？邱果说可以回家打电话，问问住在农村的奶奶，其他幼儿也说可以问问爸爸妈妈。我请幼儿在“想要种什么”调查表上把自己的想法画下来，把调查表带回家，请家长帮忙答疑解惑，同时了解不同植物喜欢的生长环境以及生长过程。回到幼儿园后，幼儿把自己了解到的知识和其他幼儿分享，在这个过程中他们了解到火龙果、香蕉等水果适合种植在温度较高的地方，土豆、玉米会长得很大，适合种在园子里。

考虑到小班幼儿的年龄特点，幼儿的动手操作能力有限，适宜种植一些种子大、生长周期短、生长变化明显、便于管理的植物，又结合幼儿的兴趣，选出了小白菜、大蒜、油菜、蘑菇这几种适合种在植物角的植物，最后通过投票的方式，幼儿决定最先在班级种的植物是——大蒜。

主题网络

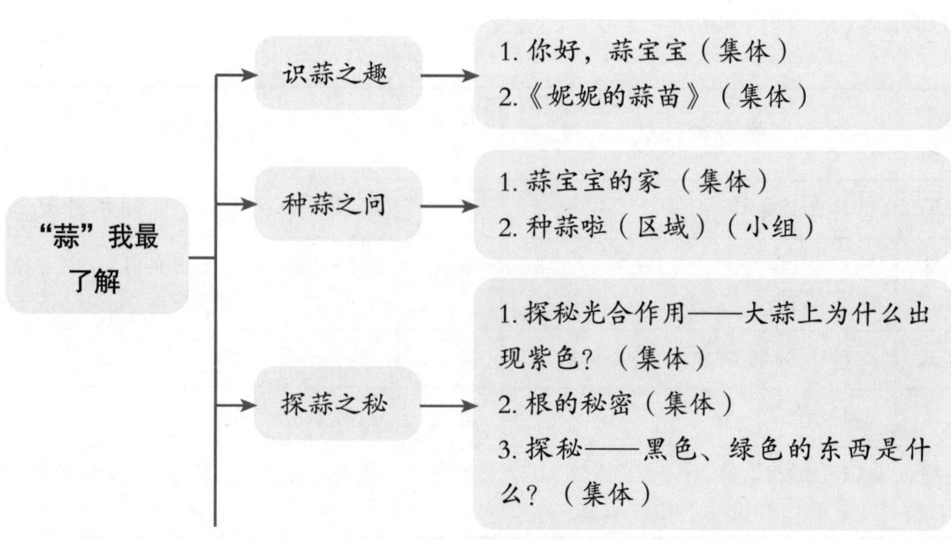

享蒜之味 → 1. 测量蒜苗、剪蒜苗（区域）
2. 大蒜美味（小组）
3. 植物美食——地上地下（集体）

主题实施

一、识蒜之趣

1. 你好，蒜宝宝（2023 年 4 月 26 日）

确定种大蒜之后，为了帮助幼儿更加深入、全面地认识大蒜，教师请幼儿每人从家里带一颗大蒜到幼儿园。他们带来各种各样的大蒜，大家聚在一起观察这些蒜宝宝，说着自己的发现，又通过看一看、摸一摸、尝一尝、闻一闻的方式深入认识蒜宝宝。在这个过程中，幼儿表达着自己的感受，对大蒜的认识更加丰富多元，为接下来种植大蒜做了良好的铺垫。

师幼共同观察大蒜

看一看	圆圆：大蒜皮儿有紫的，还有白的。 肉肉：它的皮是透明的。 洋洋：像洋葱一样，是圆的。 彤彤：白色的大，紫色的小。
摸一摸	邱果：摸起来滑滑的。 来来：皮儿很薄。 洋洋：外皮是一层一层的，软软的。 兆廷：大蒜头可以分成小的蒜瓣。
尝一尝	可馨：辣辣的。 栋栋：像苹果一样。 沐阳：有汁儿，是辣的。
闻一闻	二宝：味道不怎么好闻。 圆圆：臭臭的。

2.《妮妮的蒜苗》(2023 年 4 月 27 日)

这天，来来带来一本故事书《妮妮的蒜苗》，他说里面讲的是大蒜的故事，想要和其他幼儿一起分享。听故事是幼儿获得知识的途径之一，为了帮助他们了解大蒜的播种及生长知识，教师和幼儿共读了绘本故事。通过来来带来的故事书，幼儿感受到大蒜神奇的生命力，体会着妮妮盼着蒜苗长大时的开心、蒜苗被吃时的伤心，以及再次收获蒜苗的喜悦。这个故事为接下来种植大蒜做了充足的知识储备，也让大家更加明确了自己的播种计划。

二、种蒜之间(2023 年 4 月 28 日—5 月 4 日)

明确了要种大蒜，幼儿提出了很多新的问题。作为教师，我倾听他们的想法，珍视他们提出的每个问题，并通过集体讨论、查找资料、观看视频、亲身体验等方式和他们一起找答案，帮助幼儿答疑解惑。

1. 蒜宝宝的家

问题：大蒜种在哪里呢?

肉肉："大蒜种在哪里呢？"

教师："很多小植物都长在泥土里，大蒜也种在土里吗？"

为了让幼儿更直观地了解，我们开展了集体活动"蒜宝宝的家"。通过观看大蒜种植视频，幼儿了解到大蒜可以生长在土里、水里、沙里，同时师幼一起梳理了不同的种植方法和步骤。

水培：准备大蒜、器皿和水，把蒜头剥成小蒜瓣→将蒜瓣摆在器皿里→倒水淹没蒜的一半再多一些，只留一个小"脑袋"在外边。

土培：准备大蒜、器皿和种植土，把种植土装在器皿中→把蒜头剥成小蒜瓣→把蒜瓣大头朝下种在土里(小头不能被土淹没)→浇适量的水。

沙培：准备大蒜、器皿和沙子，把沙子装进器皿中→把蒜头剥成小蒜瓣→蒜瓣大头朝下种在沙里(小头不能被沙掩埋)→浇水。由于我们找不到适合种植大蒜的沙子，所以没有采用这种种植方式。

了解了种植的基本步骤，幼儿从家里带来了小花盆、旧水瓶、酸奶杯、旧水鞋等物品，珈硕和妈妈从自己家的花园里挖来了种植土，我们一起去沙水池找来了小耙子、小铲子、小水壶等工具，一切准备就绪，种蒜活动开始啦!

幼儿为蒜宝宝设计的家

幼儿开始土培、水培

2. 种蒜啦

问题 1：整头大蒜有几瓣？

了解了基本的种植步骤，幼儿利用区域游戏时间种大蒜。土培还是水培？教师尊重幼儿的意愿，鼓励他们大胆尝试。在把整头蒜分成单个的蒜瓣时，蔡静小朋友提出了问题：“一头蒜有几瓣呢？”幼儿通过剥一剥、数一数的方式，知道了整头蒜基本可以掰出7~8 个蒜瓣。种的时候最好单个播种，并保持一定的距离，这样蒜宝宝可以更好地呼吸和吸收营养，更容易发芽。

幼儿在剥大蒜

问题 2：种大蒜要扒皮吗？

幼儿的心思总是很细腻，种蒜的过程中也总能想到新问题。在剥蒜瓣的时候，他们发现大蒜有一层又一层薄薄的衣服。“要不要扒皮呢？”小栋提出了疑问。通过查阅资料幼儿了解到，土培大蒜可以扒皮也可以不扒皮，但是水培大蒜要扒皮，如果不扒皮，把皮泡在水里容易腐烂，会发出难闻的味道，不利于大蒜的生长。

问题 3：种蒜瓣哪头朝下？

经过一系列准备活动，终于要把大蒜种到喜欢的器皿里啦！幼儿又遇到了新的困惑：“哪一头朝下呢？”“大头朝下，这样能吸收更多的养分。”“小头朝下，大头发芽快！”通过查阅资料，幼儿了解到，种大蒜时应该大头朝下小头朝上，大头就是比较粗糙的一头，这一头会长出根，根可以吸收营养，小的一头会发芽、长蒜苗，千万不能躺着放。

问题 4：如何照顾蒜宝宝呢？

结合以往的种植经验，幼儿通过集体讨论的方式，一起梳理了适合大蒜生长的环境：大蒜喜欢湿润的环境，可以多浇水但不能太多，否则根系会腐烂；需要空气，可以多开窗通风也可以用工具松土；大蒜喜欢光照，但要尽量避开强光，晒一会儿就要放到阴凉处；需要营养，也就是肥料，可以给它换水或者换土，也可以加营养液。

三、探蒜之秘

种下大蒜后，幼儿每天都在照顾大蒜，他们很喜欢趴在窗台边，和同伴一起观察讨论大蒜的变化。一周时间过去了，种下的大蒜发生了很大的变化，在观察的过程中，幼儿有很多新奇的发现和困惑，我们一起来看看吧！

幼儿照顾大蒜

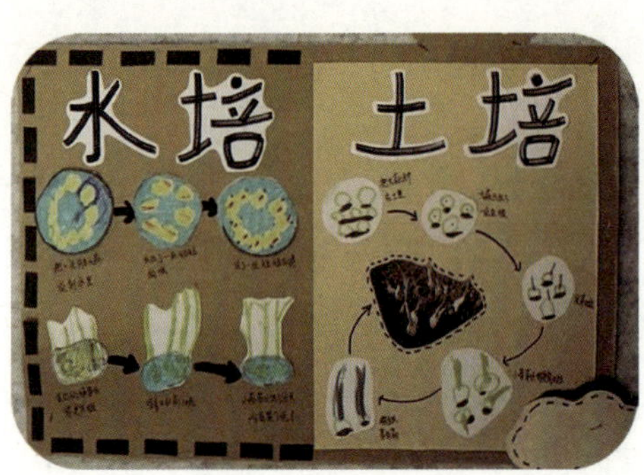

水培、土培大蒜的观察记录

大蒜发现记（5 月 16 日，种蒜一周后）		
姓名	新发现	原因初探
雨诺	大蒜上边有紫色	光合作用
兆廷	大蒜生根了	吸收营养
乙墨	有的大蒜长出黑色和绿色的东西	发霉
梓涵	小蒜发芽慢，大的发芽快	营养吸收速度不同
可馨	有的蒜苗长得高，有的长得矮	营养吸收速度不同
珈硕	水培发芽 9 颗，土培发芽 4 颗	水培更利于大蒜的生长
轶凡	大蒜有叶子吗	茎类植物
梦涵	大蒜长高了怎么办	可以像妮妮一样，剪蒜苗

面对幼儿提出的困惑，教师鼓励他们寻找答案，通过读绘本、看视频、家园共育等方式进行探秘。在这个过程中幼儿收获很多，对大蒜生长的秘密有了更全面的了解。

1. 探秘光合作用——大蒜上为什么出现紫色？

大蒜发生的变化

大蒜生长需要光合作用，什么是光合作用呢？这个知识对幼儿来说比较难，教师请幼儿回家和爸爸妈妈一起找答案，他们了解到光合作用就是阳光照射在大蒜上，大蒜会发生一些反应，这个过程会产生一些大蒜生长所需的营养。在温度较高的时候，这些营养成分会转化成淀粉、蛋白质和脂肪。但转化条件不足时，如温度较低、水分不足，这些成分会在蒜头的位置累积，成为红色或紫红色的花青素，也就是幼儿看到的紫色。

2. 根的秘密

教师：“你们种的大蒜为什么会发芽，越长越高呢？”

佳霖：“因为有根，可以吸收营养。”

洋洋：“老师你看，大蒜的根很长。”

珈硕：“大蒜的根像胡子一样，细细的、长长的。”

教师抓住幼儿的兴趣点，鼓励幼儿进行了一次大蒜根部写生活动，请他们仔细观察自己种的大蒜根部，并把根的样子画下来，和同伴交流讨论大蒜根的样子。

大蒜根部写生作品

肉肉：“根部是白白的。”

邱果：“根像线一样。”

凡凡：“根又细又长。”

小宁：“有的短短的，像胡子。”

星星：“有的弯弯的。”

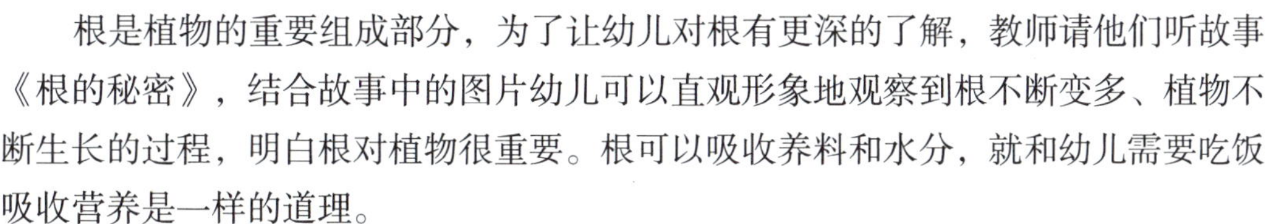

根是植物的重要组成部分，为了让幼儿对根有更深的了解，教师请他们听故事《根的秘密》，结合故事中的图片幼儿可以直观形象地观察到根不断变多、植物不断生长的过程，明白根对植物很重要。根可以吸收养料和水分，就和幼儿需要吃饭吸收营养是一样的道理。

3. 探秘——黑色、绿色的东西是什么？

幼儿发现有的大蒜上出现了黑色和绿色的斑点，兆廷告诉其他幼儿这是大蒜发霉了，他解释原因：浇水太多蒜宝宝喝不完那么多水，每天泡在水里太潮湿就容易发霉。可是每个幼儿都想照顾大蒜，每天都想为它浇水怎么办呢？于是开展了“浇水知多少”活动，经过讨论幼儿一致同意，每天吃早饭前三个光盘的幼儿为蒜宝宝浇水。在浇水的时候，要少浇一点，只浇三下，还要观察蒜宝宝是否缺水。水培的大蒜只要根部沾着水就不用浇了，如果水不干净了可以换水；土培大蒜可以根据泥土的颜色判断是不是缺水，如果不小心水浇多了，可以让大蒜晒晒太阳。

幼儿关于大蒜发霉怎么办的讨论

四、享蒜之味

1. 测量蒜苗、剪蒜苗

时间一天天过去，蒜苗一天天长高，“我们也要剪蒜苗吗？”彤彤提出了这样的疑问。

蒜苗多高可以剪呢？现阶段的幼儿还不会使用尺子进行测量，“我们用书来测量吧。”“蒜苗长到一本书那么高就剪下来吧！”在区域活动时，幼儿拿着书、小剪刀、小盘子，先测量再剪蒜苗，感受着劳动后收获的欣喜。剪完蒜苗，大蒜还会像妮妮的蒜苗一样再长出来吗？伴随着期待，在幼儿的精心照顾下，被剪短的蒜苗再次长高，他们惊叹不已，感受着植物生长的奇妙。

幼儿在区域中剪蒜苗

2. 大蒜美味

教师：“大蒜的哪些部位可以用来做菜呢？小朋友们吃过用大蒜做的哪些食物呢？”

幼儿：“蒜蓉白菜、蒜苗炒鸡蛋、蒜香油麦菜、蒜香排骨……”

幼儿了解到几乎每道菜都离不开大蒜，大蒜可以食用的部位是鳞芽和鳞茎。鳞芽常被用作调料，长在地下；鳞茎也就是我们常说的蒜苗，长在地上。

3. 植物美食——地上地下

邱果：“那我们吃的其他植物，吃的是哪呢？”

洋洋：“是长在地上还是地下呢？”

幼儿通过图片观察植物的根、茎、叶、花、果实和种子，了解到不同的蔬菜，可食用的部位不同。最常见的白菜、油麦菜、菠菜，可食用的是叶子。萝卜、土豆、红薯长在地底下，可食用的是根。有一些蔬菜可食用的是茎部，如藕、大葱。有一些蔬菜可食用的是花朵，如西蓝花和大头菜。有一些蔬菜可食用的是果实，如西红柿、茄子、黄瓜。

幼儿的学习源于生活，我们每周会把幼儿的食谱发到家长群里，请幼儿和爸爸妈妈一起了解吃的是什么菜。在进餐前会请幼儿介绍菜谱，说一说我们吃的是菜的什么部位，是长在地上还是地下。

来来：“南瓜米饭里的南瓜长在地上，我们吃的是它的果实。”

蔡静：“蒜香肉末茄子里有大蒜和茄子。茄子是长在地上的，我们吃的是它的果实。”

诺诺：“土豆炖牛肉中的土豆长在地底下，土豆就是植物的根。”

洋洋：“小油菜炒蘑菇，小油菜是长在地上的，我们吃的是茎和叶子；蘑菇可食用的是茎和蘑菇盖儿。”

主题活动进行一阶段后，为了丰富幼儿的生活经验，教师带着他们玩“上面和下面”游戏。教师随机说出一种植物的名字，幼儿用身体动作表示这个植物是长在地上还是地下。如：洋葱，幼儿坐在椅子上抱住头部，表示洋葱长在地下；黄瓜，幼儿从椅子上站起来，表示黄瓜长在地上。通过主题活动的不断推进，幼儿知道的蔬菜种类越来越多，他们想要把大蒜和更多的食材进行组合，做出新的美味。教师在美工区、娃娃家还为幼儿提供了丰富的材料，供他们自主选择、创意制作。

幼儿在菜园观察植物

经验梳理

身心准备	1. 幼儿在种植大蒜、观察大蒜生长的过程中，收获积极的情绪体验；遇到困难，学会恰当表达和调控情绪。 2. 在种植及照顾蒜宝宝时，幼儿锻炼手部肌肉能力，动作协调。

（续表）

生活准备	1. 活动后主动整理材料，养成良好的卫生习惯。 2. 能在有限的时间内，进行种植、照顾、表征、整理等，不拖沓。 3. 幼儿在使用工具的过程中，能保证自己的安全。 4. 幼儿有计划地照顾蒜宝宝，明确自己的分工，珍惜自己的劳动成果。
社会准备	1. 种植过程中，积极主动与教师和同伴分享自己的收获。 2. 幼儿在活动中，能够遵守班级、小组的规则。 3. 幼儿知道并理解教师安排的种植小任务，并独立完成任务。 4. 在种植活动中，愿意倾听同伴的心声，主动帮助同伴解决困难。
学习准备	1. 对种植活动充满好奇心，种植过程中乐于动手实践、动脑思考。 2. 有目的地思考种什么，怎样种，遇到问题独立思考，主动寻找答案。 3. 关于蒜宝宝生长的疑问，主动寻找答案，能够持续观察，用图画、符号等记录自己的发现。 4. 认真倾听与蒜宝宝生长相关的故事，简单说出故事主要情节，条理清晰地表达自己的见解和想法。

沙池帐篷

大连市中山区桃源里幼儿园 梁虹

主题缘起

我们班新增了一些彩虹搭建玩具，军军使用彩虹玩具搭建出一个小房子，他称之为“帐篷”。他的搭建作品引起了其他幼儿的兴趣，大家纷纷开始尝试在室内搭建各种形状的帐篷。从拼插帐篷到平面帐篷，再到自制立体帐篷，幼儿在帐篷游戏中不断积累相关的游戏经验，了解帐篷的基本结构，知道了支撑帐篷的合适工具和帐篷支架的基本结构，尝试用绳打结、缠绕等方式固定帐篷，探索装饰帐篷布的方法。

一天上午，在沙池游戏中，东东使用树枝搭建了一个低矮帐篷，他喊其他幼儿一起露营，于是大家纷纷讲述自己家露营的趣事。“我家有一个大帐篷，我爸爸一拉就建成了。”“上次爸爸搭帐篷的时候还和妈妈吵架了，爸爸说这么搭，妈妈说那么搭。”就这样，我们的“沙池帐篷”之旅开始了。

主题网络

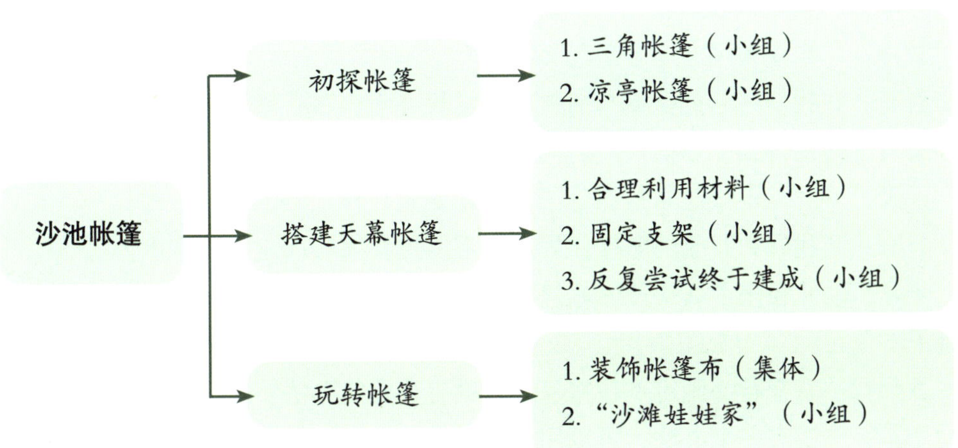

主题实施

一、初探帐篷

1. 三角帐篷

幼儿使用 PVC 管搭建帐篷，他们设计了三角形帐篷的支架图，两边用三角形支架，中间用一根长杆连接。军军和嵩嵩开始尝试连接两个支架。

问题 1：不会打绳结。

幼儿一开始选择了绳子，但是都不会打结。

有有："我不会用绳子打结，没法固定管子，谁能来帮我一下？"

天天："我来帮你。"

两个幼儿一起用绳缠绕 PVC 管，尝试打结但没有成功。有有又选择了容易变换方向和固定的毛根进行连接。连接好后，幼儿在沙池中给支架盖上厚厚的沙子，将支架固定住。

问题 2：支架被风吹倒了。

一场大风之后，支架全都倒了。

教师："为什么支架会倒塌？"

军军："我觉得是支架插入沙子不够深，容易倒。"

幼儿发现地基不坚固。有有想到了新的解决策略，他在沙池中挖出大大的坑，将支架放入坑中，再盖上厚厚的沙子反复拍打加固，支架的地基就建成了。

问题 3：帐篷布无法固定。

支架成功后，幼儿想在支架上加上帐篷布，但是白色的、长长的帐篷布并不适合支架。

军军："我觉得帐篷布太长了。"

教师："帐篷布尺寸不合适怎么办？"

有有："我们一起把帐篷布剪成合适的尺寸吧！"

有有的提议得到了小伙伴的认同，幼儿尝试比较支架高度和帐篷布长度并裁剪。

天天："我觉得帐篷布搭在管子上面像奶奶在杆上晒的被子一样。"

有有："我看到我家的帐篷搭好后，需要把帐篷布固定在支架上。"

于是，幼儿找来了石头压着帐篷角固定帐篷布。但是一阵风吹来，帐篷布便被吹跑了。

教师："看来石头固定不住帐篷布，谁有更好的办法？"

军军："我有一个办法，可以用剪刀把帐篷布的边角都剪出洞，然后将绳子穿过洞，系在支架上。”

幼儿又尝试在帐篷布上打孔并用绳把帐篷布缠绕在支架上。

2. 凉亭帐篷

三角帐篷

三角形帐篷建成后，幼儿想在帐篷里玩沙，但是帐篷太小了只能坐一个人。

点点：“这个帐篷也太小了，我们没有办法在里面坐着玩游戏。”

林林：“对呀，这个帐篷的白布把风景都挡住了，我们还是做一个有窗户的帐篷吧。”

幼儿画出凉亭帐篷的设计图，基于搭建三角帐篷的经验，幼儿这次搭建时特别注重了地基的加固。

问题 1：怎么才能做出有窗户的帐篷呢？

点点：“我们的帐篷窗户要透明的，什么东西是透明的呢？”

林林：“食品袋是透明的。”

希希：“保鲜膜是透明的。”

嵩嵩：“保鲜膜好，想变多大就变多大。”

问题 2：帐篷棚顶怎么塌了？

幼儿有了安装帐篷布的经验，通过绳子缠绕的方式成功安装了帐篷布。但这时，发现帐篷布中间塌陷。

东东：“这个帐篷布中间塌了，用一根杆撑住它吧。”东东找到一根最长的杆立在了帐篷中间，把帐篷布撑了起来。幼儿很开心地坐在帐篷里玩沙，真是凉快啊！

凉亭帐篷

教师的思考

幼儿在搭建帐篷支架时，能够感知并发现泥沙的特质，并根据泥沙特点进一步加固支架地基。在裁剪帐篷布时，他们通过观察发现帐篷布大小不适宜，于是四人合作撑起帐篷布，比较帐篷支架的高度和帐篷布的长短，标记出裁剪的位置，成功裁剪出合适的帐篷布。

在拼搭过程中，幼儿感知理解事物的高矮和空间特征，体验图形间的转换。在搭建四角方形的帐篷时，由于准备的帐篷布材料不适宜，帐篷中间塌陷。他们发现问题后能够自主寻找解决办法,在中间塌陷位置安置长杆,把四角帐篷变成了凉亭帐篷。

二、搭建天幕帐篷

一场春雨之后，我们的帐篷全都坍塌了，布都被雨水打坏了。

林林：“我们的帐篷全坏了。”

子柒：“呀，我们的帐篷布不太行，这个根本不防雨啊！”

郁瑄：“对呀，上次你爸爸不是说帐篷需要用防雨布吗？”

冠齐：“我们去问问门卫爷爷吧，有没有防雨布。”

门卫爷爷给幼儿提供了一个大大的蓝色塑料布。

1. 合理利用材料

问题 1：帐篷布太大了。

幼儿发现门卫爷爷提供的帐篷布实在是太大了。

林林：“这个帐篷布这么大，我们来做一个大帐篷吧。”

郁瑄：“我见过天幕帐篷非常大，我们一起来做一个天幕帐篷吧。”

大家开始设计天幕帐篷，并在沙池边插上一排长杆，为搭建天幕帐篷做好支架准备。

问题 2：如何运帐篷布？

教师：“要如何把帐篷布运到沙池呢？”

佳佳：“我们给它叠一叠吧，这样就能运过去了。”

一一：“不行啊，沙池场地不够大吧！”

我和幼儿一起在操场上撑开帐篷布，大大的帐篷布撑起来有半个操场那么大，大家齐心合力把帐篷布运到沙池里。通过海选，由班级最高的冠齐和源慧先把帐篷布的两头绑到杆上，一一和希希合作在帐篷布上剪口、缠绳，这样一侧的帐篷布就立在帐篷支架上了。

天幕帐篷

2. 固定支架

问题 1：另一侧的帐篷支架安在哪里呢？

淮淮："我们可以把另一侧支架安在对应的位置上。"

军军："怎么对应啊，这也看不准啊。"

一一想到了一个好主意，他沿着已有帐篷支架在沙池中画出一条直线，然后在对面的墙底下挖坑，安置了支架。

问题 2：帐篷布太沉了，支架杆被压弯了。

但是这个帐篷布太沉了，沙池帐篷的支架杆都弯了。东东想到在室内自主游戏时，他为了让帐篷更坚固，把两根筷子粘到一起做支架。

东东："我有一个好办法，我们可以用两根杆一组做支架。"

于是幼儿采用了两根杆作为支架的方法。

问题 3：选择什么样的工具连接两个支架？

分组研究连接两个支架的方法。军军组选择用胶枪，智智组选择了用缠绕法，一一组选择用毛根和绳。经过实验后，幼儿发现缠绕法最适合捆绑两根杆。于是，军军组放弃了胶枪，也用缠绕法进行捆绑，使两根支架成功地连接在一起。

固定支架

3. 反复尝试终于建成

问题 1：帐篷布很大，支架杆被风吹走了。

以前用穿洞方式捆绑的经验并不适合较大的帐篷，幼儿尝试把帐篷布缠绕在杆上，可是一阵风吹来帐篷杆就被风吹走了。

"看，这个杆没有被吹走，大家在每个杆下面多铺一些沙子吧。"

帐篷建成了，幼儿可以在帐篷下纳凉，快乐地玩沙，分享着天幕帐篷带来的快乐。

问题 2：帐篷再次倒塌。

一场雨后，天幕帐篷又倒了。幼儿发现帐篷布无法完全撑开，于是他们把帐篷布套在杆上。第二天，大风还是把帐篷摧毁了，所有的支架杆都倒了。

钧钧："我们的杆，有的矮，有的高，不是一样的高度，所以总是倒。"

泽泽："在帐篷中间支起一个杆，这样帐篷就不塌陷了。"

妍希："我们可以挖更深的坑，一个人扶着杆一个人填洞。"

郁暄："使用圆筒，把杆插在中间，在圆筒里装上沙子。"

经过讨论，幼儿将帐篷重新搭好，很坚固，大风都没有吹倒我们的帐篷。幼儿在帐篷里玩起了露营游戏。

反复尝试终于建成

教师的思考

幼儿通过观察发现身边事物的特点，根据观察结果提出问题并能大胆反复尝试。活动中他们发现单根 PVC 杆并不能支撑厚重的帐篷布，于是使用不同工具连接两根杆。在探索过程中，幼儿及时调整工具材料，探索连接两根杆的最优方法，虽然反复失败但没有放弃，而是勇于承担任务并持续探索。

三、玩转帐篷

1. 装饰帐篷布

经过一段时间，幼儿觉得帐篷布的颜色单一，对“如何装饰帐篷布”产生了热烈的讨论。

钧钧：“我想在帐篷布上画很多小汽车图案。”

妍希：“我想画漂亮的公主和小花。”

一一：“大家先共同画一个设计图，再在帐篷布上绘画。”

一一的提议得到了幼儿的认同。有了统一的设计图，他们分工合作开始进行创造。

设计帐篷布

2. “沙滩娃娃家”

幼儿想在沙滩上玩“娃娃家”游戏，他们挑选出各种碗、盘、勺子、铲子以及各种低结构材料，在天幕中进行角色扮演。

郁暄扮演宝宝的角色，“我好像生病了。”说完摸摸自己的额头，然后躺在了天幕帐篷下。

妍希扮演妈妈，“宝贝别怕，妈妈去给你拿体温计和药。”她站起来找来了一根短树枝和两个瓶子，她把树枝当成体温计，甩了甩后让郁暄夹住。她拿来了一个瓶子假装喂郁暄喝水，“宝贝多喝点水，一会儿病就好了。”

多名幼儿同时在天幕中游戏，有照顾宝宝的，有做饭的，还有做饮料的。他们不断寻找材料，将生活中的情境迁移到沙池游戏中。

“沙滩娃娃家”

教师的思考

当幼儿发现帐篷布的颜色太单一后，引发了装饰帐篷布的话题，通过讨论决定先设计装饰图，然后一起来装饰。教师鼓励幼儿大胆地进行画面构图安排，发挥自己的创造力和想象力。

幼儿是游戏的先觉者，他们最先知道在当下玩什么样的游戏。“沙滩娃娃家”游戏情节来源于生活中的体验、感知。在游戏中，幼儿自主选择主题，分配角色，创设情境，推动游戏情节的发展和变化。幼儿想到了跨区域借助材料，以物代物的游戏玩法，在游戏的实际操作中能发现问题、思考问题、解决问题。幼儿的社会交往能力、解决问题的能力都得到了发展，自我意识和表达爱的情感也应运而生。

经验梳理

身心准备	1. 喜欢搭建帐篷活动，能使用简单的材料进行搭建，在搭建中能保持积极稳定的情绪，遇到困难不退缩。 2. 能使用多种材料搭建不同形状的帐篷，手部动作协调灵活。
生活准备	1. 能主动洗手，整理剩余材料并分类摆放，养成良好的卫生习惯。 2. 在使用工具搭建帐篷时能保证自身安全。
社会准备	1. 能和同伴一起制订搭建帐篷计划，能自主确定任务分工并有计划地完成。能与同伴合作完成帐篷搭建，积极主动与老师和同伴分享自己的收获。 2. 幼儿在活动中，能够遵守班级、小组规则。 3. 在遇到困难时愿意为集体出主意，并主动向同伴、老师表达自己的想法。
学习准备	1. 对搭建活动充满好奇心，搭建过程中乐于动手实践、动脑思考。 2. 遇到问题独立思考，主动寻找答案。 3. 能用图画、符号等设计帐篷、制订搭建计划，表达自己的想法。 4. 能感知和区分搭建材料的粗细、轻重、大小等量的方面的特点，并能用相应的词语描述。

快乐运动会

长海县幼儿园 于炜

主题缘起

一天，我和幼儿在种植园除草，几个幼儿围在一起轻声说着他们感兴趣的话题，“再过几天就要过儿童节了，妈妈说可以邀请好朋友一起庆祝。”“我们一起庆祝吧！”听到幼儿的交流，我想进一步了解他们还有没有其他关于儿童节的想法，“你们还有什么节日愿望？”“我想跳舞。”“我想和大家玩大滚筒比赛。”“我喜欢玩比赛游戏，可以赢奖品。”“我想参加运动会。”乐乐说出自己想参加运动会的想法后，很多幼儿纷纷表示也想参加运动会。运动会不仅能强健幼儿的体魄，更能培养团队合作意识，增强集体荣誉感。基于幼儿的兴趣，一场属于他们的“六一运动会”悄然而生。

主题网络

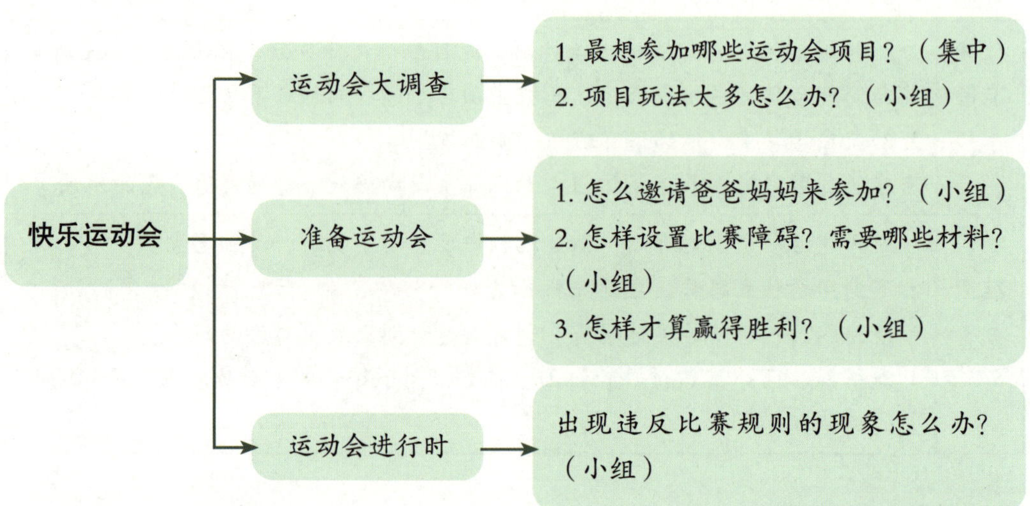

主题实施

一、运动会大调查

1. 最想参加哪些运动会项目?

幼儿对于运动会的讨论非常热烈，关于运动会项目有很多想法，我鼓励他们将想法用绘画的方式表示出来并与大家分享。

欣桐：“我想和小朋友们一起拔河。”

子翰：“我想把木梯、轮胎摆放成不同的样子跳跃过去。”

子晴：“我想用呼啦圈围成好多个圆圈。”

俊希：“我想在操场上摆上木梯，然后跨过这些障碍。”

冰雨：“我想和小朋友们一起踢足球。”

在交流中，幼儿分享自己的想法，当有不同意见时，我鼓励他们大胆提出疑问并说出自己的观点，培养他们乐于独立思考并勇于表达的能力。

幼儿绘画出自己最喜欢的运动比赛

幼儿的运动项目记录

2. 项目玩法太多怎么办?

在分享和交流中，很多项目得到了大家的喜欢，他们七嘴八舌讨论着比赛的玩法。

小源：“这么多比赛，我们怎么比呢？”

教师：“请大家和喜欢同一种项目的小朋友商量一下，确定具体的比赛计划。”

（1）计划前回溯

教师：“大家都非常喜欢运动会，‘六一’儿童节我们就开运动会吧。你们喜欢玩哪些项目？这些项目怎么玩？有多少人参加？需要什么道具？有什么规则？请你们找小伙伴认领项目，做一个运动会项目计划吧。”

（2）幼儿分组进行运动会项目计划

冰雨："我选择过障碍游戏。"

心琪："我最喜欢彩虹车比赛。"

冰雨："经过大家讨论，过障碍游戏一共有 5 个不同的比赛项目。"

教师："怎么才能选出最受欢迎的项目呢？"

景燃："我有好办法，举手看看有几个小朋友喜欢。"

小荀："我们可以把名字写在喜欢的项目计划单上。"

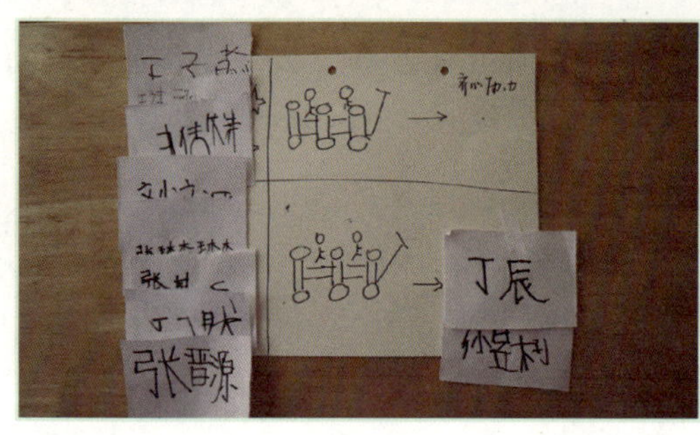

幼儿小组讨论评选运动项目

教师的思考

"六一"儿童节如何庆祝，我没有像以往那样自己决定，而是先倾听幼儿关于节日的想法，尊重他们的真实需要。依据幼儿意愿，分析了运动会的发展价值，采取了小组交流和集体讨论的方式，支持幼儿独立思考、勇于表达。培养幼儿与同伴分工合作共同完成运动会项目计划的能力。当幼儿因玩法太多无法统一意见时，我并没有马上给出建议，而是鼓励他们想出合适的解决办法。在这种积极的交流互动中，幼儿变得更自信，同伴互助更有效，培养了他们的交往合作能力及提出问题和解决问题的能力。

二、准备运动会

1. 怎么邀请爸爸妈妈来参加？

运动会项目基本确定，幼儿希望邀请爸爸妈妈和自己一起参加运动会。"如何邀请爸爸妈妈来参加运动会？"我将问题抛给幼儿。

诗涵："我想在彩纸上画好看的图案，邀请爸爸妈妈。"

昀轩："我想用两张纸分别画不同颜色的图案表示不同的游戏，邀请爸爸妈妈参加好玩的游戏。"

诗涵："我想在彩纸上画一张邀请卡，送给他们。"

宸瑜："班级有这么多的小朋友，每个小朋友的爸爸妈妈都要来，会有很多人，需要很多游戏，我们还需要装饰一个漂亮的画板，让爸爸妈妈们都知道有哪些好玩的游戏。”

教师：“你们的想法都很好，你们需要哪些材料呢？”

幼儿设计邀请单

琳琳从阅读角拖出来一个之前展示作品的画板，“这个板子大，上面还有蓝色和白色的布。”“就要这个板子。”我支持了幼儿的想法。

“我要用彩色的小毛球做装饰，因为这个颜色太好看了。”“我会写字，我来写运动会名字。”“我这里有剪刀，我把名字剪出来。”幼儿装饰好宣传板后，围绕宣传板的摆放位置又进行了讨论。

幼儿合作装饰宣传板

冰雨：“我们可以把板放在门口最显眼的地方。”“为什么要放在那里呀？”“因为爸爸妈妈来接我们时，他们一下子就能看清楚我们的邀请了。”

临近离园时，我和幼儿一起把宣传板放在幼儿园大门口，我拉着他们的手到宣传板上取下自己设计的邀请单，让他们邀请爸爸妈妈一起参加运动会，并让家长们在邀请单上写下最想和幼儿参加的比赛项目，家长们非常愿意参与幼儿园活动。我鼓励家长和幼儿查阅有关运动会的知识，与幼儿分享自己童年运动会一些趣事，以及参加运动会的感受等。

邀请家长一起参与

在准备运动会的过程中，我邀请班级家长助教团的成员协助我一起整理汇总大家的意见，梳理最受欢迎的亲子比赛项目，如纸杯传气球接力、猪八戒背宝宝接力跑、拔河等。

家长们反馈的赛事项目

家长代表协助教师整理

家长们纷纷表示，亲子运动会唤起了他们对童年的美好回忆，大家想增加个拔河游戏，因考虑安全因素，此游戏就只让家长参与。所有的游戏确定好后，我在班级群向家长们公布游戏名称和玩法，利用在线小程序，指导他们完成报名。

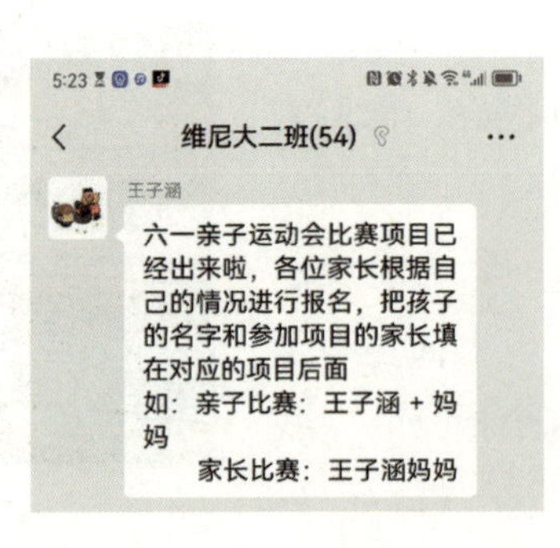

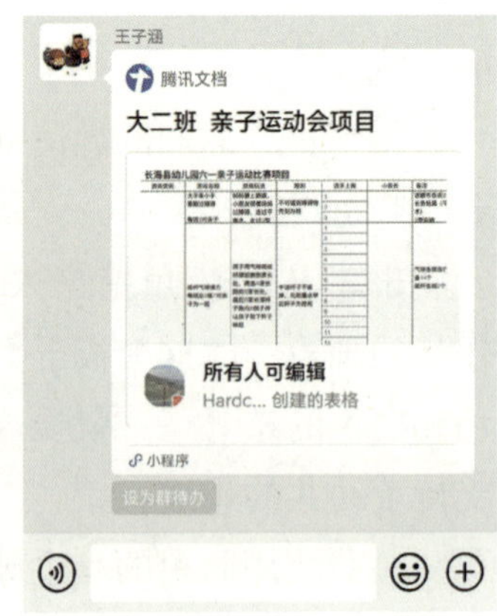

家长们在线进行项目报名

2. 怎样设置比赛障碍？需要哪些材料？

教师："爸爸妈妈们的比赛项目都确定下来了，你们选定的游戏需要什么材料？在什么位置摆放？你们做一个游戏计划吧。"

昊阳："赛车需要的材料有跨栏、锥桶、石头、冲线绳和垫子，参赛人数是大一班 4 人和大二班 4 人，还可以分男生 4 人、女生 4 人，一共是 8 个人比赛。这是我们的场地线路图，规则就是必须绕过障碍。"

子翰："我们组也想要锥桶和跨栏，但那个小车不会拐弯，我们需要 7 个人参赛。规则就是中途不能下车，有小旗的地方是起点和终点。"

冰雨："滚筒赛需要大滚筒，也可以用铁桶。我们有 5 个人参赛，规则就是如果从滚筒上掉下来，可以上去接着比赛。要是小朋友害怕了，我们可以给他加油、打气。"

幼儿交流分享后，我们开展了自主游戏，让幼儿自主收集准备运动项目的材料，实现了室内外自主游戏的自由转换。

幼儿的单项比赛计划

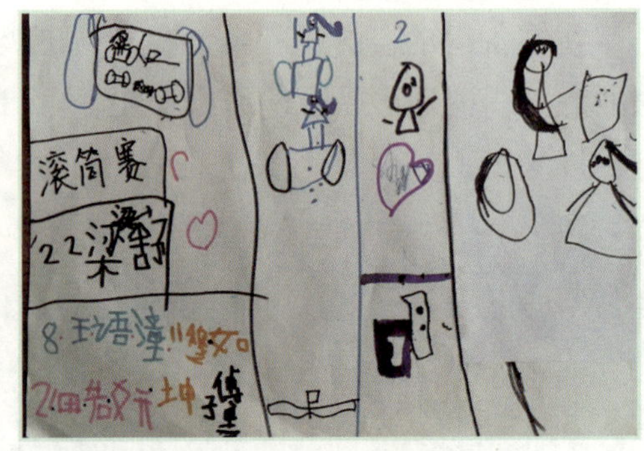

幼儿对照计划书标记需要收集的材料

在收集材料过程中，不同项目组的幼儿一边查看设计图，一边分工取材料，核实材料是否缺少。在准备过程中他们还不断添加新的材料，各组根据计划书中的要求调整位置并进行游戏测试。

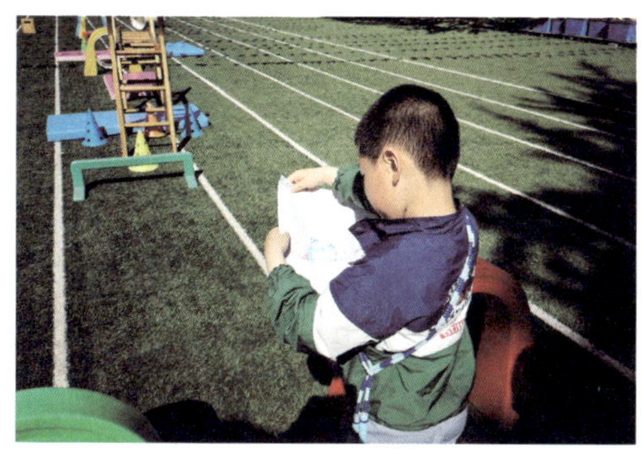

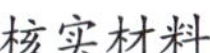
核实材料

幼儿测试游戏

3. 怎样才算赢得胜利？

自主游戏后，我和幼儿展开了讨论。

教师：“我们刚才把所有的游戏都测试了一次，你们觉得哪里不合适？需要怎么调整？”

熙蕴：“我觉得应该有裁判员，就是看谁是第一的人。”

安妮：“老师你来当裁判吧！你有口哨。”

子墨：“我想当裁判。”随后几个幼儿纷纷表达自己想当裁判的心愿。

教师：“大家都想当裁判，怎么办？”

子墨：“投票吧！”大家同意子墨的提议。

幼儿投票选出运动会各项目小组的裁判员，并且确定裁判员也要参加比赛。

教师的思考

通过谈话和启发式提问，幼儿能够自由表达意愿和想法。在运动会游戏准备中，我发现幼儿能够团队合作设计比赛项目、准备材料、确定比赛规则、规划场地、进行比赛测试，能够因地制宜利用现有的操场环境和材料，在认知范围内去大胆地物尽其用，自主发现问题、解决问题，在已有经验的基础上对每一项活动产生新的思考。

三、运动会进行时

出现违反比赛规则的情况怎么办？

在幼儿的期待中运动会开始了。

幼儿在自己参赛的项目上全力以赴。在彩虹车比赛过程中，其中一组幼儿从车上下来跑到车的后面推车，违反了游戏规则，这一举动引发其他两组幼儿的不满，大家认为比赛成绩应该无效。

天天是这个项目的裁判，他对着比赛的幼儿说：“这次比赛我们需要重新比。”

其他幼儿纷纷表示同意，这一轮比赛重新开始。

运动会结束后，幼儿把在运动会过程中自己的感受以绘画的方式记录下来并相互分享。

安妮：“景晗和子嘉玩‘推小车’项目得了第一名！”

济源：“我喜欢爸爸妈妈的拔河比赛，我给他们加油了。”

宸瑜：“我参加了走滚筒比赛，虽然掉下来一次但我没有放弃，得了第一名。”

幼儿分享游戏感受的表征

教师的思考

比赛过程中，当发生了违反规则的情况后，我没有直接重新组织比赛，而是通过提问征求幼儿的意见来解决问题，帮助他们理解比赛规则并能自觉遵守，培养了幼儿的规则意识。

每项比赛都具有一定挑战性，尤其是滚筒比赛，有的幼儿不断从滚筒上滑落，不断地爬上去，没有一名幼儿中途放弃，这种不怕困难的精神，坚持独自完成挑战的行为，体现了幼儿非常宝贵的品质。

主题经验

身心准备	1. 喜欢运动，选择喜欢的比赛项目并积极参加运动竞赛。 2. 能使用简单的工具材料自主设计宣传板，手部动作协调。
生活准备	1. 能在运动后按需喝水、擦汗，养成良好的卫生习惯。 2. 知道基本的运动安全常识，能自觉遵守基本的安全规则。
社会准备	1. 能与同伴分工合作，为幼儿园的运动会制订计划，做好运动会准备工作并积极参与，遇到困难互帮互助。 2. 运动会发生冲突时，能尝试用协商的方法解决，不争抢，不欺负同伴。 3. 幼儿在活动中，能够遵守班级、小组的规则。 4. 在运动会中能表现出集体荣誉感，提升团结协作能力。
学习准备	1. 把运动会作为集体讨论的话题，能大胆分享自己的发现和观点。 2. 能用图画、符号等记录运动会的项目计划。 3. 主动探索能锻炼多种能力的比赛项目，遇到问题能主动寻找解决办法。

小测量 大智慧

——以大三班表演游戏“三只蝴蝶大商场”为例

大连市人民政府机关幼儿园　赵妲

主题缘起

本案例来源于幼儿自主游戏——“三只蝴蝶大商场”之小魔王玩具店。游戏中幼儿难以区分两辆小车距离的远近，尝试用身体部位、身边的工具魔尺和彩笔等去测量起点到两辆小车的距离。教师抓住幼儿的兴趣点，基于《指南》《指导要点》文件精神，鼓励幼儿尝试与同伴合作，用图画、符号等方式记录自己在测量过程中的想法和发现，支持幼儿运用多种方式解决测量远近的实际问题，整合五大领域，做好身心、生活、社会、学习四方面准备，促进幼儿多元、全面发展。

主题网络

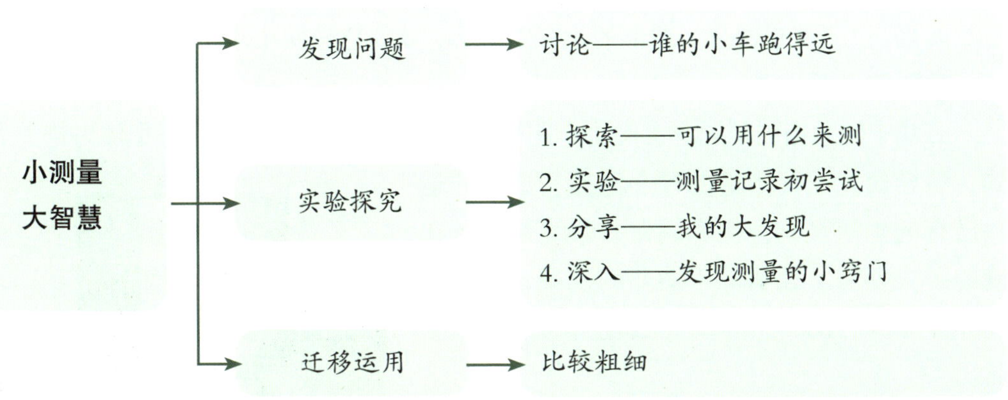

主题实施

一、发现问题

讨论——谁的小车跑得远

谁的小车跑得远

在三只蝴蝶大商场的小魔王玩具店里，两名幼儿正在进行小车比赛，但幼儿用眼睛区分不出谁的小车跑得远。到底谁的小车跑得远呢？我们需要通过讨论来解决这个问题。

教师：“谁能告诉我，怎么才能知道谁的小车跑得远呢？”

悠悠：“我用脚测量一下两个小车之间的距离，就像这样。”悠悠用脚测量，通过一步挨着一步走直线的方式，最终得出结论：蓝车跑得远。

教师：“悠悠的方法是用脚作为测量的工具，脚尖挨着脚跟去测量两个小车之间的距离，你们认为悠悠测量得准确吗？”

石头：“老师，我认为悠悠测量得不准确，她测量的是小车之间的距离，应该分别测量起点到红车的距离和起点到蓝车的距离，然后看看哪个距离长。”

石头从起点开始脚尖贴着脚跟，测量红车到起点的距离，需要 11 个脚；从起点开始测量到蓝车的距离，需要 10 个半脚。石头得出结论：红车跑得远。

教师：“你们认为谁的方法最准确？”

八福：“石头最准确，看谁的小车跑得远，就要比较两个小车到起点的距离。”

教师的思考

游戏中幼儿遇到问题“谁的小车跑得远呢？”教师发现可以通过集体讨论的方式，引导幼儿挖掘测量的核心经验，让幼儿运用已有的生活经验去探究问题，最终寻找到正确的解决办法。教师基于幼儿的发现，以拓展幼儿经验为目的，引导幼儿发现身边的测量工具。

讨论“谁的小车跑得远”

二、实验探究

1. 探索——可以用什么来测量呢

借此机会我们开展了集体讨论。在观看石头测量距离的视频后，教师把问题抛给幼儿：“蓝车和红车比赛，石头用他的脚测量出红车跑得远，除了用脚来测量外，我们还可以用什么来测量呢？”

海鸥：“我在家里量沙发的时候，妈妈教过我，手指张开的长度叫一拃，我家沙发可长了，有 50 拃。”

八福：“我和海鸥比身高的时候，我比她多了一个头呢，我可以用我的身体去测量。我躺在那，然后需要一个小朋友和我一起合作。”

教师：“海鸥和八福的分享特别好，他们发现手指和身体可以作为测量工具，还想到了用合作的方式去测量，我们还可以用什么来测量呢？怎么测量呢？”

文悦：“我可以趴在地上，用我的胳膊去测量。我还想到一个办法，就是用彩笔量，把一大堆笔连在一起。”

多多：“我看见了班级的魔尺，有很多根，而且每一根都挺长，也可以用来测量。”

讨论“可以用什么测量”

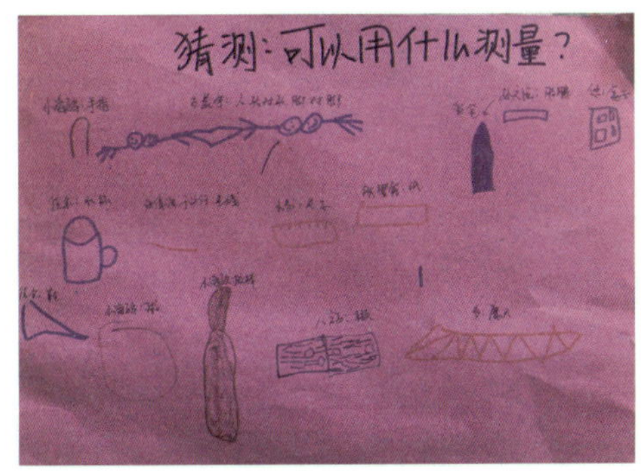

“可以用什么测量”记录单

2. 实验——测量记录初尝试

海鸥自己用手来测量两个小车到起点的距离，她的测量结果：蓝车 17 拃，红车距离 19 拃；八福找来了浩然，让浩然躺下，将他的头对上浩然的头，用俩人的身体进行测量，蓝车到起点的距离是 1 个人加上 1 个人头到膝盖的长度，红车到起点的距离是 1 个人加上 1 个人头到脚踝的长度；文悦是自己用彩笔测量的，她的测量结果是蓝车距离起点 11 个彩笔长，红车距离起点是 15 个彩笔长；多多则是自己用魔尺测量的，蓝车到起点的距离是 5 根魔尺长，红车到起点的距离是 6 根魔尺长。

幼儿用手测量的记录单

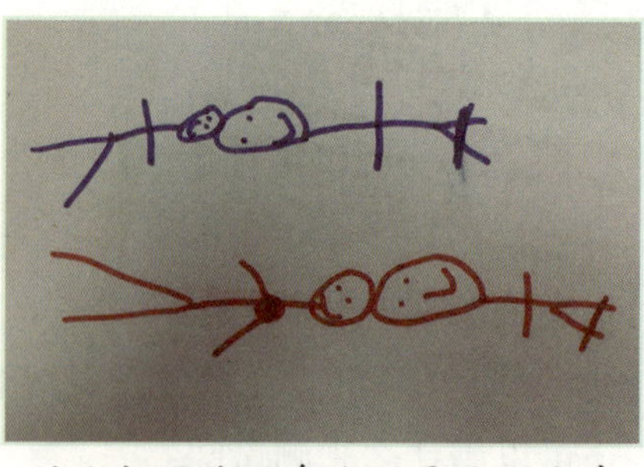

幼儿与同伴用身体测量的记录单

幼儿用彩笔测量的记录单

幼儿用魔尺测量的记录单

3. 分享——我的大发现

幼儿的测量有趣且顺利进行，他们迫不及待地要分享自己在测量中的趣事和测量结果。教师组织幼儿进行集体分享与交流，请一名幼儿将大家的发现汇总记录在集体记录单上，师幼一起发现测量的规律。

测量总记录单

智智：“海鸥用的手指，八福是用身体测量的，文悦用的是彩笔，多多用的是魔尺，他们的测量工具不一样，他们记录的数字也不一样。”

悠悠：“海鸥用手去测量，八福用身体去测量，我发现我们的身体都可以当作测量工具，那我就用我的脚去测量吧。”

多多：“我用魔尺测量，谁的数量多，谁的小车就跑得远。”

景骁："源源的小车跑得远，我的小车跑得不远，因为我的数字比他的小。"

教师："小朋友们发现，我们的身体部位可以作为测量工具，身边的彩笔等自然物也可以作为测量工具。测量同一个小车的距离时，不同工具测量结果不一样；用同一种工具测量比较两个小车的距离时，谁的数量多，谁的小车跑得远。"

教师的思考

幼儿找到了用身体部位和身边的彩笔等自然物测量距离远近的方法，有的幼儿大胆采用和同伴头对头的方式合作测量。他们发现用不同的测量工具测量同一距离时，会产生不一样的测量结果。在这个过程中，教师通过总结梳理与继续追问，引导幼儿发散思维，用身边的物品测量，用符号、图画记录和分享自己的测量过程。

4. 深入——发现测量的小窍门

源源对测量结果有异议，因为其他幼儿测量蓝车距起点是 11 个彩笔长，而自己是 18 个彩笔长，结果不同。源源给我们演示了一下。

景骁一下子就发现了问题："源源的彩笔没有挨上，他的测量结果不准。"

教师："怎么测量更准确呢？"

佳尔："老师，你看源源用笔一下一下测量的时候，没有从起点开始测量，而且没挨上，我想可以用手来标记笔头的位置。"

教师："佳尔你观察得很仔细，源源需要从一端开始测量，而且用手标记的方法非常好，那还可以用什么？"

佳尔："老师，我拿一根细铁丝，放在源源测量的位置上，他量一下，我放一根做标记。"

教师："原来要让测量结果更准确，可以用手或者其他物品标记。"

用彩笔测量距离

合作测量距离

教师的思考

幼儿会熟练使用工具去测量距离，发现用手或者用其他物品标记测量位置的方法会使测量结果更加准确，有意识地和同伴合作测量，获得了与测量长度相关的核心经验，并在生活中将测量的核心经验拓展应用，以解决生活、游戏中的测量问题。

三、迁移运用

比较粗细

这一天，三只蝴蝶大商场的服装店出现了新问题——谁的腰比较粗呢?

在自主游戏时，霏霏在服装店用布做了一条裙子送给老师。老师穿的时候，娴娴发现穿不进去。

娴娴：“老师，你的腰太粗了，霏霏的裙子有点小啊，这裙子你穿不进去，霏霏得做大一点。”

教师：“我还没有往里面套呢，你看得不一定准啊，你怎么能知道我的腰粗不粗呢?”

娴娴：“我一下子就看出来了，太明显了，你要是不信，那我就抱你的腰和霏霏的腰比一下。”

娴娴走过来，先抱了我的腰，然后抱了一下霏霏的腰，得出结论：老师的腰粗。

教师：“娴娴，你是怎么得出的结论呢?”

娴娴：“我的胳膊就是我的测量工具，抱你的时候两只手没够着，抱霏霏的时候两只手够到了。”

环抱测量腰的粗细

教师的思考

通过比一比腰的粗细，幼儿的经验发生了迁移。测量中的属性发生了变化，幼儿能把测量平面长度的经验迁移到测量曲面长度，也就是粗细的测量。幼儿首先用目测的方式比较粗细，再采用环抱的方式比较粗细。有了使用工具测量小车距离远近的经验，教师鼓励幼儿用身边的工具辅助测量比较腰的粗细。

娴娴用胳膊测量了教师和霏霏腰的粗细后，娴娴和悠悠又对自己的腰特别感兴趣，开始比较谁的腰比较细。

悠悠：“娴娴，我和你比一比，看看谁的腰细。”

娴娴：“比就比，咱俩靠在一起看看。”

悠悠：“这也看不出来啊。”

教师：“你看看你们的衣服，是不是有点厚，影响比较了。”

悠悠：“对啊，有点挡着腰了，把衣服撩起来比。”

娴娴：“还是看不出来啊。”

教师：“目测的方法行不通的时候，我们可以用什么来测量腰的粗细呢？”

悠悠：“老师，用彩笔试一试吧，量小车的时候小朋友就用的那个方法。”

娴娴：“彩笔不行，彩笔是直的，腰是弯的，不会准确的。”

教师：“那你们想一想，我们班级里面什么东西是可以弯曲的呢？”

悠悠：“用毛根试一试吧，毛根像绳子一样能弯曲，还能缠在腰上。”

悠悠和霏霏合作，一人拿了一根毛根，霏霏以娴娴的肚脐为起点，向后延伸毛根，悠悠以霏霏的毛根尾部为起点，向前延伸毛根，一直到娴娴的肚脐位置，看剩余毛根的长度。用同样的方法，娴娴和霏霏一起合作测量了悠悠的腰，最终比较剩余的毛根长度。娴娴剩余的毛根长度长，所以娴娴的腰更细。

比一比，谁的腰细

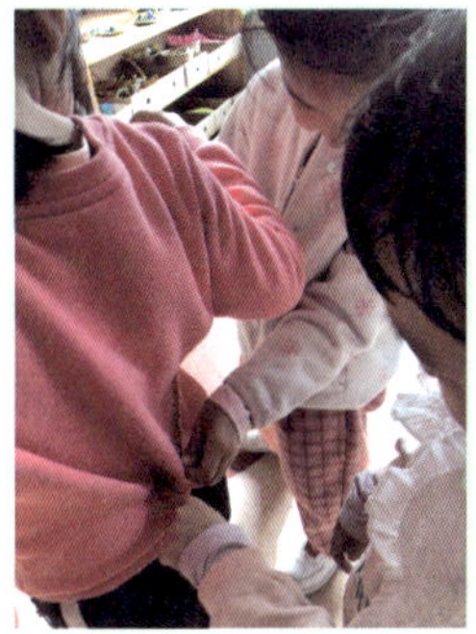

用毛根量一量

教师的思考

幼儿测量腰的粗细时，发现腰是弯曲的，彩笔是直的，用彩笔测量不合适、不准确。幼儿将测量长短的经验迁移应用，选择更适合的毛根作为测量工具，用手指标记、以肚脐作为参照点进行测量，完成腰粗细的比较。

主题经验

身心准备	1. 在探究距离远近的活动中，能够保持积极稳定的情绪。 2. 表达情绪的方式比较适度，遇到困难不乱发脾气，不迁怒于其他人。 3. 能随着测量活动的需要转换情绪和注意力。 4. 手部动作协调，能够使用简单的测量工具和材料。 5. 能根据测量需要画出图形、符号，线条基本平滑。 6. 能关注别人的情绪和需要，并给予力所能及的帮助。

（续表）

生活准备	1. 能够坚持自己的事情自己做，自己完成探索测量活动。 2. 测量结束后，能分类整理和保管好自己的物品或测量工具。 3. 有初步的时间观念，做事情不拖沓。 4. 能够有自我保护意识，在个人或与同伴进行测量时，避免发生危险和伤害。
社会准备	1. 在测量的过程中，能主动寻求同伴的帮助，能与同伴分工合作共同完成测量任务。 2. 遇到困难互帮互助，发生冲突时尝试协商解决，能主动向老师和同伴表达自己的想法。 3. 在集体活动中，愿意为集体出主意、想办法、做事情。 4. 在集体讨论、同伴合作测量等活动中，懂得按次序轮流讲话，不随意打断别人。 5. 有高兴的或有趣的事愿意与大家分享。
学习准备	1. 能坚持做完一件事，遇到困难不放弃，乐于独立思考并敢于表达。 2. 对文字符号感兴趣，愿意用图画、符号等方式记录自己在测量过程中的想法和发现。 3. 愿意用数学的方法尝试解决游戏中测量的问题，体验解决问题的乐趣。 4. 在集体情境中能认真听并能听懂他人说话，有疑问时能主动提问，能较清楚地讲述一件事情。 5. 能够利用自然物（手指、彩笔、魔尺等）进行测量，用首尾相接的方式去测量远近，并发现用同一种材料测量两个长度时，数量越多距离越远。

种子成长记

大连市甘井子区教育局第三幼儿园 高逢霞

主题缘起

小予正在阅读绘本故事《菜园里，泥土中》，当故事中出现“播种的季节到来的时候，我和奶奶把种子埋进土里、洒水，慢慢地胡萝卜长出了叶子，豌豆开了花，蜜蜂们都来拜访”场景的时候，幼儿交流了起来，“我家里也有菜地，爸爸种了好多菜，我们还会给菜地施肥呢，要是幼儿园也能种地就好了。”“可是你知道怎样种地，怎样撒种子吗？”

《纲要》中指出：“善于发现幼儿感兴趣的事物、游戏和偶发事件中所隐含的教育价值，把握时机，积极引导。”初春，正是播种的好季节，在幼儿园后院就有一片广阔的土地，这为幼儿种植探究提供了场地。幼儿的学习特点是直接感知、亲身体验和实际操作。在“种子成长记”主题下，幼儿通过观察、感知、实践操作了解种子的特点和性质，感知种子与蔬菜的秘密，探究种子如何变成蔬菜。

主题网络

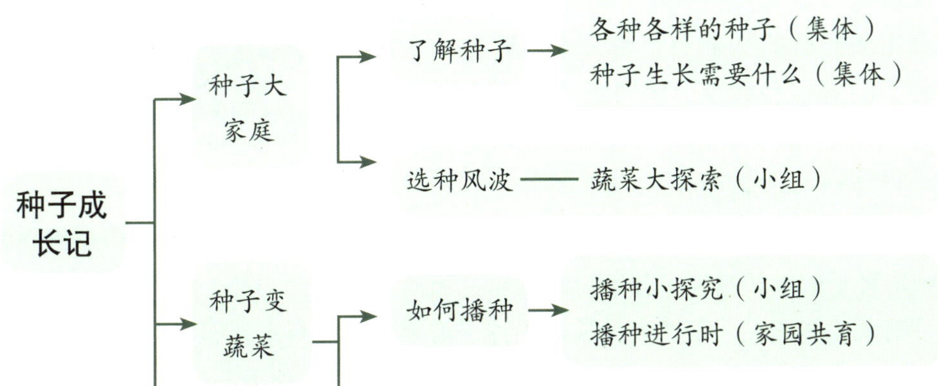

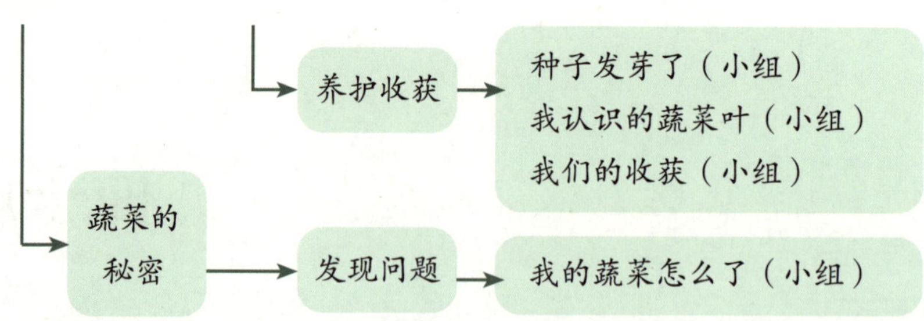

主题实施

一、种子大家庭

1. 了解种子

（1）各种各样的种子

一天，幼儿从家中收集到一些不同种类的蔬菜种子，他们兴趣盎然地聚集到一起，分享种子的异同。“这是茄子的种子，圆圆的、黄黄的。”“我带的油菜种子是浅黄色的，水萝卜的种子是深黄色的。”涵涵发现了颜色特别深的种子，询问大海：“你带的是什么种子呀？是芝麻吗？”“不是，这是油麦菜的种子，细细长长的，像蚂蚁。”“不过你的种子没有我的大，我带的是紫芸豆的种子，颜色也很深。”我看到幼儿对种子的颜色观察得很仔细，便说道：“我们现在一起触摸感受种子，说说有什么样的感觉？”“菠菜的种子摸上去有尖尖的刺。”“生菜种子两头尖尖的，但是摸上去不扎人。”“紫芸豆的种子摸起来挺光滑。”

对各种各样的蔬菜种子的认识

教师的思考

种子是大自然的馈赠，最近一段时间幼儿发现自己身边有许多种子。教师引导幼儿在已有生活经验的基础上互相交流，通过对蔬菜种子的观察和触摸，感知蔬菜种子不同的颜色、形状，激发幼儿好奇心和探究欲望。

（2）种子生长需要什么

幼儿在阅读绘本《春雨和种子》时，对故事中小种子长大发芽的故事感到新奇，他们画出种子的生长过程，分组讨论种子生长需要什么？“种子的生长需要雨滴，它喝了雨水才能长大。”“我也觉得小种子需要喝水，有水就够了。”小瑜一直在认真听，她忍不住说道：“我觉得干干的土地没有营养，小种子没有好吃的不会长大，还得给它喂一些肥料。”“种子的生长还需要阳光和空气。”幼儿通过分组交流总结种子生长需要的营养物质，并将讨论后的结论在《种子的成长》表格中补充完整。

教师的思考

由种子引发的探索欲望促使幼儿自发学习，积极参与讨论，共同总结出种子的生长离不开阳光、水、空气和松软湿润的土壤，最后将讨论结果画在《种子的成长》表格里。教师以幼儿感兴趣的问题作为集体讨论话题，支持幼儿持续、深入探究，寻找问题的答案。

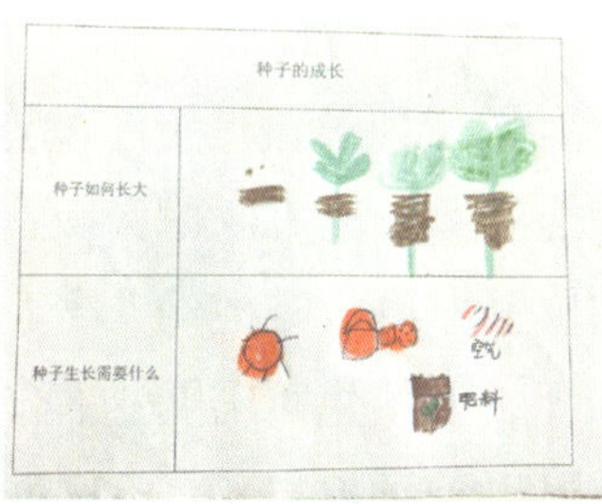

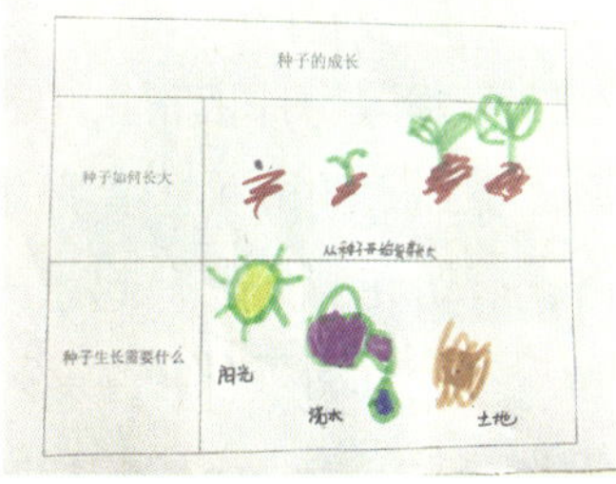

幼儿对种子成长的记录表征

2. 选种风波——蔬菜大探索

问题 1：种什么？

幼儿带来的种子种类丰富，大家围绕种子展开讨论，交流想种什么蔬菜。“我想种生菜，可以直接生吃，拌沙拉特别好吃。”“我喜欢吃胡萝卜，吃胡萝卜对眼睛好，咱们种胡萝卜吧。”“我姥姥在家种水萝卜，叶子可大了。”“我带的种子是芸豆种子，看它种子那么大，一定能结最大的芸豆。”大家讨论得非常热烈，我鼓励幼儿用投票的方式，在最想种的蔬菜图案旁写上自己的学号进行投票，最终生菜和芸豆获得最高票。

“种什么”投票

问题 2：谁来种？

种植的蔬菜确定了，谁来种植和养护是个问题。“小予带来的芸豆种子应该由他来种。”“不行不行，我自己种可种不完，我得请小朋友和我一起种，哪个小朋友想和我一起种？”“咱们刚

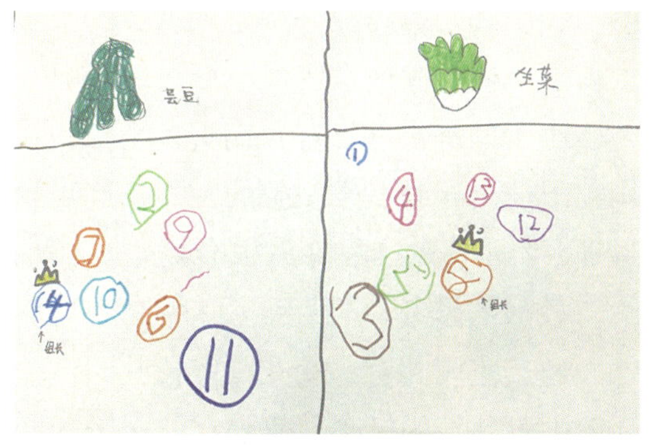

种植小组投票

才用了投票的方式，现在也用投票的方式吧！”大家一致同意。种植成员分为两组，各组推选一名组长，负责带领幼儿一起进行种植活动。

二、种子变蔬菜

1. 如何播种

（1）播种小探究

大海认为种植很简单，只要撒下种子盖点土、浇点水就行。小妍觉得种植很麻烦，要细心照顾种子，种子才能发芽长出好吃的蔬菜。我为幼儿准备了种植调查表格，请幼儿与父母一起查阅种植资料再与其他幼儿分享交流。

“我查阅了种植生菜的知识，种植生菜需要把种子先泡到水里，然后拿出来放在纸巾上，等小种子长出芽就可以种到地里了。”“种种子的时候，不能盖特别多的土，要不然种子就没法呼吸了。”“生菜特别喜欢水，得多给它浇水。”幼儿相互交流调查中获得的经验。另一组幼儿交流着芸豆种植的调查结果，“我们种芸豆可简单了，种子不用泡水，直接种就行了，多盖点土再浇些水。”“还得施肥，要不然小种子没有营养也长不出来。”各个小组围绕如何种植生菜和芸豆展开了讨论。

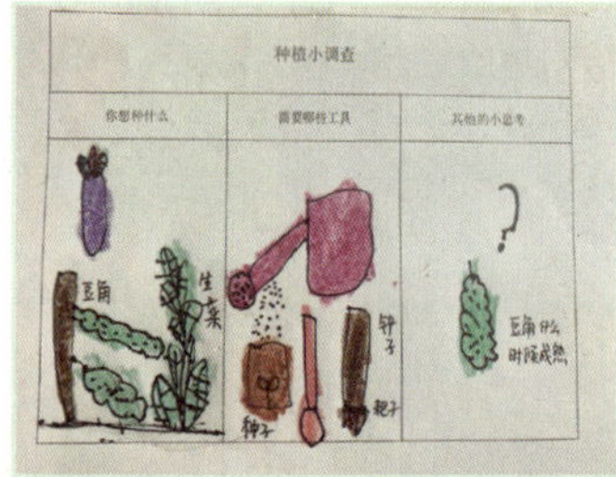

种植小调查

（2）播种进行时

家长开放日，幼儿和家长一同进行种植活动，感受亲子劳动的乐趣。

佳荫和妈妈蹲在一块坚硬结实的土地旁边，“妈妈你在做什么？”“这块土地太硬了，种子在这里住很不舒服，我们一起用铲子把土弄松软些吧。”

小予的爸爸挥舞着大镐头，小予蹲在一边用铲子轻轻松土，“爸爸你为什么要用耙子把土弄成一条一条的？”“这叫起垄，为了增加排水性，帮助小种子排水、透气，要不然种子发芽后根会烂的。”幼儿与家长一起种植，享受愉快的亲子时光。

教师的思考

通过家园共育，幼儿与家长共同体验种植的乐趣，增进亲子关系，同时幼儿在活动中收获新的经验。家长在此次亲子活动中进一步了解了种植课程对培养幼儿动手能力、探究能力的价值，扭转了他们对幼小衔接传统活动的内容认知，促进幼儿园家园共育工作的有效开展。

2. 养护收获

（1）种子发芽了

幼儿发现种子慢慢长出了嫩芽，婉茹和小瑜高兴地想把种子发芽的过程记录下来。在区域游戏时，他俩把这几天种地的过程画成连环画，又向其他幼儿介绍种子发芽后，怎样给小芽浇水、晒太阳，分享这一来之不易的小幸福。

种植故事连环画

教师的思考

幼儿对种植活动的热爱体现在区域游戏活动的绘画创作中，通过记录种植故事，感受生命的成长过程。在活动中他们精心呵护、仔细观察，关注种子成长的每一个细节，从种下种子的那一刻起，他们既牵挂又期待，体验着种植活动的乐趣。

（2）我认识的蔬菜叶

午后，教师带领幼儿来到种植园散步，大家分组自行观察。彤彤因为前段时间休假在家，看到种植园的变化非常好奇，她看到长得差不多一样的小苗和叶子，问：“这里种的是什么蔬菜，叶子长得有点像。”“好像是茄子。”“不对，是生菜。”“我们去问问老师吧，老师肯定知道。”几个幼儿来到我身边，“老师，这里的苗长得有点像，我们种的是什么蔬菜？”“你观察一下这种蔬菜的小苗叶子长什么样子？”我反问道。“它的叶子是浅绿色的，周围有一些小波浪。”“什么样子的菜周围会有波浪？”我启发他们想起调查植物时大家交流的经验。“我知道了，就是我们种的生菜。”“我认识芸豆的苗，长得很像一个心形，叶子很大，很好辨认。”

我鼓励幼儿想一想区分它们的办法。“地里这么多蔬菜，小朋友很容易弄混，大家有什么好办法区分它们呢？”“我们可以给它们做个小卡片，像我们的姓名贴那样。”“画上蔬菜的样子，再写上它的名字，小朋友肯定一下就知道了。”我引导幼儿想一想怎样为蔬菜制作名片。

教师的思考

幼儿通过种植活动对大自然和身边的事物有了广泛的兴趣，当蔬菜快要成熟时，新的问题产生了，蔬菜太多不好区分怎么办？大家一起想办法，最后决定制作蔬菜名片。兴趣是最好的老师，制作蔬菜名片激发了幼儿的前书写兴趣，促使幼儿大胆尝试制作。

生菜名片

芸豆名片

（3）我们的收获

问题 1：生菜和芸豆成熟了吗？

文文惊奇地发现芸豆架上结出了芸豆，“快看呀，芸豆都爬到架子上了，它是紫色的，长得长长宽宽的，可不可以摘呢？”“可以摘了，我在家看到奶奶从市场买回来的芸豆就是这么大的。”“有的大，有的小，太小的还没有长成熟。”“你是怎么知道的？”“成熟的芸豆摸起来硬硬的，里面的豆子很大，但是没成熟的芸豆看起来很小，捏起来是软的，里面的豆子也很小。”大家一起观察、采摘成熟的芸豆。

生菜组同样在观察生长出来的生菜。“生菜看起来也长好了，我们把它拔下来吧。”说完艺涵拽了一片生菜叶。而小榕蹲下摸了摸生菜，发现有的生菜叶包在外面，叶子特别大，有的叶子很小，叶面很窄。“我们应该采摘这样的大叶子，小的叶子还需要长几天呢！”诗语摘了一片大叶子说，“我们应该摘这样的大叶子，不能摘小叶子！”

幼儿分组进行讨论交流，最后达成统一意见：豆子摸起来是硬的才可以采摘，生菜要摘外层大的叶子。

问题 2：怎么摘生菜和芸豆？

芸豆小组认真地寻找成熟的芸豆，并轻轻地把芸豆从藤蔓上摘下来，在保持每一个芸豆完整的同时，不采摘多余的茎蔓。

生菜小组却遇到了问题，有的幼儿把生菜连根拔起，有的幼儿只揪下来一小点叶子。六月说：“我觉得要全部拔出来。”佳荫说：“我爸爸种过生菜，他说生菜的根还能接着长，跟韭菜一样，我们把叶子摘下来就可以了。”诗语说：“那我们试一试，看看摘下叶子后生菜还能不能继续长。”大家开始采成熟的生菜叶子。

问题3：摘下来的芸豆粒还能种到地里吗？

梓桓将成熟的芸豆采摘下来，他把芸豆掰开，发现了里面白色的豆子，他问大家：“这是芸豆的种子吗？它可以种到地里吗？”文文凑了过来，也要看白色的豆子，“可是我们种下去的芸豆是黑色的种子呀，不是白色的。”“我们原来种的种子有点硬硬的，这个很软。”“那黑色的豆子从哪儿来呢？”“是特别大的芸豆里才有黑黑的种子。”“等它长得再大一点，我们再摘下来，看看里面的种子是什么颜色吧。”幼儿相互讨论后决定暂时不采摘芸豆了，准备继续观察。

采摘芸豆

摘下来的芸豆粒还能种到地里吗？

三、蔬菜的秘密

发现问题——我的蔬菜怎么了

问题1：怎么有发黄的叶子？

小艺看到一些发黄的叶子：“为什么有些叶子都枯萎了，旁边的却长得很好？”“我觉得叶子枯萎了可能是缺水了吧，咱们去给它浇些水。”“可能它的营养被抢走了，它就不长了，旁边的就长得很好。”“得想个办法，让它得到营养呀！”“老师说过要间苗，就是把太密集的苗分一分，不让它们争抢营养。”小榕听了大家的对话找来手套，“我来分一分苗吧。”说着她就把太密集的生菜叶拔出来一些，再给生菜根盖些土。

问题2：菜叶上为什么会有洞洞？

观察菜叶上的洞洞

小妍看到蔬菜叶上有好多洞洞，她难过地说："谁吃了我们的菜叶，叶子上都是洞洞？""肯定是大蚂蚁，它是害虫！""蚂蚁不是害虫，叶子是蜗牛吃的，蜗牛才是害虫。"听到大家讨论的问题，我引导幼儿回家和爸爸妈妈一起查一查蚂蚁和蜗牛是不是害虫。在后续的活动中，幼儿一直在探究蔬菜的病虫害以及养护问题。

教师的思考

针对蔬菜出现的问题，幼儿会出现担忧、难过的情绪，他们通过语言表达自己不开心的原因，教师对幼儿出现的情绪变化给予关注，鼓励他们正确认知植物生长过程中的各种变化，并提供适宜的支持，引导幼儿积极应对和化解，通过思考和讨论找到解决问题的方法。

经验梳理

身心准备	1. 乐于参加种植活动，在活动中保持积极、稳定的情绪。 2. 面对种植过程中的问题和困难，能够积极沟通，想办法解决。 3. 手部动作协调，能够使用工具种植及养护植物。
生活准备	1. 保持良好的个人卫生习惯，有自觉洗手的习惯。 2. 遵守种植活动的安全规则，有自我保护意识。 3. 能承担适当的劳动任务，尊重身边的劳动者，珍惜劳动成果。
社会准备	1. 能和同伴友好相处、分工合作完成种植任务，遇到困难互帮互助，发生冲突尝试协商解决。 2. 具有一定的规则意识，能互相讨论制定规则并自觉遵守。 3. 能够理解教师的任务要求，自觉、独立完成任务。 4. 能主动向教师表达自己的想法和需求，愿意为集体出主意、想办法、做事情。
学习准备	1. 对种植活动感兴趣，有好奇心和探究欲。 2. 能够专注地完成种植任务，遇到困难不放弃，乐于思考并敢于表达。 3. 能对生活情境中的文字符号感兴趣，愿意用图画、符号等方式记录自己的想法和发现。 4. 能分享在种植活动中的发现以及探究的过程和方法。

我要上小学

大连市甘井子区教育局春田第二幼儿园 黄丽 叶佳文

主题缘起

两个月之后，大班幼儿就要离开生活了三年的幼儿园，告别老师和小伙伴，进入下一阶段的小学生活。对大班幼儿来说，小学既是陌生的又是新鲜的，在学习环境、学习方式、师生关系、行为规范等方面将面临许多变化，小学到底是什么样子的？小学和幼儿园有哪些不同？上小学需要具备哪些能力？幼儿对小学有着怎样的向往、担忧和困惑？随着毕业脚步越来越近，小学里的一切活动成了幼儿日常最关心的话题，怀揣着憧憬与好奇，我们一起走进“我要上小学”主题课程。

本主题从与幼儿交流、谈话入手，了解大班幼儿对小学感兴趣的问题，提供丰富的活动资源，引导幼儿从不同的角度了解小学生活，了解小学生学习与生活的特点，对如何成为一名小学生有更加清晰的认识，最终对小学生活产生向往和期盼，从而能够自信、从容地开启新生活。

主题网络

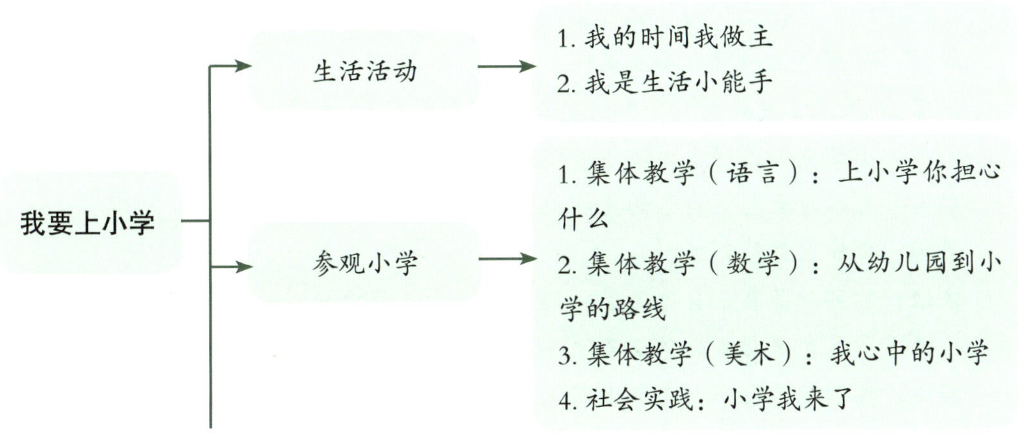

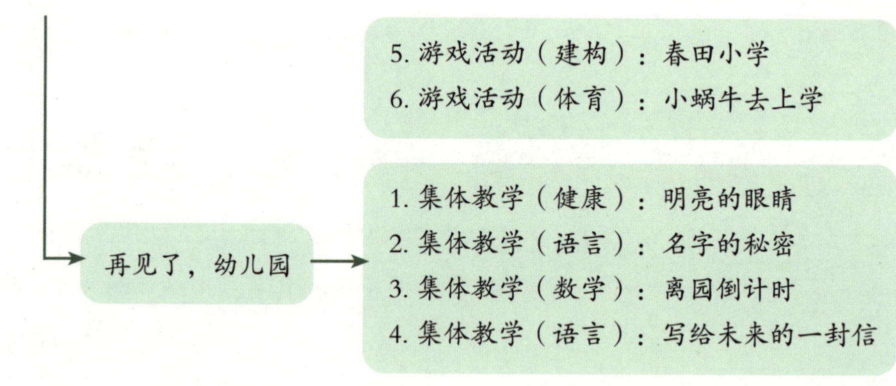

主题实施案例（节选）

我的时间我做主

活动形式 生活活动

核心经验 1. 感知时间，能在规定时间内完成事情。

2. 知道时间的重要性，逐步树立时间观念。

3. 养成按时作息、守时、不拖沓的好习惯。

活动准备 白纸、签字笔、钟表

活动过程

一、开展“快乐早签到”活动，养成良好的时间观念

每天按时入园、自主签到是大班幼儿进行自我管理、时间管理的第一步。首先与幼儿讨论“什么是签到？为什么签到？”了解签到的好处。引导幼儿自主设计不同的签到表，发展表达、前书写等多种能力。每天早晨坚持自主签到，幼儿在不断调整、不断优化的签到中培养自我管理能力，养成良好的时间观念，体验愉悦的情绪。

活动纪实

1. 讨论什么是签到？为什么要签到？

教师：每天早上为什么要点名呢？

瑶瑶：每天点名就是看哪个小朋友来了，哪个没有来，方便统计当天的出勤人数。

教师：小朋友们已经上大班了，有没有什么好的办法代替每天点名查人数呢？

佐佐：可以每天写下自己的名字记录来没来幼儿园。

教师：那什么是签到呢？

依依：签到就是表示自己来了，妈妈告诉我，每次开家长会的时候她都会签上自己的名字，代表她来参加会议了。

菲比：签到就是每个人在纸上写上自己的名字。

佑佑：我每次去上课，都要在一个表格上写上名字和日期。

默默：我去参加小提琴比赛的时候，老师给我一张表格，我就在里边写上自己的名字。

2. 共同探讨签到内容以及签到形式。

教师：那什么时候签到呢？需要准备什么？签到时我们除了写自己的名字，还可以写什么？

签到表

晶莹：我们可以早晨来园的时候签到。

苏苏：我们可以在统一时间签到。

冉冉：我们来一个就签一个，要在八点之前签到，没有签到的小朋友就算迟到。

和和：我们需要铅笔、白纸和钟表。

沐谦：我们还可以用表格记录。

依依：把到幼儿园的时间记录下来，这样就知道自己每天是几点来的了。

瑶瑶：还要写上日期，这样每天记录能够看得更清楚。

冉冉：可以在白纸上标上序号，这样每张纸连在一起方便查看。

佐佐：可以按小组记录入园时间。

佑佑：我们可以看时间进行签到。

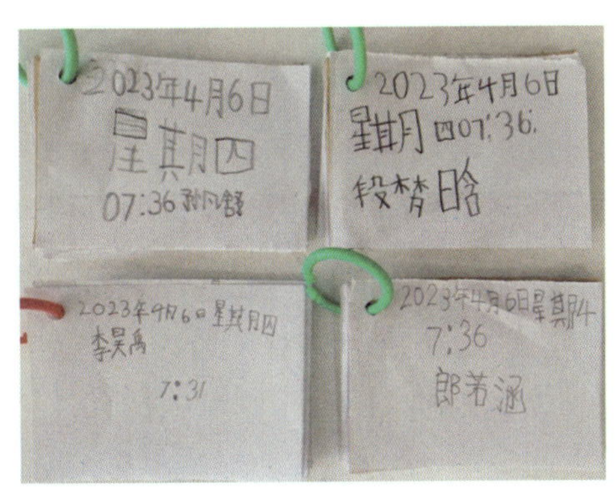

签到内容

3. 设计签到表和封皮，制作属于自己的签到本。

自制签到本

二、一分钟体验，感受时间的长短、单位和意义

时间是什么呢？一分钟有多久呢？让我们以具象的活动为载体帮助幼儿体验感知。教师鼓励幼儿以一分钟为单位做事情，体验一分钟的时长；开展关于一分钟的讨论，让幼儿更深刻体会一分钟做不同事情的感受，了解一分钟最多可以做几件事情。

活动纪实

1. 一分钟做自己喜欢的事情。

苗苗：我用一分钟玩喜欢的玩具，刚开始玩就到时间了。

皮皮：我用一分钟时间看书，刚把书拿出来打开，就到时间了，一分钟太短了吧。

西西：一分钟过得太快了，时间太短了，我还没有想做什么，就到时间了。

2. 一分钟安静坐着不动。

露露：安静坐着有点无聊，我感觉时间有点长。

平平：之前我做喜欢的事情的时候，感觉时间有点短，这次我感觉时间有点长。

东东：我知道了，我们在做喜欢的事情的时候，时间有点短，做自己不喜欢的事情的时候，时间会过得很慢，变得很长。

3. 一分钟最多可以做几件事？

教师：一分钟可长可短，看看自己一分钟最多能做几件事？

倩倩：我做了三件事，我伸伸懒腰、看看墙面的画、整理桌子。

可可：我做了一件事，我喝了水。

菲菲：我做了一件事，我玩了魔方玩具。

千千：我做了两件事，我搬了椅子，又擦了桌子。

明明：我做了一件事，我去了厕所。

三、体验课间十分钟，提高时间管理能力

什么是课间十分钟？为什么会有课间十分钟？课间十分钟可以做什么？幼儿通过探索、讨论、表征、实践等方式，了解课间十分钟。在班级开展课间十分钟活动，帮助幼儿找到度过课间十分钟的最优计划，提高时间管理能力，初步建立上小学的自信心。

活动纪实

1. 什么是课间十分钟？为什么要有课间十分钟？

教师：什么是课间十分钟？

皮皮：课间就是小学下课的时间，我姐姐告诉我课间有十分钟。

菲菲：课间可以休息，小朋友自己决定做什么。

小雨：小学要上课，两节课之间有休息的时间，应该是十分钟。

教师：为什么要有课间十分钟？

铭铭：因为小学生上课时间比我们长，所以课间十分钟应该是休息的时间。

千千：我们在幼儿园会有喝水、上厕所的时间，小学的课间十分钟也应该做这些事。

乐乐：小学的课是一节接一节的，中间要有十分钟休息时间，让我们调整心情继续学习。

2. 课间十分钟可以做什么？

美溪：课间十分钟我们可以休息，可以和小朋友做游戏。

羽墨：我们可以上厕所、喝水、整理学习用品。

阳阳：我可以看会儿我喜欢的图书。

明明：我可以跟我的朋友说说话。

果果：课间十分钟我们可以和小伙伴一起说悄悄话。

菲菲：可以帮助老师劳动，如擦桌子。

叶子：口渴了可以去喝水。

明明：可以去做自己喜欢做的事情，还可以洗手、喝水、上厕所。

3. 幼儿园的课间十分钟可以做这些事情。

幼儿园的课间十分钟

四、制定一日作息时间表，养成计划和管理时间的好习惯

对应钟表说说每个时间段做什么事情。引导幼儿分组讨论制定幼儿园一日作息时间表，督促幼儿按照自己制定的时间表进行时间管理。

活动纪实

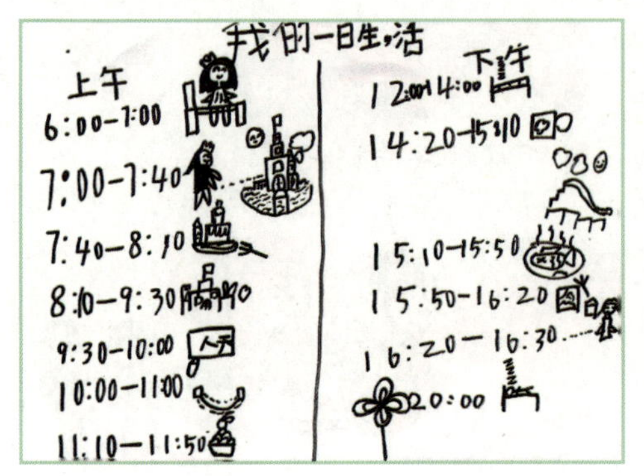

睿睿：我每天6点起床，7点妈妈送我去幼儿园，7点40分在幼儿园吃早餐，8点10分自主游戏，9点半是上课时间，10点户外活动，11点10分吃午餐，12点午睡，14点起床，14点20分户外游戏，15点10分吃晚餐，16点30分妈妈接我回家，20点睡觉。

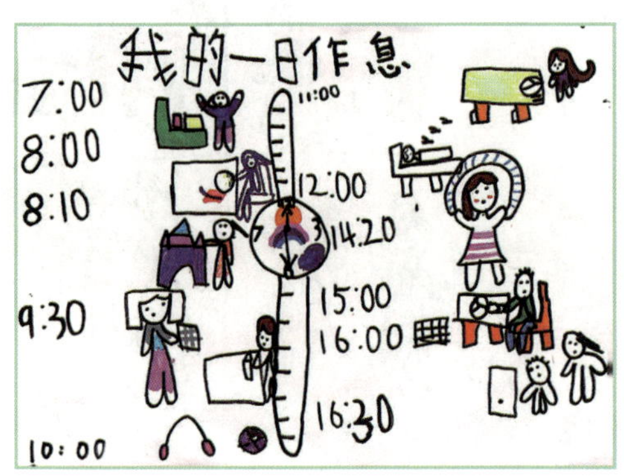

朵朵：每天7点起床，8点吃完早饭，8点10分自主游戏，9点半上课，10点户外活动，11点吃午餐，12点午睡，14点20分户外游戏，15点吃晚餐，16点是整理书包以及个人物品时间，16点30分放学回家啦！

我是生活小能手

活动形式 生活活动

核心经验 1. 坚持自己的事情自己做，能够进行自我管理与服务。

2. 自己做力所能及的事情，提升自理能力和动手能力。

3. 养成良好的生活习惯，增强独立性和自信心。

活动准备 白纸、签字笔、彩笔

活动过程

一、开展“我有好习惯”活动，提升自我服务的能力

什么是习惯？你有哪些好习惯？还需要养成哪些好习惯？引导幼儿从生活自理、行为习惯等方面进行讨论，在交流互动中发现自身存在的问题，学习同伴好的习惯，逐渐提升自我服务的能力。

活动纪实

1. 什么是习惯？

西西：每天闹钟一响我就赶紧起床，这是我的习惯。

乐乐：习惯就是每次吃完饭，我都会漱口擦嘴。

羽墨：每次玩完的玩具，我都会收拾整理，这是我的习惯。

美溪：我习惯吃饭之前认真洗手。

2. 你有哪些好习惯？

椰果：每天早睡早起、不贪玩，按时上幼儿园，从来不迟到。

羽墨：不管在幼儿园还是家里，我都自己整理自己的物品，有衣服、书包，还有玩具。

3. 你有哪些不好的习惯？

苗苗：我东西总是乱丢，需要的东西总是找不到。

琪琪：我吃饭时，每次都会掉一些米饭粒在桌子上。

明明：洗手时，我都是用水冲一下，没有认真地洗手。

4. 如何养成好习惯？

可可：我会制作好习惯打卡表，每天坚持记录。

平平：好习惯需要坚持，我会每天坚持做，自己做记录。

西西：我坚持自己的事情自己做，不用妈妈帮忙。

小雨：在幼儿园能做到，回到家中也一样要做到。

二、开展“我会整理”活动，找到归纳整理的方法

教师通过日常观察发现问题，引导幼儿从管理自己的小书包做起，先请幼儿观察了解书包里有什么，再让幼儿说说书包里的物品找不到了怎么办，最后带幼儿一起讨论整理书包的方法。

活动纪实

1. 书包里都有什么？

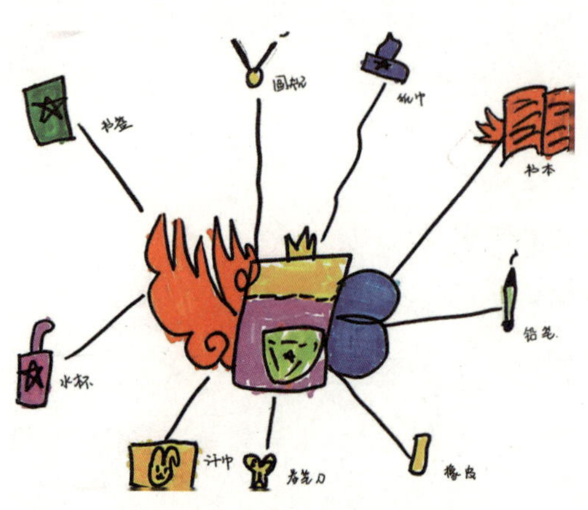

冬果：我看过哥哥的书包，哥哥的书包里有铅笔、橡皮、纸巾、书本、卷笔刀、水杯、书签、汗巾，还有他最喜欢用的圆规。

2. 书包里的物品找不到了怎么办？

多多：书包里的东西有很多，我们要整理好，要不就容易丢了，找不到了。

小爱：对啊，我姐姐上学就总忘记铅笔放在哪里啦。

一一：我们要把文具放在铅笔盒里，盖好盖子，这样就不会找不到了。

菲比：书本我们可以按照从大到小的顺序摆放好。

3. 怎样整理小书包呢？

依依：可以分类收纳，将相同的物品整理在一起。

菲比：可以按照从小到大的顺序整理物品，这样东西不容易丢，还容易找到。

多多：如果东西太多了，我们可以借助小筐等工具进行收纳。

贞贞：可以把不需要的东西放在家或者扔进垃圾箱里进行回收。

三、开展“小小值日生”活动，完成力所能及的任务，增强集体服务意识

通过协商制订任务计划，形成自我管理、服务同伴的意愿；通过制定班级值日生公约，参与班级的管理，收获自信，提升自理能力。

活动纪实

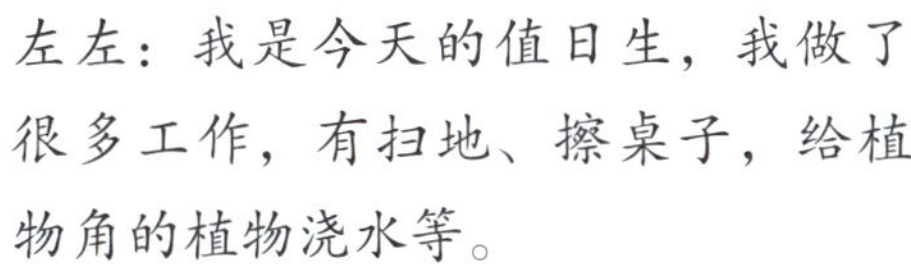

左左：我是今天的值日生，我做了很多工作，有扫地、擦桌子，给植物角的植物浇水等。

羽墨：中午吃饭的时候，我和乐乐一组负责搬桌椅，在午睡之后负责整理床铺。

四、开展“餐点自理”活动，提升自理能力和自我服务的意识

调整吃间点环节，吃间点环节与室内的自主游戏同时进行，幼儿可以根据自己的实际需求选择先做什么再做什么，学会合理安排自己的时间；在进餐环节，幼儿分组讨论自主取餐的路线，制定取餐的规则，进一步增强自主管理生活的能力。

活动纪实

1. 吃间点时餐桌没有位置怎么办？

果果：我是选择先吃水果，吃完了再去做游戏。

可乐：想吃水果的时候，如果没有位置，我们可以再玩一会儿游戏，等有位置了再去。

可可：可以等吃完的小朋友下桌去玩游戏时，我再去吃间点。

悠悠：分好哪几个桌子可以吃间点，哪几个桌子玩游戏。

冉冉：可以分一个吃间点的区域，就叫进餐区。

左左：我们一起搬两个桌子放在前面，布置一个吃间点的位置吧。

2. 取餐需要哪些规则？

铭铭：去打餐的时候，要排队，保持安静，不要吵到其他人，还要双手端着餐盘，慢慢走，不能奔跑。

菲菲：如果跑的话，饭菜会洒出去，就会浪费食物啦。

3. 设计打餐路线图。

小爱：先去卫生间洗手，洗完手从卫生间出发，经过科学区的桌子，然后向右转，就到了打餐的地方，就可以排队打餐啦。

果果：打餐的时候，可以在桌子的两面同时进行，这样更节省时间。

4. 分享“餐点自理”活动后的感受。

菲菲：今天按照我们小组设计的线路图打餐，非常便利，可以节省出很多时间去游戏，太棒了。

果儿：我是今天的值日生，发现今天没有人站着等位置去吃间点。

一一：我今天早上画了一个计划，先玩建构游戏，看餐桌有位置了，我就去吃间点，剩下一点时间，我就去小便、喝水，最后就等着收玩具啦。

乐乐：大家都是排队打餐，非常安静，很有秩序。

主题一　参观小学

上小学你担心什么

活动形式　集体教学（语言）

核心经验　1. 交流上小学担心的问题，共同寻找解决问题的方法。

2. 清楚流畅地表达自己的情绪与想法。

3. 消除担忧，以积极乐观的心态面对变化。

活动准备　1. 提前与幼儿交流关于上小学的话题

2. 画纸、记号笔、彩笔、幼儿园的照片

活动过程

一、谈话讨论

谈话交流，了解幼儿即将上小学的心情变化。

教师：马上要上小学了，你的心情是怎样的？

活动纪实

乐乐：我非常开心能去小学，因为我的哥哥在小学，他上五年级了。

妙妙：我比较担心去小学读书，因为我觉得小学的数学题特别难。

夏天：我非常想去上小学，因为小学有一个大大的操场，我可以和我的好朋友踢足球。

朵朵：我担心上小学不能和我的好朋友在一个班级。

多多：我担心上小学会留很多的作业，这样玩儿的时间就会变少了。

霖霖：我想上小学，因为我想学习更多的知识。

1. 如果你上小学了，最好奇小学的哪些事情呢？

文文：小学的作业多不多呀？

米米：小学都有哪些课呀？一年级需不需要考试呢？

果果：小学几点上课呢？一节课有多长呢？

美溪：小学的运动会都有哪些项目呢？

2. 你最担心的事情是什么？怎么解决？

朵朵：小学的作业题太难了，怎么办呀？（作业题太难的话，我们可以问老师，也可以问同学）

多多：小学的广播体操太难了，不会做怎么办呀？（我们可以跟着领操的哥哥姐姐认真学，肯定可以学会的）

妙妙：小学上学迟到了怎么办呢？会被扣分吗？（早上早点起床就不会迟到了，不要赖床，早睡早起）

二、绘画交流

交流有关上小学担心的问题，共同寻找解决问题的方法。

教师：把你担心的问题，还有讨论的解决方法记录下来。

活动纪实

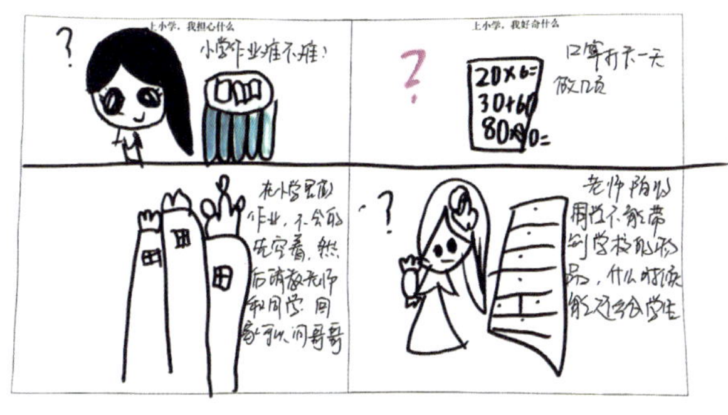

美溪：我最好奇的是小学做口算题，一天要做多少页？我还担心小学的作业难不难？

乐乐：小学的题不难，写作业时不会的可以先空着，不会的题可以请教老师和同学，回家也可以问问爸爸妈妈，还有哥哥姐姐。

果果：小学的走廊里为什么会有一排一排的柜子呢？它们是用来做什么的呢？我比较担心的是小学作业太多了，写不完怎么办？考试的时候不能在规定的时间写完怎么办？

米米：每天可以多做一些题，把写字的速度加快，不能磨蹭。

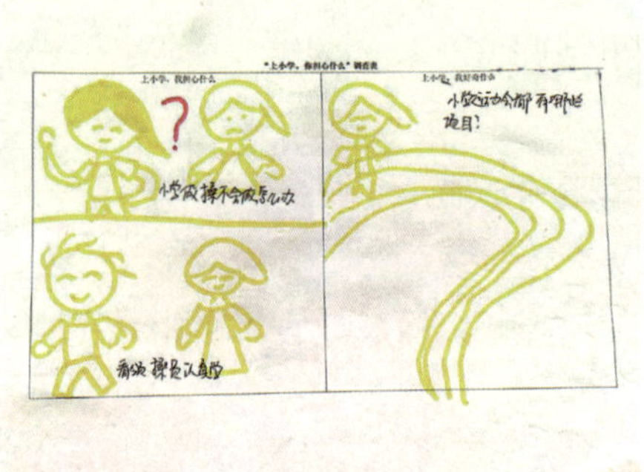

小丁：我好奇的是小学运动会都有哪些项目？每个人都要参加吗？我担心不会做操，怎么办呢？

萌萌：我哥哥说学校里都有领操员，体育老师也会教我们做操，一节一节地教，肯定可以学会的。

叶子：我最担心的是在小学里能不能交到新朋友？我的新同桌会是谁？

美美：当然能交到新朋友了，说不定我们会分到一个班级，如果分到一个班级那就太棒了！

三、经验梳理

教师引导幼儿共同探讨对小学的好奇和担忧，并与幼儿共同交流解决方法，梳理经验并缓解幼儿紧张、害怕等情绪。

教师：我们可以和同伴分享自己的调查表，说说自己担心的事情和解决的方法。

四、延伸学习

将调查表带回家问问爸爸妈妈和哥哥姐姐，将他们的答案标注在调查表上。

从幼儿园到小学的路线

活动形式 集体教学（数学）

核心经验

1. 学习寻找参照物来描述从幼儿园到小学的路线。

2. 尝试绘制从幼儿园到小学的路线图，并找出从幼儿园到小学的最优路径。

3. 感受数学与生活的密切联系，学会在生活中运用数学。

活动准备

1. 幼儿提前熟悉去小学的路线及线路周边标志性的建筑和场所

2. 幼儿园到小学周边的建筑图片若干、勾线笔、彩笔、白纸

活动过程

一、谈话讨论

讨论去小学的方法与路线。

教师：你们是怎样来幼儿园的呢？在来幼儿园的途中会经过哪些地方？我们马上就要参观小学了，你知道有哪些方法可以去小学吗？如果步行去小学会经过哪些地方呢？

活动纪实

乐乐：我爸爸带着我走步来幼儿园，我家离幼儿园特别近，从楼里面出来后会经过滑梯、沙池，一直往下走，出小区，再走一会儿就到幼儿园了。

妙妙：我有时是坐车来幼儿园的，有时是走着来的，坐车的时候要在小区里绕一圈经过农贸市场才能到幼儿园。

夏天：姐姐说上学的路上会经过春田广场，还会经过春田幼儿园，再往前面走一段就到小学了。

朵朵：我哥哥上小学要走出我们家小区，然后在红色的路上走一段时间就到了春田广场，一直向前走就到小学了。

多多：上小学还可以坐公交车，要坐四站才能到小学。

霖霖：去小学要从幼儿园走，走一个左转弯，一个右转弯，再一直走，过一条斑马线，继续向前走就到小学了。

二、交流分享

交流参观小学的路线及注意事项。

教师：去小学的路上具体需要在哪个地方转弯，在哪个地方需要过人行道呢？如果我们步行去小学，需要注意哪些问题呢？

活动纪实

1. 从幼儿园到小学的路上，可以看到哪些特别的建筑物或场所？

文文：我看到了药房、市场，还有春田广场。

米米：我和妈妈从幼儿园步行到小学，经过石榴街，然后直走到一个广场，左转就到小学了。

果果：从幼儿园路过农贸市场，往右转经过我家小区，直走过马路就到了。我爸爸用微信运动记录，我们一共走了 6012 步，从另一条经过超市的路走了 6514 步，所以还是从农贸市场去小学近。

美溪：我和哥哥骑平衡车从幼儿园门口经过乐哈哈超市到小学用了 15 分钟，

妈妈从幼儿园经过菜鸟驿站到小学只需要 12 分钟，所以我们可以选择第二条路。

2. 如果我们步行去小学，需要注意哪些问题呢？

朵朵：我们要排队走，过马路看红绿灯。

多多：走路不要掉队，听老师的指令。

妙妙：不能东张西望，也不能和小朋友打闹，过马路要看一看有没有车。

霖霖：和班级小朋友牵手，两人一起走。

三、尝试制作

幼儿制作去小学行走路线图并分享。

活动纪实

夏天：从幼儿园出发，向左转，路上会看到很多大树，然后我的左边有一家医院，旁边停了一辆救护车，右边是我的家。向前走经过春田广场，广场在我的右边，广场上开满了鲜花，一直向前面走就会成功到达春田小学，小学在我的左手边。

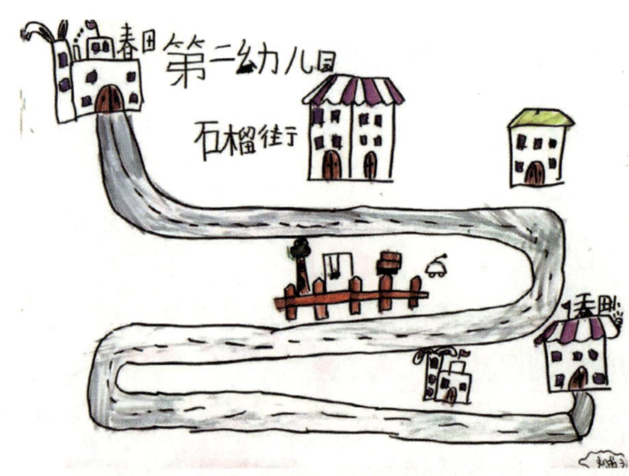

冬果：我先把幼儿园画出来，从幼儿园出发走过石榴街，沿着石榴街向左转，一直向前面走会有一个公交车站，公交车站在我的右边，再向前走来到春田幼儿园，它也在我的右边，然后一直向前走就到小学了，小学在我的右手边。

四、经验梳理

回忆从幼儿园到小学不同路线所用的时间，比较出最短路线。

教师：从幼儿园到小学，你设计的这条路线需要多长时间呢？我们一起来比一比，哪条线路所用时间最短呢？请选出一条用时最短、最安全的路线。

五、延伸学习

将路线图带回家，请爸爸妈妈和自己按照路线图走一次，验证自己绘制的路线图是否准确。

我心中的小学

活动形式　集体教学（美术）

核心经验　1. 学习运用线条、颜色和图案创意绘画。

2. 能用绘画的形式大胆表现心中小学的样子。

3. 对小学有美好的向往和期待。

活动准备　1. 不同小学的建筑图片

2. 彩笔、画纸、勾线笔、树枝、纸筒等

活动过程

一、交流讨论

讨论自己心中的小学是什么样子。

教师：即将要上小学了，你心中的小学是什么样子的？

活动纪实

苏苏：小学里面应该有大大的操场。

小明：小学的教室里面有课桌和椅子。

小爱：小学应该还有舞蹈教室和图书室。

轩轩：我心中的小学有高高的树和绿色的小草，还有很多美丽的花。

瑶瑶：我心中的小学有四层楼房，里面有老师和好多小朋友，大家一起学习一起游戏。

二、欣赏感知

观察图片并说出不同小学的建筑特征。

教师：请你说一说不同小学的建筑特点，它们在设计上与幼儿园有什么不同？你想怎么设计心中的小学？

活动纪实

铭铭：我心中的小学有高高的、长方形的楼房，有很多教室，还有一个大大的操场，小朋友可以在上面跑步、做游戏。

桃子：我心中的小学有尖尖的屋顶，屋顶是彩色的，像彩虹一样，有很多窗户，很多同学可以在里面上课。

昕宝：我心中的小学有各种各样的运动场地，可以做运动，还有高高的楼房，我们在里面上课，还有休息的地方。

三、创意作画

幼儿按照自己的想法绘画，大胆用线条、颜色和图案创意绘画心中的小学，教师进行观察指导。

教师：请你来画一画心中的小学吧。

活动纪实

幼儿的绘画作品

四、展示交流

引导幼儿分享自己的绘画作品。

教师：每个小朋友画的小学都不一样，谁来分享一下你绘画的小学。

活动纪实

瑶瑶：我画的小学有四层楼，第一层有一架白色的钢琴，第二层是我姐姐的班级和特别大的舞蹈教室。

朵朵：我画的小学有尖尖的房顶，有彩色的跑道，有很多教室，还有图书馆，图书馆里面有好多图书。

多多：我画的小学有很多间教室，里面有桌子和椅子，小朋友在教室里面学习。

小学我来了

活动形式 社会实践

核心经验 1. 了解小学的校园环境和小学生的学习生活。

2. 采访小学的老师和学生，了解自己想知道的事情。

3. 体验即将成为小学生的自豪感，向往小学生活。

活动准备 1. 提前与邻近小学沟通适宜参观的时间，做好活动安排

2. 与幼儿做好当天参观小学的准备（如水杯、行走路线等）

3. 参观小学记录单（如参观计划、采访记录单）

活动过程

一、谈话交流

交流想了解小学的哪些场所及问题，制定参观途中要遵守的规则。

教师：今天我们要参观小学，还记得你做的参观计划吗？你们想参观小学的哪

些地方，了解有关小学的哪些问题呢？

活动纪实

夏天：我的哥哥就在春田小学，哥哥说春田小学有食堂，都是自己去打饭，但是不在教室里边吃，我想看一看小学的食堂是什么样子的。

丁丁：我想问哥哥姐姐，小学里都有哪些课？小学里面可以过生日吗？小学老师严厉吗？小学几点放学？

阳阳：我姐姐说，小学的老师特别多，每天上好多节课，还会去不一样的教室里上课，有音乐教室、舞蹈教室，除了这些教室还有什么教室呢？

果果：我想问小学一节课多长时间？课间十分钟可以做些什么？小学生需要写作业吗？作业多不多？

采访记录表

你想问的问题？（绘画）	你得到的答案
上课？	
几节课？	

采访记录表

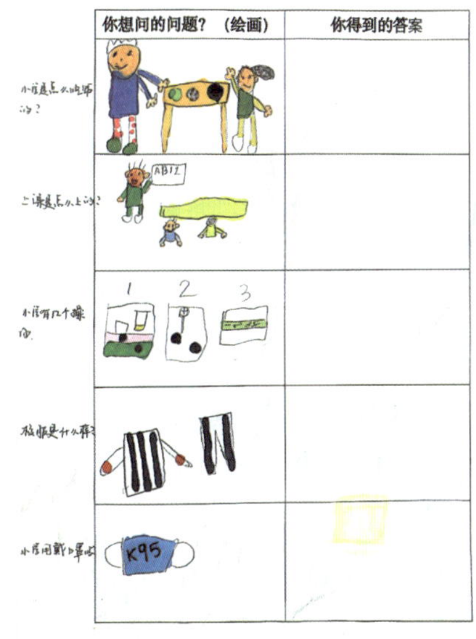

你想问的问题？（绘画）	你得到的答案

瑶瑶：小学几点上课？一天几节课？上小学也是分男女生排队吗？同桌是怎么选的？吃饭的时候可以讲话吗？

皓皓：小学也是自主打餐吗？上课是怎么上的？小学有几个操场？校服是什么样子的？也是每周一穿校服吗？小学生上课需要戴口罩吗？

教师：我们去小学的路上要遵守哪些规则呢？

活动纪实

梓航：我们要排队走，不能掉队。

苗苗：如果有问题要及时告诉老师，让老师帮助解决。

安安：去小学的路上不要追逐打闹，要听老师的口令。

冬果：进入小学教学楼内要有礼貌，见到老师要问好。

泡泡：不要乱碰小学的公共物品，不能乱翻图书，不要打扰哥哥姐姐上课。

呜呜：在小学的走廊和教室里要听老师安排，不能大吵大闹，要保持安静。

二、参观环境

带领幼儿有序参观小学室内外环境，感受成为小学生的自豪。

活动纪实

幼儿参观小学

三、实践体验

带领幼儿进入班级进行采访，了解小学的校园环境和小学生的学习生活，做好入学的精神准备。

活动纪实

采访记录表

你想问的问题？（绘画）	你得到的答案

瑶瑶：原来小学8点20分到学校就可以，8点半准时上课，不要迟到，一天有7节课。期待上小学可以和我的好朋友在一个班级，最好我们还是同桌！

皓皓：小学和幼儿园一样都是自己排队打餐，上课有自己的课桌和椅子，桌子和椅子是高高的，比幼儿园的高多了，上课也不用戴口罩，太棒了。

四、记录分享

带领幼儿回到幼儿园，结合参观小学的情况，交流谈话并记录分享。

教师：在参观小学的过程中你都了解到哪些你感兴趣的内容？你发现幼儿园与小学有哪些不同？

幼儿分享记录单，教师倾听小结。

活动纪实

大山：小学的操场特别大，还有打篮球的地方。

牛牛：小学的操场是红色和绿色的，走上去软软的，还有长长的跑道。

可可：哥哥姐姐都戴着红领巾，妈妈说过我上小学也会戴红领巾。

昕宝：小学生每个人都有单独的桌椅，可以在上面学习、写字。

果果：小学有课间休息十分钟，幼儿园没有。

朵朵：上小学我会有同桌，好期待上小学呀！

菲菲：小学要比幼儿园大好多，还有音乐教室、篮球场，幼儿园没有。

春田小学

活动形式 游戏活动（建构）

核心经验 能用排列、叠高、十字交叉、转向连接等技能和同伴分工合作搭建小学。

游戏准备 1. 与春田小学相关的视频和照片

2. 纸、勾线笔、彩笔及幼儿园到小学周边的方位图与建筑图

3. 各种积木、雪花插片及低结构材料

4. 红领巾、校服

游戏过程

一、经验回顾

回顾上次游戏经验，集体分享与交流。

教师：上次我们搭建了小学的教学楼，你们是怎么搭建的？用了什么方法？使用了哪些材料？遇到了什么困难？

二、计划分享

游戏前回顾自己的游戏计划，交流并分享。

教师：你想玩什么呢？你想和谁一起游戏呢？还想搭建小学的哪些地方？需要用什么材料呢？

活动纪实

阳阳：我们想搭建小学的大门，大门上写着“春田小学”四个字，然后搭建三层的教学楼，教学楼外边有四个门可以从学校里边走出来，还要设计一个国旗杆，国旗在国旗杆上飘扬。

文文：我来搭建教学楼，果果搭建国旗杆，多多和朵朵来搭建小学的围墙，阳阳搭建花园，夏天搭建食堂。

乐乐：我们还要搭建一个花园，在花园里面种植中草药和漂亮的花；再搭建一个大大的操场，操场里边放着一些足球，我们可以在操场踢足球；最后再建一个食堂，这个食堂有两层，里面有很多好吃的食物，我们可以在食堂里面吃饭。

美溪：我计划和羽墨、文文、阳阳一起搭建一个三层的教学楼，教学楼里面有很多教室，顶层有阁楼，外面有个大钟表，还要有一个国旗。我需要的材料有长木板、奶粉桶、长纸筒、红色卡纸、拱形积木、彩笔和纸盘。

文文：搭建到第二层的时候，教学楼特别晃，我们发现是因为奶粉桶不一样高，所以我们去别的班级借了一些相同高度的奶粉桶。羽墨还告诉我一个方法就是在矮的奶粉桶下面垫一个小木块。

1. 上次游戏垒高时，纸筒总是倒，怎么办呢？

文文：我们把最下面的纸壳筒粘上蓝丁胶固定在地板上，是不是就不倒了？

果果：对呀，我去拿蓝丁胶。果果撕下一块儿胶粘在纸壳筒上，然后将纸壳筒固定在地板上，这样最下面的纸壳筒就不摇晃了。在搭建国旗杆时，我又想到了一个固定纸筒的方法，就是在最下边的纸壳筒周围用奶粉桶固定，今天搭建的时候我们一起试一试这个办法。

2. 除了搭建小学的教学楼，我们还可以搭建什么？

多多：我觉得在每个建筑之间需要搭建一条小路。

阳阳：这是一个好主意，我们一起来铺小路吧。

夏天：上次我搭建了食堂的外部，食堂里边没有搭建，这次搭建我会在食堂里边搭建柜子，把好吃的食物摆放在柜子上。

三、自主体验

自主结对、自选材料进行游戏活动，教师观察幼儿的游戏情况，针对幼儿游戏情况进行观察与记录。

活动纪实

幼儿搭建的春田小学

四、经验梳理

分享游戏经验，梳理总结搭建技能。

教师：你刚才玩了什么游戏？搭建小学的时候都使用了哪些搭建技巧呢？下次游戏你还需要什么新材料吗？

活动纪实

阳阳：我和乐乐、文文、果果、夏天一起搭建了春田小学，我们搭建了教学楼、食堂，还有美丽的花园。

乐乐：我们的教学楼里边有很多的教室，顶层有阁楼，外面有个大钟表，特别稳固。

夏天：这次我搭建了食堂，食堂里面有很多桌子、椅子，我们可以在休息时去吃饭。

果果：我们一起把多米诺骨牌排列起来，当作花园的小路，用木质积木、纸筒、奶粉桶进行叠高搭建小学大门。

美溪：我用交叉、连接的方法搭建花园，下次游戏我还需要更多的纸板、纸壳，还有长条积木、圆形积木。

文文：下次游戏我想要一块绿色布，铺在操场上野餐。

多多：有很多纸筒的高度不一样，在搭建的时候我想要更多的高纸筒，我家里有，下次游戏可以带来幼儿园。

小蜗牛去上学

活动形式 游戏活动（体育）

核心经验 能掌握匍匐爬的动作要领，增强耐力和身体的协调性。

游戏准备 长地垫 12 个、钻洞 6 个、有背带的大书包 3 个

游戏玩法

“小蜗牛”（幼儿）分成 3 组，分别排成一路纵队站在起点处。游戏开始，每组第一名“小蜗牛”背上“蜗牛壳”（大书包），准备时俯卧，右手臂弯曲约 90 度放在胸前的长地垫上，同时左腿外张并屈膝贴在长地垫上，右腿伸直，然后右手和左腿同时用力向前爬行，身体贴在长地垫上前进，接着左手屈肘，右腿屈膝，动作同上。钻洞到达终点后分别从两侧跑回，把“蜗牛壳”交给下一只“小蜗牛”后站到队尾，依次进行，最先完成的一组获胜。

游戏规则

1. “小蜗牛”要按照匍匐爬的动作要领去“上学”。

2. “小蜗牛”到达终点后要从两侧跑回，把“蜗牛壳”交给下一只“小蜗牛”并站到队尾。

游戏过程

一、介绍活动场景，教师示范讲解“小蜗牛去上学”的玩法

二、幼儿自主分组，练习“小蜗牛去上学”动作要领

活动纪实

幼儿分组练习匍匐前进的动作要领

三、幼儿讨论“小蜗牛要怎样匍匐前进，才能速度快”

活动纪实

教师：刚才哪组“小蜗牛”爬得最快？

洋洋：是我们组先把国旗插到小学大门上的，当然是我们爬得最快。

明明：你们虽然爬得快，我看到有的小朋友，身体没有贴到地垫上，动作不对。

乐乐：我们是要像蜗牛一样爬行，身体是要贴着地垫的。

可可：对，我们是要匍匐前进，不能光是爬得快。

教师：匍匐前进的时候怎样能更快？

美美：匍匐前进的时候，一定要手脚配合，身体要贴在地垫上，速度才能更快。

乐乐：我是身体全部贴在地面上，右胳膊先弯曲在前面，左腿使劲用力，然后换左胳膊，右腿用劲。

教师：匍匐前进的时候，还要注意什么？

佐佐：在钻洞的时候不能太快，要小心一点，防止洞洞倒塌。

佑佑：身体要贴在地面，不能弓起来。

文文：胳膊要弯曲放在地垫上，胳膊一前一后前进，膝盖也要使劲。

四、幼儿分组比赛，比比哪组先把红旗插到“蜗牛小学”大门口

活动纪实

幼儿分组进行比赛

明亮的眼睛

活动形式 集体教学（健康）

核心经验 1. 初步了解眼睛的结构和作用。

2. 学习正确保护眼睛的方法。

3. 养成爱护眼睛的好习惯。

活动准备 1. 眼睛的结构图片

2.《闹闹近视了》故事

活动过程

一、交流分享

交流分享眼睛的结构以及作用。

教师：我们眼睛上都有什么？你知道这些部位有什么作用吗？

活动纪实

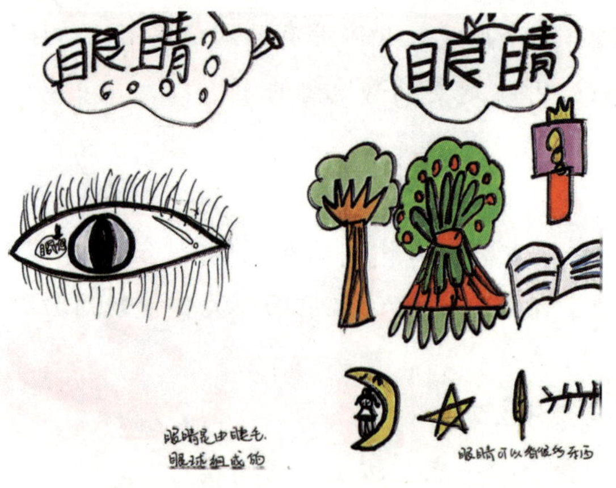

小爱：眼睛上有睫毛和眼球。可以用眼睛来看身边的人和物。

延泽：眼睛里还有黑黑的像葡萄粒儿一样的瞳孔，它可以帮助我们看清东西。

兜兜：眼睛在生活中的用处特别大，能让我们分清红绿灯，还可以阅读。

心心：我们的眼睛有时候会被灰尘迷得流眼泪。

冉冉：扫地有灰尘，睫毛可以帮助我们挡住灰尘和细菌，阻挡不干净的东西进入眼睛里。

二、倾听故事

倾听故事，了解保护眼睛的重要性。

教师：闹闹怎么了？闹闹为什么会近视？为什么后来闹闹戴上眼镜也看不清东西了？

活动纪实

1. 闹闹怎么了？

依依：闹闹喜欢看电视，看电视的时候离得特别近，时间长了就看不见了。

晶莹：闹闹看东西的时候觉得有一层雾，看不清东西。

小米：闹闹的眼睛生病了，什么都看不清。

豆豆：闹闹不爱护自己的眼睛，近视了。

坦坦：闹闹离电视特别近，后来什么也看不见了。

小周：闹闹近视了，只有戴眼镜才能看见。

2. 闹闹为什么会近视？

雯雯：因为他总看电视。

苏苏：他不好好爱护自己的眼睛。

谦谦：他看电视时间太长，离电视也特别近。

3. 为什么后来闹闹戴上眼镜也看不清东西了？

冉冉：闹闹戴上眼镜也没有好好保护自己的眼睛。

和和：戴上眼镜后，他还是喜欢看电视，一直在用眼睛。

三、分享梳理

梳理如何保护眼睛，了解保护眼睛的方法。

教师：什么方法可以保护我们的眼睛？生活中你是怎么做的？

活动纪实

默默：不要用脏手揉眼睛，写字、画画的时候，身体要坐正，胸离桌子一拳，眼睛离书本一尺。

心心：不要躺在床上看书，走路和坐车的时候不要看书，要多吃新鲜的水果、蔬菜。

兜兜：看电视时要离电视机远点，而且时间不要太长。

菲比：不要玩尖锐的东西，以免伤害到眼睛。

教师：注意用眼卫生，不用手揉眼睛，不在过亮或过暗的光线下看书，保持正确的阅读书写姿势……这样我们就能拥有明亮的眼睛。

四、延伸活动

1. 日常活动：在日常活动中提醒幼儿注意合理用眼，注意用眼卫生，在课间休息时间带领幼儿做眼保健操。

2. 家园共育：请家长共同配合，在家中提醒幼儿合理使用电子产品，注意用眼卫生。

名字的秘密

活动形式　集体教学（语言）

核心经验

1. 知道自己名字的来历与含义，从与别人的谈话中了解别人名字的来历。
2. 能围绕名字的话题充分表达自己的见解，会用轮流的方式交谈。
3. 体验在集体前分享自己名字来历的乐趣。

活动准备　1. 毕业纪念册

2. 勾线笔、彩笔、白纸

活动过程

一、观察交流

观察全班幼儿的名字，交流名字的来历与含义。

教师：你的毕业纪念册上都有谁的名字？你知道自己名字的来历与含义吗？

活动纪实

果果：我的毕业纪念册上有我的好朋友菲比、冬果、朵朵、小菠萝的名字。

冬果：全班小朋友都在我的毕业纪念册上签名了，签了满满的两页纸呢。

静静：爸爸妈妈希望我能做一个遇到困难沉着冷静，积极寻找解决办法的人，所以给我起的名字叫刘静书。

洋洋：爸爸妈妈希望我的思想像大海一样宽阔，内心像海洋一样宽广。

晶滢：我的名字叫于晶滢，爸爸妈妈希望我像宝石一样晶莹、耀眼、闪闪发光。

二、游戏体验

1. 教师请幼儿讲述名字的含义，其他幼儿猜一猜说的是哪位小朋友的名字。

2. 教师请幼儿用符号、图画表示出自己的名字。

活动纪实

幼儿设计的名字画

三、讨论分享

讨论分享名字在生活中的作用。

教师：每个人都有名字，那么名字有什么作用呢？你在哪里见过名字呢？

活动纪实

朵朵：名字是独一无二的。

洋洋：别人叫我的名字，我就知道是在跟我说话，通过名字可以把我与别人区分开。

菲比：电影放映结束的时候，我看见上面有很多的名字。

叶子：妈妈来开家长会的时候，每次签到都会写上我的名字和她的名字，代表我们来开会啦。

教师：每个小朋友的名字都是不同的，都可以用不同的图画来表示，每个人的名字都是独特的。

离园倒计时

活动形式 集体教学（数学）

核心经验 1. 观察并了解日历的特征及用途。

2. 探究日历上数字所代表的含义，建立年、月、日、星期等概念。

3. 感受毕业日期的临近，懂得珍惜时间。

活动准备 1. “离园倒计时牌”每组一套、日历

2. 画纸、彩笔

活动过程

一、观察感知

观察日历上都有什么，猜想分别表示什么。

教师：日历上有什么？它们分别表示什么意思？

活动纪实

小雨：日历能记录每一天。

阳阳：日历上有周六周日，是我们放假的时间。

乐乐：日历上有很多数字，有的表示星期，有的表示日期，还有的表示月份。

冬果：妈妈说九月份就是我们上小学的日子。

萌萌：我家里也有日历，妈妈会在日历上记下我的生日，还有我上小学的日子。

二、寻找发现

了解日历上数字的含义。

教师：你发现了日历里的哪些秘密？最大的数字是什么意思？最上面的一排字表示的是什么？每个星期有几天？下面这么多的数字又代表什么呢？为什么有些日子是红色的？

活动纪实

小丁：日历上有很多数字，数字最大就到 31，每一行都有七个数字。

阳阳：因为它是按照星期来排列的，所以一个星期就是七天。

果果：我能找到今天的日期，先看月再看日，这就是今天的日期。

冬果：日历上还有节日，看！这个就是儿童节啦。

萌萌：最上面最大的数字表示月份，一年一共有 12 个月，现在是 5 月。

教师：日历能告诉我们今天是几月几日、星期几，日历上红色的字体表示周末和法定节假日。

教师：2023 年 6 月 30 日是什么日子？

洋洋：那是我们举行毕业典礼的日子。

教师：今天是几月几日？距离毕业典礼还有几天？

果果：今天是 5 月 3 日，距离 6 月 30 日还有 58 天。

萌萌：对啊，我们马上就要毕业啦，特别舍不得幼儿园。

教师：原来在日历上能找到我们想找的日期，还能算出未来的日子离我们有多少天。

三、讨论设计

讨论设计“离园倒计时牌”的方法。

教师：如果每天都想知道我们离毕业还有多长时间，我们可以怎么做？你想怎样设计“离园倒计时牌”？

活动纪实

晗晗：离园倒计时就是看我们还能在幼儿园待多久的一个计时器。

霖霖：毕业倒计时还有58天，我设计了我最喜欢的云朵、草莓，希望我们以后都能长得高高的。

大吉：我们可以用七彩的颜色表示在幼儿园的最后天数。

果果：我画的是班级里的小朋友在一起围着圆圈跳舞，我们永远在一起。

丽丽：把每一天的天数都写下来粘在方格上，然后一天撕下一张。

雯雯：应该把大数粘在上面，这样数字会越来越小。

四、分享交流

交流日历在生活中的作用。

教师：日历对我们有什么帮助？如果没有日历会怎样？一本日历用完了说明什么？

活动纪实

菲菲：日历可以帮助我们更好地管理时间和生活。

霖霖：日历可以用来记录每天的事情和任务，方便我们管理自己一天的生活。

多多：可以用来回忆或者记录重要的事情。

果果：可以帮助我知道自己每年的生日是哪天。

小爱：妈妈说记性不好的话，可以在日历上记录当天要做的事情，提醒自己不要忘记。

妮妮：日历上有节假日的提醒。

一一：如果没有日历，我们就不知道日期和星期了。

左左：没有日历，我们会忘记很多有趣的事情，没有对时间的记录了。

天天：日历用完了，代表一年过完了，马上要迎接新的一年了。

教师：时间一天天、一周周、一月月过得很快，小朋友要学会珍惜时间，让我们一起珍惜在幼儿园最后的美好时光吧！

写给未来的一封信

活动形式　集体教学（语言）

核心经验　1. 能用绘画、符号等形式记录自己此刻的心情。

2. 尝试了解写信的格式以及解读书信的内容。

3. 体验给自己写信的乐趣和对未来的美好憧憬。

活动准备　白纸、彩笔、铁盒子、铲子

活动过程

一、谈话分享

教师：未来的你们是什么样子？会发生什么故事？

活动纪实

沐沐：我的梦想是成为一名画家，把我的奇思妙想画在纸上。

果果：未来的我会成为一名工程师，建造出世界上最坚固的楼房，让更多的人住在里面。

可心：未来的我会像姐姐一样上大学，学习更多的知识。

泡泡：我长大会成为一名像妈妈一样的医生，为更多的人治病，特别勇敢。

二、讨论交流

讨论写信需要的材料以及书信的格式和内容。

教师：你觉得现在需要做哪些努力才能成为理想中的自己？我们写一封信送给未来的自己，都需要准备什么？写信的格式你知道吗？

活动纪实

1. 你觉得现在需要做哪些努力才能成为理想中的自己？

冬果：我要好好学习，以后才能成为一名优秀的钢琴家。

乐乐：我要坚持练习舞蹈基本功，未来的我才能成为舞蹈家。

恰恰：我要多多学习新知识，学好本领挣多多的钱，带爸爸妈妈出去旅游。

2. 我们写一封信送给未来的自己，都需要准备什么？

叶子：写信需要信纸、彩笔、信封、胶棒、剪刀。

椰果：还有邮票呢，没有邮票的话，信怎么能邮寄出去呢？

可可：妈妈告诉我，写信还需要写邮编，邮寄到哪里，就需要写出对方地址的邮编，我们在寄信的时候也要写上自己的邮编。

泡泡：那没有邮票怎么办？

明明：我们可以自己设计一枚春田邮票。

泡泡：邮票是正方形的，我们还需要小小的正方形纸，可以用剪刀剪一剪。

3. 写信的格式你知道吗？

沐沐：信的开头是对收信人的称呼加上问候语，我们就写“未来的自己，你好”。

果果：信的中间是要写一件事情，要写未来以后我要成为的人，还有我的梦想。

可心：信的结尾是我的名字加上日期。

叶子：如果有不会写的字怎么办呢？

沐沐：我们可以用图画或者符号来代替呀。

三、体验操作

引导幼儿用自己喜欢的方式给未来的自己写信。

教师：你们对未来的自己有什么期待？有什么想要完成的愿望吗？

活动纪实

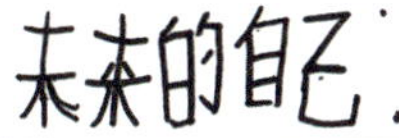

朵朵：希望未来的我能好好学习，像姐姐一样考100分，在运动会上跑步能得第一名，长大后当一名优秀的语文老师。

冬果：我的梦想是长大当一名钢琴家，开一场盛大的音乐会。从现在开始我要努力学习钢琴，每天坚持练习，让我的琴声更加动听。

教师：未来的我们会是什么样的呢？每个人都会有不同的答案，希望大家都能为了自己的梦想而努力，未来都能够实现自己的梦想。

四、活动延伸

讨论怎么保存这些信件，制作时间胶囊。

教师：我们要怎样保管和邮寄这些信呢？

活动纪实

可心：我们可以把信装在信封里，然后用袋子包上，或者找个盒子封上。

沐沐：把信都给老师，让老师放在教室的柜子里吧。

翊歆：我们可不可以把这些信埋在树下，长大后我们自己再取出来呢？

沐沐：好呀，但是用什么工具呢？埋在哪里呢？

果果：就这棵树下吧，我们一起拿铲子挖一个坑，然后在这棵树上做一个标记。

然然：不要忘记在哪棵树下埋的信，等我长大了，要再回幼儿园把它拿出来，看看自己的愿望有没有实现。

沐沐：我把愿望写在信里，种在这棵树下，它一定会实现的，我会再回来看看我的幼儿园。

经验梳理

身心准备	1. 初步了解小学的校园环境以及小学生的学习与生活方式，对小学生活充满好奇与向往。 2. 保持良好的情绪状态，具备一定的情绪调控能力，能恰当地表达和调控情绪。 3. 愿意参加多种形式的户外运动。 4. 手部动作协调，能使用简单的工具和材料。
生活准备	1. 能保持良好的个人卫生习惯，有保护视力的意识。 2. 有初步的时间观念，养成守时、做事不拖沓的好习惯。 3. 坚持自己的事情自己做，能分类整理小书包和存放个人物品。 4. 自觉遵守安全规则，具有自我保护的意识。
社会准备	1. 具备任务意识和执行任务的能力，为适应小学生活做准备。 2. 自觉遵守游戏和日常生活中的规则，与同伴友好相处。 3. 愿意为集体出主意、想办法、做事情，缓解同伴的入学焦虑。 4. 能与同伴分工合作共同完成任务，从不同的角度了解小学生活。
学习准备	1. 能够分享自己的发现和观点，有进一步的探究想法和行动，主动寻找问题的答案。 2. 能专注地坚持做完一件事，遇到困难不放弃；乐于独立思考并敢于表达；做事有一定的计划性。 3. 愿意用图画、符号等方式记录自己的想法和发现。 4. 在集体情境中能认真听并能听懂他人说话，有疑问时能主动提问；能较清楚地讲述一件事情，有自己的理解和想法；能认识并书写自己的名字；尝试运用数数、简单的统计和测量等数学方法解决问题。

嘀嗒嘀嗒——时间之旅

大连市金州区第二幼儿园 孔祥艺

主题缘起

再过几个月幼儿就要步入小学了，他们升入大班之后总是很关注时间问题，如吃饭时会问，还有几分钟收餐盘？睡觉时会问，睡多长时间，还有几分钟起床？玩游戏时会问，还可以玩多久？……虽然幼儿对时间很感兴趣，但是对抽象的时间概念比较模糊。日常生活中幼儿也缺乏时间管理的意识和方法，如有的幼儿入园迟到，有的幼儿吃饭很慢，有的幼儿做事情没有计划性……

有效管理好时间是培养幼儿科学时间观念的重要途径，也是大班幼儿顺利适应小学生活的关键之一。本主题从幼儿的兴趣点出发，关注幼儿现年龄阶段的特点以及生活中的实际需求，通过谈话、讨论、探索、实践、操作等方式引导幼儿认识、理解、感受时间，从而帮助幼儿了解抽象的时间概念，养成珍惜时间、管理时间、合理利用时间的良好习惯，为幼儿顺利进入小学奠基。

主题网络

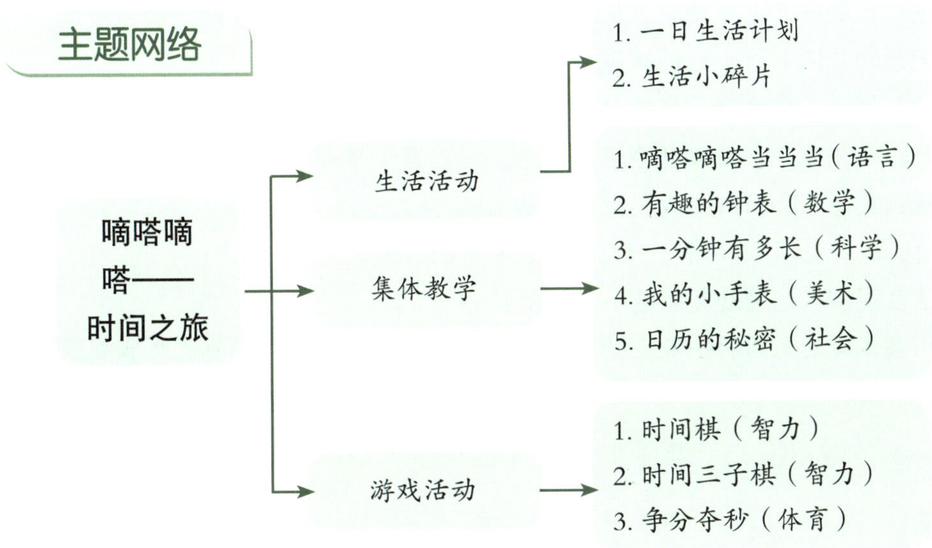

主题实施案例（节选）

一日生活计划

活动形式 生活活动

核心经验 1. 尝试用表格、饼状图等多种形式制订一日生活计划。

2. 建立时间观念，按时间、计划完成事情。

3. 学会安排时间、管理时间、珍惜时间。

活动准备 签字笔、彩笔、蜡笔、纸、钟表

活动过程

一、观察幼儿园的一日生活，交流并记录

幼儿每天在幼儿园的生活丰富多彩，他们在幼儿园都做了什么事情？什么时候做什么事情？幼儿自己观察、交流并记录。

活动纪实

1. 交流讨论幼儿园的一日活动。

教师：我们在幼儿园有哪些活动？你知道开展这些活动的时间吗？

赫赫：我们每天早上7点半入园，在大门口保健医老师为我们晨检。

祺祺：我们中午要上床睡觉。

思鹏：我们每天在幼儿园吃三顿饭，早餐、午餐和晚餐。

语宣：我们上午和下午会在班级里玩区域游戏。

果果：我最喜欢每天到幼儿园操场上进行户外游戏了，上午和下午我们都会出去。

函琪：我们每天上午还会上课，老师每天给我们准备不一样的活动和游戏。

2. 记录幼儿园一日生活的呈现方式。

教师：把你们观察到的内容记录下来，你想怎样记录呢？

朵朵：我要画个表格按顺序记录下来，可以写上序号。

耀耀：我想在上面画上我们做了哪些活动。

俊琦：我还要写上时间，一定要记住具体的时间。

3. 结合观察，记录幼儿园的一日生活计划。

幼儿在体验幼儿园的一日生活后，按照一天的时间发展，将自己观察到的一日生活记录下来。

默默：早上 7 点半入园，8 点吃早饭，8 点半进行集中教育活动，9 点半进行户外游戏，11 点半吃午饭，下午 1 点睡觉，下午 2 点半进行户外游戏，下午 3 点进行区域游戏，下午 4 点吃晚饭，下午 4 点半离园回家。

甜甜：早上 7:00—7:30 入园，7:30—8:00 吃早饭，8:00—9:00 进行户外游戏，9:00—9:30 盥洗，9:30—10:30 进行区域游戏，10:30—11:30 进行集中教育活动，11:30—12:00 吃午饭，12:00—下午 2:00 睡午觉，下午 2:00—2:30 盥洗、吃间点，下午 2:30—3:30 进行户外游戏，下午 3:30—4:00 进行区域游戏，下午 4:00—4:30 吃晚饭，下午 4:30 离园回家。

二、制订家庭一日生活计划，合理安排、管理时间

了解了幼儿园一日生活之后，幼儿更加关注什么时间做什么事情，回家之后和家长一起用表格、饼状图等方式制订周末在家的一日生活计划。

活动纪实

果果：早上 7 点起床，7 点半刷牙，7 点 40 分吃早饭，8 点学习，12 点睡午觉，下午 3 点运动，下午 5 点做家务，晚上 9 点听故事、睡觉。

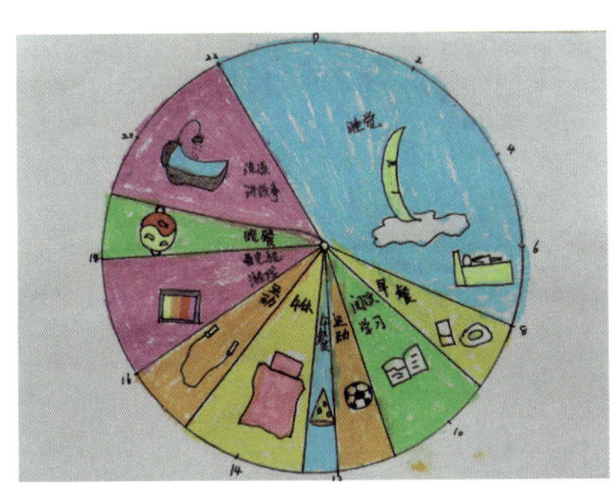

耀耀：早上 8:00 起床，8:00—9:00 洗漱、吃早餐，9:00—11:00 阅读、学习，11:00—12:00 运动，12:00—12:30 吃午餐，12:30—下午 3:00 午休，下午 3:00—4:00 运动，下午 4:00—6:00 看电视、玩游戏，晚上 6:00—7:00 吃晚餐，晚上 7:00—10:00 洗澡、讲故事，晚上 10:00 到第二天早上 8:00 睡觉。

三、有效实施一日生活计划，尝试按照计划在规定时间内做完事情

幼儿按照自己制订的一日生活计划开展一天的活动，做事更加关注时间，有计划、有效率、有秩序，学会合理安排、管理、珍惜时间。

活动纪实

朵朵：我根据自己制订的计划开始了一天的生活。早上 7 点 30 分起床后开始洗漱，8 点吃早饭，早饭过后 9 点我帮助妈妈刷碗盘、拖地，10 点 30 分我开始学习，11 点吃午饭，12 点午休，下午 2 点 30 分我按照计划开始学习，下午 4 点运动，到了晚上 9 点我就准备睡觉了。

四、了解小学的作息时间安排，更加向往小学生活

幼儿有很多关于小学的问题，想了解小学和幼儿园的异同，也很想知道小学的时间和课程安排。在大班幼儿即将离开幼儿园之际，我们开展了“参观小学”活动。幼儿带着问题参观了小学，在哥哥姐姐们的讲解中，了解了小学的课程以及时间安排。

活动纪实

1. 参观小学，你想了解小学的哪些事情？

铎铎：小学每天早上也有保健医老师为我们晨检吗？小学也有像我们幼儿园这样的屏幕吗？小学的时间安排是什么样子的？什么时候吃午饭？也有三餐吗？

函琪：小学楼房和幼儿园一样吗？小学每周一也有升旗仪式吗？小学的桌椅和我们的一样吗？小学也有区域游戏吗？

赫赫：小学作息和幼儿园一样吗？小学和幼儿园的楼房一样大吗？小学和幼儿园的操场一样吗？

语萱：小学升旗吗？也需要表演节目吗？幼儿园不需要背书包，小学的哥哥姐姐需要背书包上学吗？

2. 小学与幼儿园有哪些不同？

悦悦：座椅不同，幼儿园的桌椅又矮又小，6个人一起坐；小学的桌椅又高又大，2个人一起坐。老师不同，幼儿园有3位老师和我们一起学习、游戏，小学只有1位老师。我们上幼儿园不需要背书包，小学的哥哥姐姐每天都要背书包上学。

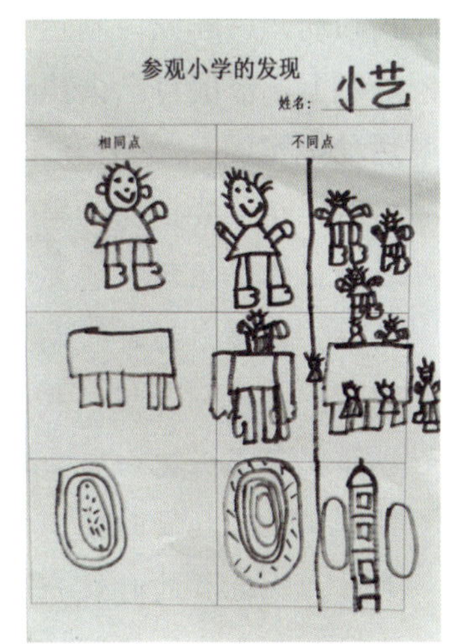

小艺：小学班级里只有1位老师，幼儿园有3位。小学1人一张小桌子，幼儿园6个人一张大桌子。小学有1个大操场，幼儿园有2个不同大小的操场，大的在我们幼儿园楼房的前面，小的在后面。

3. 小学的课程和时间是怎样安排的？

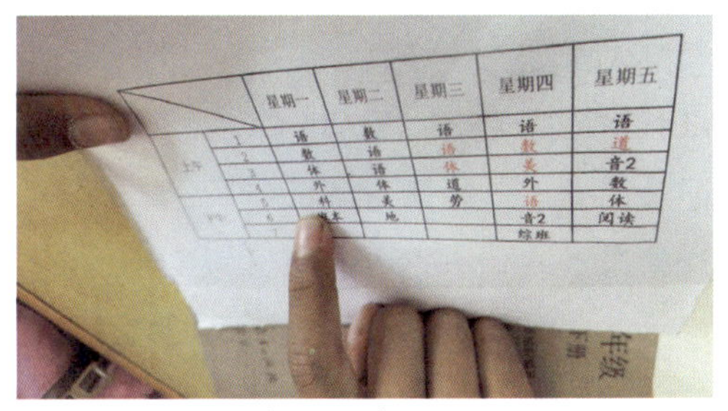

	星期一	星期二	星期三	星期四	星期五
1	语	数	语	语	语
2	数	语	语	数	道
3	体	语	体	美	音2
4	外	体	道	外	数
5	科	美	劳	语	体
6	[illegible]	地		音2	阅读
7				综班	

小学课程表

参观小学过程中，幼儿走进教室，感受着小学的课堂氛围，主动、近距离地向哥哥姐姐们请教关于小学课程和时间的安排。哥哥姐姐们也拿出了课程表为幼儿讲解，交流中幼儿知道了小学一天有5~7节课，上午4节课，下午1~3节，一节课40分钟，课间10分钟。小学生除了看钟表知道时间，还可以根据铃声判断是上课还是下课。

生活小碎片

活动形式 生活活动

核心经验

1. 学会看日历并尝试用喜欢的方式记录生活中重要和高兴的事情。
2. 学会观察细节，能有条理、有顺序、有逻辑地进行记录。
3. 养成每天记录的好习惯。

活动准备 记录单、签字笔、日历

活动过程

一、利用《要记住的事》记录单记录重要的事情，督促自己完成任务

幼儿在生活中总是会忘记一些要遵守的规则，上幼儿园时也时常忘记一些事情。为此我和幼儿一起商讨制定了《要记住的事》记录单，引导幼儿把重要的事情记录在记录单上，督促自己去执行。

活动纪实

1. 讨论在《要记住的事》记录单上记录的内容。

教师：你在生活中想要记住什么事情呢？

朵朵：我接水的时候总是没接完就把杯子拿走了，水还在滴着，浪费水。

耀耀：每周一升旗，我们要穿园服，但我总是忘记，我要记住周一穿园服。

祺祺：每周五把白鞋拿回家刷干净，周一带来，我要记住这件事情。

铎铎：玩玩具的时候，总是爱推倒别人的玩具，我要改掉这个坏习惯。

果果：玩玩具的时候声音太大了，而且每次都是语宣帮我收拾，我应该小点声音并且学会自己收拾整理玩具。

教师：我们记录事情是为了记住并完成。你们记录这些之后，如何判断这件事是否完成了？

语宣：我们可以打“√”和“×”。“√”表示完成了，“×”表示没完成。

2. 进行第一次记录。

根据幼儿的讨论结果，我们一起生成了《要记住的事》记录单，幼儿尝试记录。

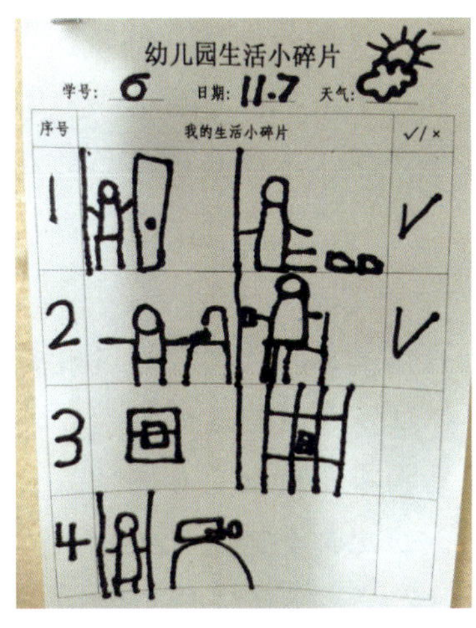

思鹏：每天进教室之后，我总是忘记坐下来换小白鞋，我今天完成了。我要养成接完水坐在椅子上喝的好习惯，今天我做到了。用完的毛巾要叠整齐放到毛巾架上。每天上幼儿园不能迟到。

大萌：我要接完最后一滴水再离开，要节约用水。不能把盒子里的玩具丢在外面。每周一要穿园服来幼儿园参加升旗仪式。我要排队，耐心等待。

耀耀：换下来的白鞋按顺序整齐地放在鞋架上。接水时，拿杯子接完最后一滴水再离开。我要完成20个跳绳。每天早上来幼儿园后要把毛巾摆在毛巾架上。

3. 调整记录单。

针对幼儿的记录单，我们一起发现并讨论了记录中的问题，对出现的问题做了调整。

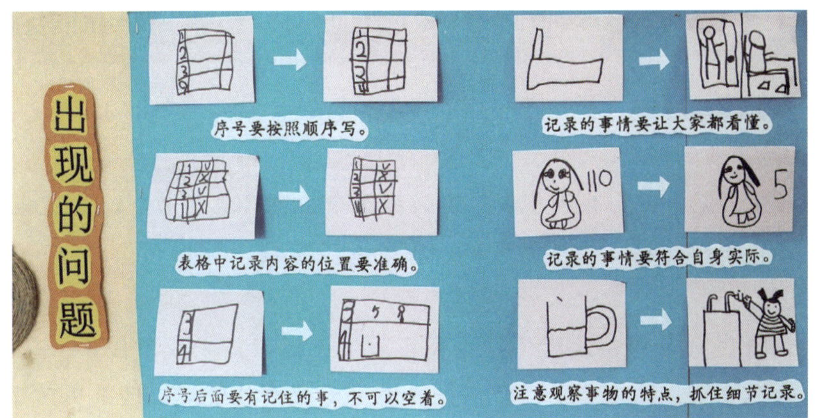

前面的序号要按照顺序填写；表格中记录的内容要与表头一致，填写位置要准确；序号后面要有需要记住的事情，不能空项；记录的事情不能只有简单的图案，要将画面画完整，让大家能看懂；记录的事情要符合实际，不能超出自己的能力范围；记录时要注意观察事物的特点，抓住细节。

4. 持续记录。

第一次记录后通过相互分享交流，幼儿发现了自己记录中的问题，并寻找解决办法进行调整。再次记录时幼儿记录的序号准确，抓住了事情内容的细节，体现了事情发展的先后顺序，绘画水平不断提升，画面的结构布局更加完善整洁，让人一看就明白了要记住的事情是什么。接下来的每一天，幼儿都会运用记录单来检核自己是否做到了这些要记住的事情。

要记住的事情

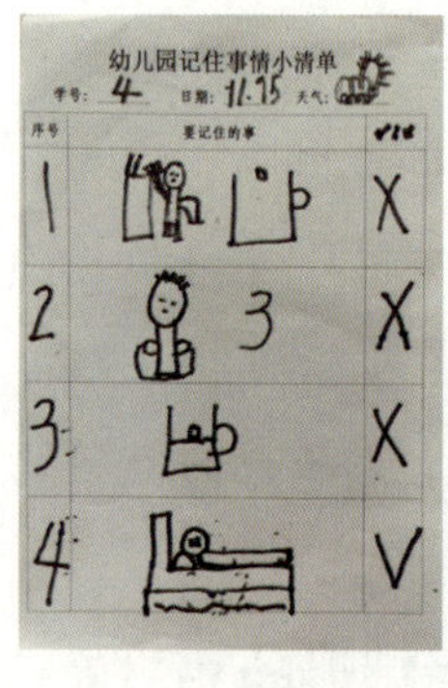

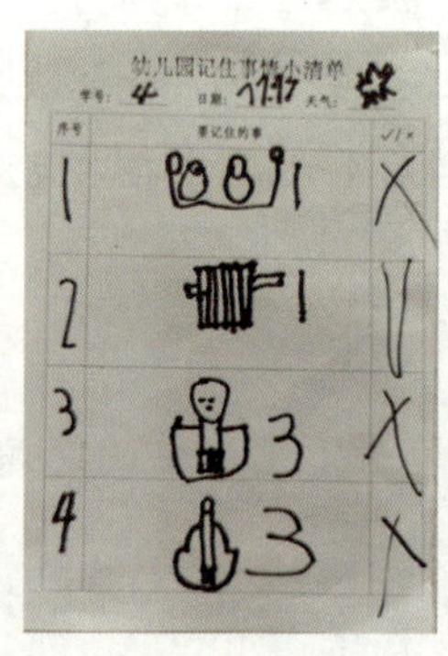

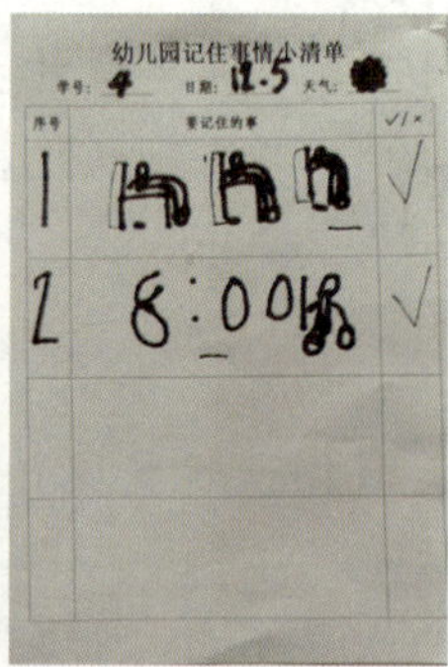

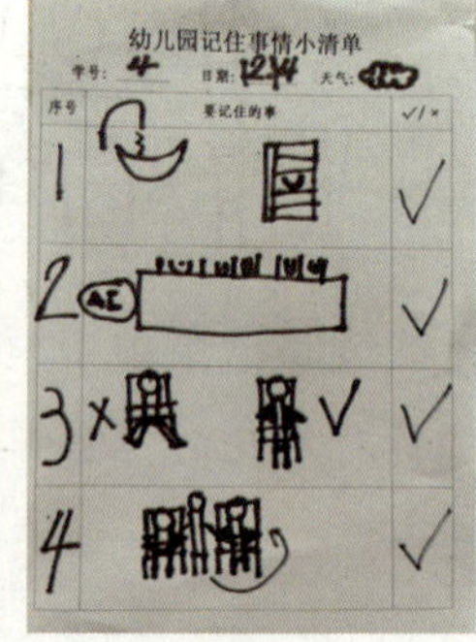

铎铎：

11.15 天气：多云转晴

1. 接水接完最后一滴，我没完成；2. 跳绳 3 个，我只跳了 2 个，没完成；3. 只接半杯水，不够再接，我没完成；4. 我完成了午睡。

11.17 天气：晴

1. 我忘记将白鞋带到幼儿园了；2. 我穿园服来园了，完成了任务；3. 我要完成户外跳绳 3 个，没有成功；4. 下午我继续尝试户外跳绳，还是失败了。

12.5 天气：晴

1. 搬椅子要前后隔开压线坐，我做到了；2. 周一 8 点之前来园，我记住了。

12.14 天气：多云

1. 喝完水把水杯放回杯架上，我完成了；2. 户外回来如厕、洗手，我完成了；3. 坐椅子时两腿并拢、身体挺直，我坚持做到了；4. 起身拿纸或如厕时从小朋友身后走，不能干扰其他小朋友，我做到了。

二、利用《最高兴的事》记录单，分享生活中最高兴的事情，培书写能力

幼儿从时间、地点、人物、起因、经过、结果六要素出发记录最高兴的事，提升思维逻辑、表达能力，为上小学写日记等写作打下坚实的基础。

活动纪实

1. 分享生活中最高兴的事情。

教师：你生活中最高兴的事情是什么？我们一起说一说吧！

思鹏：我每天最喜欢和妈妈一起看书，在书中我能学到很多本领。

果果：我最喜欢和妹妹一起在家里玩游戏，我们玩得很开心。

赫赫：我最高兴的事情是每天和好朋友一起来幼儿园，在幼儿园里我们一起吃饭、一起玩耍。

大萌：我最高兴的事情是妈妈带我去发现王国玩。

2. 记录生活中最高兴的事情。

幼儿将高兴的事情记录下来，和同伴一起分享。

悦悦：

2.22 天气：多云

今天我最高兴的事情是和妹妹在家里一起玩乐高玩具。我和妹妹一起搭了一个公主的城堡，我很开心，妹妹也很开心。

3.8 天气：晴

今天是“三八妇女节”，爸爸带着妈妈、我和妹妹一起去吃烤肉，我们一起陪妈妈过节。我们吃了很多美食，非常高兴。

嘀嗒嘀嗒当当当

活动形式　集体教学（语言）

核心经验

1. 结合故事内容与情境，感受时间的变化。

2. 能将时间与生活经验结合起来，了解钟表在生活中的用途。

3. 初步建立时间观念，养成守时、珍惜时间和合理安排时间的良好习惯。

活动准备　1.《嘀嗒嘀嗒当当当》大故事书

2.《嘀嗒嘀嗒当当当》小故事书

3. 谜语

活动过程

一、谜语导入

猜谜语，萌发学习兴趣。

教师：嘀嗒嘀嗒、嘀嗒嘀嗒，会走没有腿，会说没有嘴，它会告诉我，什么时候起，什么时候睡。

二、倾听欣赏

倾听故事《嘀嗒嘀嗒当当当》，初步了解故事的内容与情节。

三、感知理解

逐页观察大故事书画面，在交流讨论中建立画面与故事内容的联系。

教师：时钟响了几次？现在是几点？小动物们在做什么？小猪在做什么？时钟不响了，小动物们发生什么事情了？时钟为什么停住了？时钟的食物是什么呢？小猪对时钟说了什么悄悄话？

四、自主阅读

引导幼儿根据故事画面提供的线索尝试理解、讲述故事内容，感受时间的变化，体会时间的重要性。

五、交流讨论

围绕故事内容展开讨论，初步建立时间观念，养成守时、珍惜时间和合理安排时间的良好习惯。

教师：小猪的情绪有什么变化？你是怎么看出来的？

活动纪实

1. 农场里的时钟正常响起来时，小猪的心情是什么样子的？你是怎么看出来的？

耀耀：一开始农场里的时钟声总是打扰小猪吃饭、睡觉、玩游戏，小猪很不高兴。

铎铎：我觉得小猪是很不耐烦的，因为小猪想做的事情总是被时钟的响声打断。

思鹏：小猪是很生气的，如果没有时钟的话，小猪想睡觉就睡，也可以在任何时间吃饭，甚至是玩上一整天。

俊琦：我认为小猪是很苦恼的，它总是抱怨不能和其他伙伴一起玩耍，也不能随时吃饭、睡觉。

2. 后来时钟坏了，山羊爷爷来修时钟，小猪的心情是什么样子的？你是怎么看出来的？

祺祺：山羊爷爷来修时钟，小猪很高兴，还主动把自己的食物递给山羊爷爷喂给时钟吃。

朵朵：我觉得后来小猪很激动，也很珍惜和保护时钟，因为小猪偷偷和时钟说了悄悄话，要把好吃的喂给时钟，不让时钟再停下来。

函琪：小猪无私奉献，为大家着想。山羊爷爷说时钟没有食物了，小猪就把自己的食物拿出来了。

3. 看了这个故事，你有什么启发？生活中我们应该怎么做呢？

默默：我们一定要按照时间做事情，要不然就像农场里的动物一样全都乱了。

朵朵：我们要向小猪学习，保护和爱护时钟。

耀耀：我们还要遵守时间，在规定的时间内做事情，就像吃饭和睡觉，不能一直吃或一直睡，这样对身体也不好。

果果：时间很重要，我们还要学会看时间，这样就知道什么时候吃饭，什么时候上幼儿园，什么时候睡觉了。

祺祺：我们还要向小动物们学习，什么时间做什么事情，按照计划做事。

六、活动延伸

将故事书投放到语言区，满足幼儿继续阅读理解故事内容的需求；鼓励幼儿将故事讲给爸爸妈妈听，提高语言表达能力。

有趣的钟表

活动形式　集体教学（数学）

核心经验　1. 了解钟表的表面结构及时针、分针的运转规律。

2. 学习整点、半点，并通过观察指针位置辨识整点与半点。

3. 对时间感兴趣，建立时间观念。

活动准备　钟表、《钟表大调查》记录单、《我的一日生活》挂图、小钟表

活动过程

一、谈话导入

在交流讨论中了解时间的重要性。

教师：生活中会用到时间吗？你在什么时候会用到时间？

活动纪实

果果：我每天睡觉、上幼儿园时会用到时间，妈妈晚上总是说 9 点了，该睡觉了。

默默：在幼儿园吃饭的时候，老师总会提醒我们还剩多长时间。

祺祺：我每天在家看动画片的时候，妈妈总是提醒我只能看 20 分钟。

赫赫：我们每天睡午觉时，老师都会提醒我们 12 点上床睡觉，下午 2 点起床。

俊琦：我每周一和周三都要学英语，妈妈 3 点半来幼儿园接我放学。

二、观察感知

1. 回忆观察过的钟表表面结构以及数字的排列规律并进行表征。

教师：你见过什么样的钟表？钟面上有什么？有哪些数字？是怎么排列的？

活动纪实

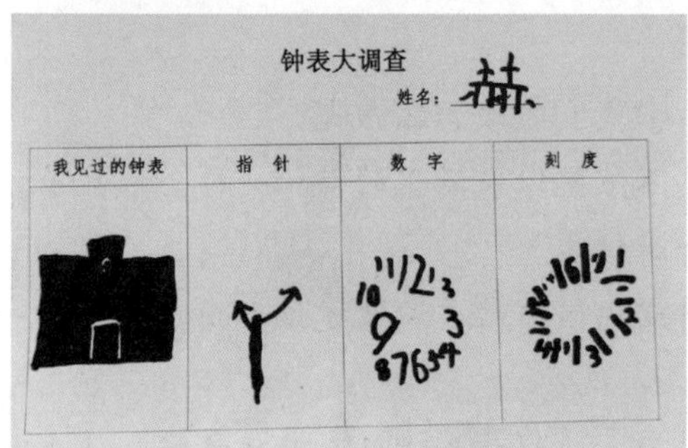

赫赫：我在参观小学时，一进教学楼的大门，就看到墙上有一个大钟表。上面有 3 根指针，长短、粗细都不一样，上面有数字 1~12，而且数字之间还有很多粗细、长短不同的线，像超市水果称上面的刻度一样。

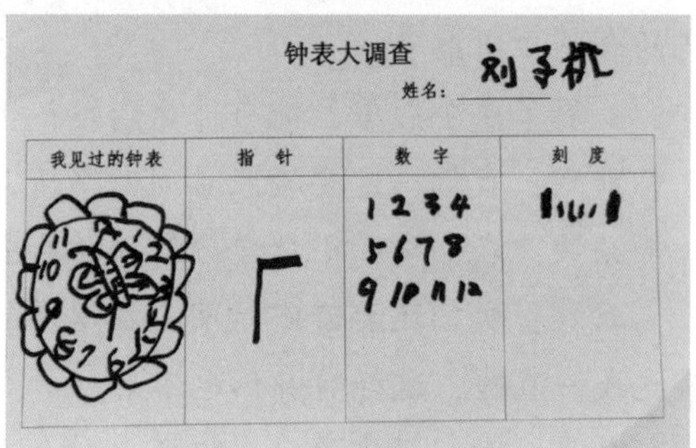

子杭：我家的墙上有一个小花钟表，钟表上有一只小蝴蝶和两根指针。指针一长一短，长的细一点，短的粗一点。妈妈告诉我细长的叫分针，粗短的叫时针。钟表上面还有数字，按照 1 到 12 的顺序排列，每个数字之间有很多小短线，两条粗线中间有四条细的线。

2. 观察钟表上指针的不同（长短、粗细），了解其名称。

教师：钟表上有几根指针？两根指针有什么不同？怎么区分时针和分针？

活动纪实

思鹏：钟表上有两根指针，一根长的，一根短的。

耀耀：我知道长且细的这根叫分针，短且粗的这根叫时针。

果果：姐姐在家里教了我一个口诀：分针长，时针短。

3. 拨弄时针和分针，观察指针的运转方向与规律。

教师：时针和分针是怎么运转的？你发现了什么规律？

活动纪实

默默：我看到时针和分针是一起运转的，只是分针转得快，看着很明显；时针转得慢，看着不太明显。

祺祺：时针和分针都朝着同一个方向绕圈走，分针走得很快，时针走得很慢。

语宣：我观察到时针走一个数字，分针走了一圈。

小结：钟面上有数字和指针，数字1至12顺时针排列，指针按照顺时针方向前进。时针走得慢，分针走得快；时针走一个数字，分针走一圈。

三、探究发现

观察《我的一日生活》挂图，了解整点和半点时时针、分针所在的位置。

活动纪实

★数学·《有趣的钟表》——《我的一日生活》挂图

1. 现在是几点？小朋友们在做什么？

悦悦：现在是7点，小朋友们在做入园晨检。

果果：现在是7点半，小朋友们在吃早饭。

俊琦：现在是8点，小朋友们在跟老师上课做游戏。

耀耀：现在是9点，小朋友们在户外做游戏。

函琪：现在是10点半，小朋友们在玩区域游戏。

思鹏：现在是11点半，小朋友们在吃午饭。

赫赫：现在是12点，小朋友们准备睡午觉了。

默默：现在是下午4点半，小朋友们和老师说再见后，牵着妈妈的手回家了。

2. 整点时，时针和分针在什么位置？半点呢？

耀耀：我发现整点时长的分针都指向12，半点时长的分针都指向6。

铎铎：我还发现，整点的时候，时针指向7，就是7点；指向8，就是8点；指向9，就是9点……

朵朵：我发现半点的时候时针指在两个数字中间。

铉智：对对对，你看7点半，分针指6，时针指在7和8之间；10点半，分针指6，时针指在10和11之间；11点半，分针指6，时针指在11和12之间……我知道了，半点时分针指向6，时针在两个数字中间，哪个数字小就是几点半。

3. 你是怎么知道几点的？时间还可以怎样表示？

默默：我是看钟表上的指针知道几点的。

朵朵：我是通过看上面的数字时间，两个点前面的数字是几，就是几点。两个点就是“点”的意思。两个点后面如果是“00”，就是几点整；后面如果是“30”，就是几点半。

祺祺：我认识上面的汉字，这是“点”字，这是“半”字。前面是数字，后面如果是“点”字，就是几点；后面要是“点半”，就是几点半。

默默：妈妈教过我，如果用汉字表示，可以将前面的数字换成汉字。

小结：我们除了看钟表上的指针知道时间，还可以看数字时间。看钟表时间的方法：整点时，分针指向12，时针指向几就是几点整；半点时，分针指向6，时针在两个数字之间，哪个数字小，就是几点半。数字时间，如果是整点，如2点，就用“2:00”表示；如果是半点，如3点半，就用“3:30”表示。

四、操作巩固

自制小钟表，创设修钟表情境，结合生活实际拨弄指针，理解时针和分针的关系，建立时间观念。

五、总结提炼

总结时间在生活中的用途以及重要性。

教师：时间对我们的生活很重要，它能够告诉我们现在几点了，应该做什么事情。我们认识了时间，不论在幼儿园还是在家里，就能够按照时间起床、睡觉、吃饭，有计划、有安排地做很多事情。我们要慢慢学会合理利用、管理时间。

一分钟有多长

活动形式 集体教学（科学）

核心经验 1. 体验感知一分钟的长短，了解提升一分钟做事效率的方法。

2. 挑战在一分钟内专注做事，并尝试将结果记录下来。

3. 懂得做事情要抓紧时间、珍惜时间。

活动准备 1.《一分钟计时器》视频

2.《一分钟有多长》PPT

3.《挑战一分钟》操作单

活动过程

一、游戏导入

开展“一分钟游乐场”游戏：“一分钟金鸡独立”“看一分钟动画片”，初步感知一分钟时间的长短。

教师：这两个游戏时间的长短是一样的吗？你有什么感受？

活动纪实

思鹏：我在挑战“一分钟金鸡独立”时，感觉时间过得好慢，好累呀。

朵朵：体验“看一分钟动画片”时，我在想时间怎么过得这么快，还想再看一会儿呢！

耀耀：我在看他们“金鸡独立”时，我也跟着他们累。看着他们快要倒了，我在想怎么还不到时间。

教师：相同时间内，如果我们坚持做一件不喜欢的事情或期待时间快结束，会觉得时间很漫长；如果做喜欢或者令自己开心的事情，就会觉得时间短暂。

二、观察体验

1. 观看《一分钟计时器》视频，引导幼儿了解一分钟有多长。
2. 小结：秒针走一圈，分针走一小格，表示时间过了一分钟。

三、操作探索

在夹豆子、拼拼图、串珠子、跳绳、搭积木、拍球等游戏中任选其一进行一分钟游戏挑战，将结果记录在《挑战一分钟》操作单上。

活动纪实

1. 自选游戏内容，进行一分钟挑战。

跳绳挑战

拍球挑战

2. 分享游戏结果和操作方法。

思鹏：我选择的游戏是拍球，一分钟内我拍了 101 个。我弯下腰快速拍球，尽量不让篮球从我手中脱落。

默默：我选择的是跳绳挑战，跳了 59 个。我一个接一个地跳，快速转动绳子。

铎铎：我选择的是拼图挑战，一分钟内我才拼了 4 块。我是直接找图案拼的，但拼图太多了，太难了。

3. 如何提升速度，在一分钟内做更多的事。

默默：跳绳的时候一定不能断，而且不能垫一下脚再跳一下，要连续跳。

朵朵：跳绳的时候，我们还要有节奏地快速摇绳。

果果：跳绳的时候我们还要轻轻踮起脚尖跳，保存体力，跳太高了，后面就没有力气了。

耀耀：我在进行拼图挑战时，没有像铎铎那样找图案，而是把拼图先全都翻到背面，再找数字，这样就很快。

祺祺：挑战的时候，一听到口令我就行动了，没有浪费时间。

赫赫：拍球的时候，我有一个好方法，就是让身体低一点，这样球就离地面很近，拍的时候就会很快。

思鹏：拍球的时候我们还要保护好球的方向，不能让它乱跑，要不我们追球走会浪费时间。

俊琦：挑战的时候，我们不能太紧张或太着急，不然会更慢的。

分析总结后，进行第二次挑战和记录。

四、对比发现

对比两次挑战的结果，感受进步的喜悦。

活动纪实

默默：我第一次挑战一分钟跳绳，跳了 59 个；第二次我快速摇绳，没有掉落，有节奏地连续跳，跳了 75 个，我感觉我还能跳更多。

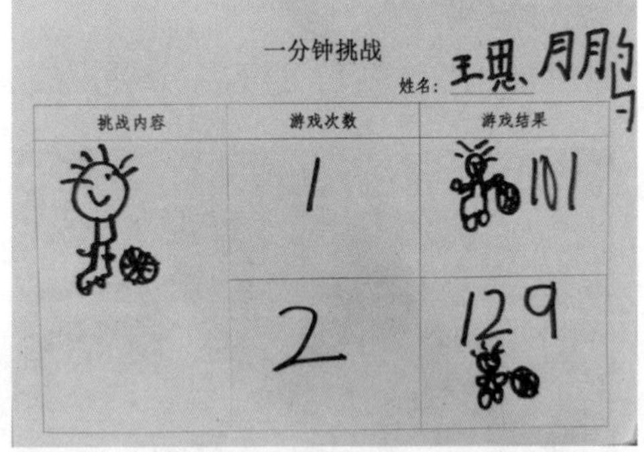

思鹏：我第一次拍球拍了 101 个，我有点紧张；第二次我低下身体，就看着球，控制好球的方向，我拍了 129 个，比第一次拍得多，我太高兴了。

五、交流感知

观看《一分钟有多长》PPT，交流感知生活中一分钟内还可以做哪些事情。

活动纪实

函琪：一分钟我的妈妈可以包 10 个饺子。

铎铎：一分钟我可以完成 80 个跳绳。

悦悦：一分钟老师可以给我们讲个小故事。

果果：一分钟可以决定比赛的胜负。

朵朵：一分钟我们可以写字、整理书包。

默默：一分钟我们可以喝水。

六、总结提炼

总结一分钟的重要性，懂得做事情要抓紧时间、珍惜时间。

教师：我们每个人对一分钟的体验和感受是不一样的，要珍惜每一分钟，合理地用好每一分钟，在一分钟之内做好更多的事情。

我的小手表

活动形式　集体教学（美术）

核心经验　1. 了解手表的多样性，尝试自主设计手表。

2. 通过剪贴、添画等方式动手自制手表。

3. 感受创意手工的新奇与乐趣。

活动准备　1. 各种各样的手表

2. 纸杯、拼插玩具等材料

3. 彩笔、蜡笔、剪刀、固体胶、彩纸

4. 儿歌

活动过程

一、儿歌导入

倾听儿歌，引发兴趣。

教师：小小表盘圆又圆，时针分针跑圈圈。分针长，时针短，一个快来一个慢。分针跑完一满圈，时针刚跑一小段。

二、交流讨论

观察收集到的手表，交流讨论并感知手表的多样性。

教师：生活中，除了用时钟看时间，还可以用什么？

活动纪实

教师：你见过的手表是什么样子的呢？

赫赫：我有电子手表，妈妈给我买的，而且我妈妈也有电子手表。

果果：我有一块手表，上面有可爱的小兔子图案和指针。

祺祺：我看到我姥姥的手表是银色的，表盘是圆形的，表带是链条的。

朵朵：我妈妈手表的表盘是长方形的，表带是皮的。

耀耀：我看到的手表形状不一样，有的是圆形的，有的是长方形的，还有的是正方形的。

子杭：有的手表上有指针，有的没有；有的手表上有数字，有的没有。

各种各样的手表

三、自主设计

幼儿自主设计手表的样式。

活动纪实

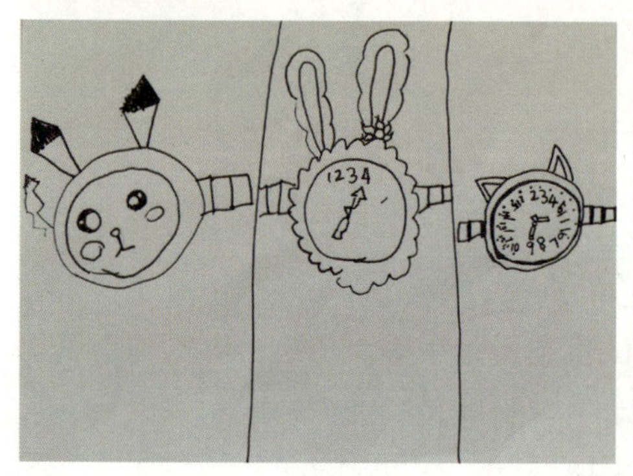

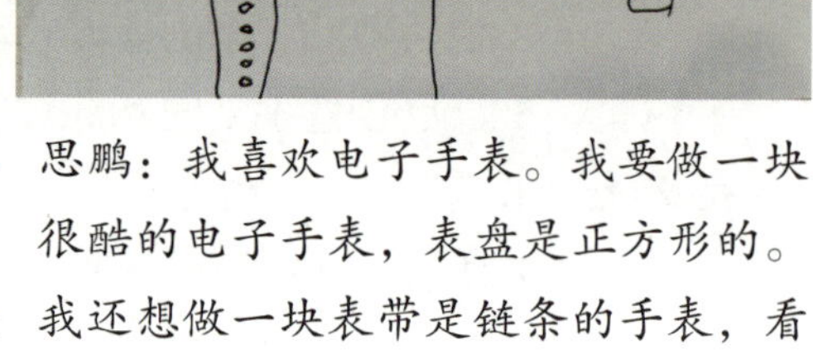

语宣：我最喜欢小猫咪了，我们家就养了一只可爱的小猫咪。我要设计一块小猫手表，再设计一块小兔子手表和一块皮卡丘手表送给我的好朋友果果和默默。

思鹏：我喜欢电子手表。我要做一块很酷的电子手表，表盘是正方形的。我还想做一块表带是链条的手表，看起来也很好看。

四、创意制作

大胆使用材料和工具创意制作手表。

活动纪实

自制手表

五、欣赏评价

相互分享自己创作的手表，表达自己的想法。

活动纪实

赫赫：这是我和语宣、大萌、耀耀一起做的炫酷手表、小猫手表、狮子手表和彩虹手表。我们是用彩纸剪贴，彩笔、蜡笔绘画完成的。

祺祺：这是我和思鹏、俊琦、果果用玩具和其他材料做的链条手表和电子手表，我们还用纸折了表带。

六、活动延伸

将材料投放在美工区，增加纸盘、光盘、纸筒、毛球、超轻黏土等材料，鼓励幼儿大胆使用活动室的其他材料，继续发挥想象，制作装饰更多样式的手表、钟表、闹钟等。

日历的秘密

活动形式　集体教学（社会）

核心经验

1. 认识日历，了解日历的用途。
2. 了解日历中不同数字的意义，初步掌握看日历的方法，能找到日历中的日期。
3. 感受日历和生活息息相关，体验探索的快乐。

活动准备　1. 各种样式的日历

2.《日历的秘密》记录单

3. 白纸、记号笔、彩笔、固体胶等

活动过程

一、谈话导入

谈话导入，引出日历，吸引幼儿兴趣。

教师：你们知道今天是几月几日吗？你们是怎么知道的？

活动纪实

函琪：现在是 5 月份，我们刚过完“五一劳动节”。

默默：老师说昨天是 5 月 12 日，今天当然是 5 月 13 日了。

朵朵：我妈妈手机上可以看到今天是几月几日，但是我不知道。

耀耀：我们可以看日历，这样就知道是几月几日了。

二、观察感知

观察日历，感知不同的日历。

教师：你见过什么样的日历呢？

活动纪实

果果：我见过小兔子日历，在妈妈的办公桌上；我还在奶奶家和姥姥家见过挂在墙上的日历。日历有的是过完一天撕一页的，有的是一个月翻一次的，还有的是一年都不用翻页的。

默默：我见过放在桌子上的日历，有一个小公主图案；我还见过挂在墙上的日历，长长的，就一页，不用翻页。

三、探究发现

讨论日历上不同数字的含义，知道一年有几个月，一星期有几天，月和星期是怎样排列的。

活动纪实

赫赫：日历的封面上有数字“2023”，我知道今年是 2023 年，是我最喜欢的兔年。我们过年的时候画了“福”字，写了“2023”，一起布置了教室。

默默：日历上面有一个比较大的数字，写的是“05”。我看到第一页写的是“01”，然后是“02”“03”“04”……一直到“12”。

教师：你们知道日历每一页上这个相对大一点的数字表示什么含义吗？

耀耀：我知道，这个表示月份，一年有 12 个月。

俊琦：我看到上面还有很多小的数字，排列得整整齐齐。

教师：你们看这些小的数字，有什么规律？是怎样排列的呢？

朵朵：这些数字有的是按 1~31 的顺序排列的，有的月份到 30，还有一个 2 月份是到 28。

思鹏：我知道每周有 7 天，分别是星期一、星期二、星期三、星期四、星期五、星期六、星期日，所以这一行有 7 个数字。我们每周一到周五上幼儿园，周六、周日休息。

小结：日历上有日期。一年有 12 个月，从 1 月到 12 月按顺序排列。每过完一年，年份就加一，今年是 2023 年，明年就是 2024 年，依次递增。日历每一页都有月份和星期，有的月份是 31 天，有的月份是 30 天，还有的月份是 28 天或 29 天；一个星期有 7 天，从星期一到星期日。

四、寻找操作

在日历上寻找自己的生日以及爸爸妈妈的生日，并做上记号。

教师：你们知道自己和爸爸妈妈的生日吗？在日历上找到生日后，画上你喜欢的图案，做上标记吧！

活动纪实

果果：我妈妈的生日是 9 月 14 日，我喜欢爱心，我要用爱心标注妈妈的生日。

五、创意表现

设计、创作属于自己的故事日历。

活动纪实

自制故事日历

六、总结延伸

活动后在区域中投放制作日历的材料，如纸板、记号笔、彩笔、蜡笔等，鼓励幼儿自己动手设计并制作日历，完成每月或每周故事日历的制作，尝试找到重要的日子，如生日、节日等，标上记号。

时间棋

活动形式 游戏活动（智力）

核心经验 1. 认识钟表，能通过观察指针的位置辨认整点与半点。

2. 尝试根据数字时间拨弄钟表指针到正确的位置。

3. 体验数学游戏的乐趣。

游戏准备 自制“时间棋”棋盘、钟表、骰子、棋子

游戏过程

一、观察发现

通过观察，发现幼儿再次玩中班的“安全棋”游戏和大班的“旅行棋”游戏的异同。

活动纪实

1. 再次玩中班“安全棋”游戏和大班“旅行棋”游戏。

中班“安全棋”游戏

大班“旅行棋”游戏

2. 观察发现两类棋的异同。

教师：小朋友们在玩两个棋类游戏时，发现这两类棋有什么相同点？

铎铎：这两类棋都有起点和终点，都是按照棋盘的路线走棋的。

俊琦：这两类棋都有很多格子，下棋都要下在棋盘格里。

果果：下棋时，都有骰子和棋子。

教师：这两类棋有什么不同的地方呢？

大萌：起点和终点的数量不一样，“安全棋”游戏的起点和终点都是一个，“旅行棋”的起点和终点各有两个。

祺祺：两个棋盘不一样，“安全棋”的棋盘像蛇一样歪歪扭扭，“旅行棋”的棋盘是两个长方形组成的一个大正方形。

朵朵：走的格子不一样，“安全棋”可以根据规则前进或后退不一样的步数，有的还可以直接爬楼梯走；“旅行棋”一次只能走一个格子。

语宣：两类棋的规则不一样，“安全棋”游戏有前进、后退、停玩一次等规则，而“旅行棋”游戏只能前进，如果说不出来景点名称就停玩一次。

子杭：玩的人数不一样，“安全棋”游戏可以2~4人玩，“旅行棋”只能2个人玩。

二、设计制作

感知发现“安全棋”游戏和“旅行棋”游戏的异同点之后，结合各种棋类游戏，从游戏情境、起点、终点、路线等出发，自己动手设计“时间棋”游戏。

活动纪实

1. 结合各种棋盘，分享交流自己见过的其他棋盘的样子。

教师：除了我们玩过的棋盘，你还见过什么样的棋盘？

默默：我见过螺旋线的棋盘，起点在外面，一步一步向内。

祺祺：我玩过“猫捉老鼠棋”，起点是猫，猫跑到终点去捉老鼠。

悦悦：我见过一个棋盘，它的路线像字母“S”，弯弯曲曲的。

赫赫：我玩过外形像小花一样的棋盘，它的名字叫“飞行棋”。

思鹏：我和妈妈玩过像“旅行棋”那样正方形的棋盘，但是没有“旅行棋”中间的那条路线。

2. 根据见过的棋盘，创意设计棋盘的起点、终点、路线。

教师：你想设计的棋盘的起点、终点和路线是什么样子的呢？

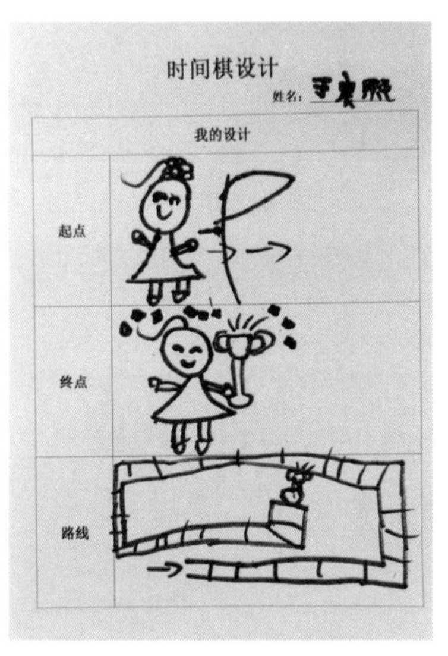

果果：我设计的是小女孩拿奖杯的时间棋。小女孩在外面，从起点沿着路线一圈一圈向里面走，最后到终点拿到奖杯。

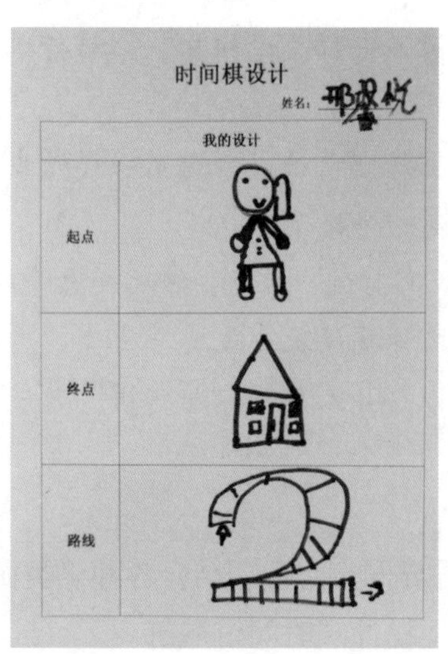

悦悦：我设计的是小女孩回家的时间棋。我根据我的学号“2号”设计路线，小女孩从起点出发按照“2”的书写顺序走，最后回到家里。

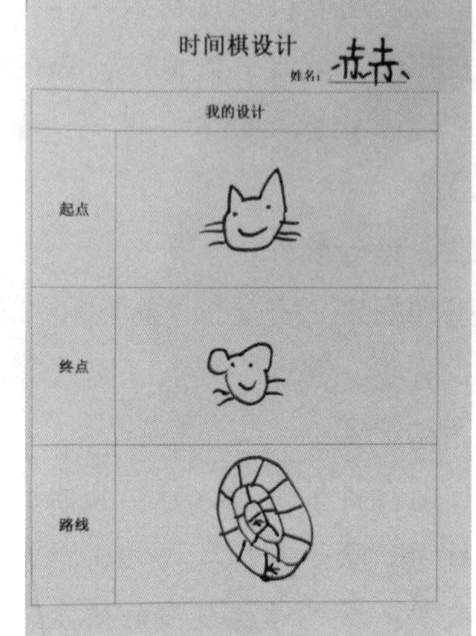

赫赫：我设计的是小猫吃鱼时间棋。路线是一个螺旋线，小猫从最外面出发，一点点向内追赶小老鼠，最终到达终点。

3. 设计棋盘。

教师：根据起点、终点和路线，我们一起设计时间棋的棋盘吧！

赛跑时间棋

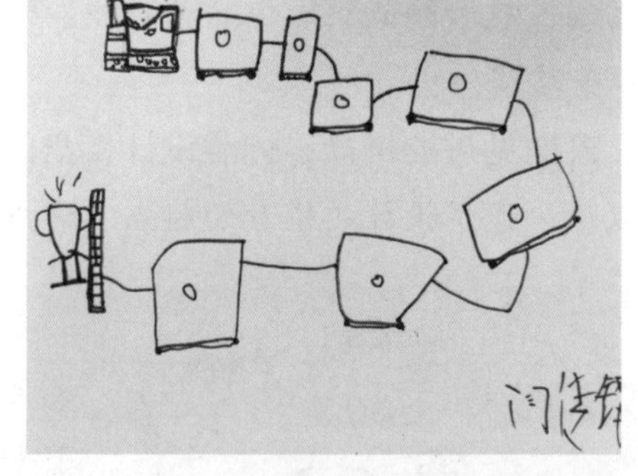

火车时间棋

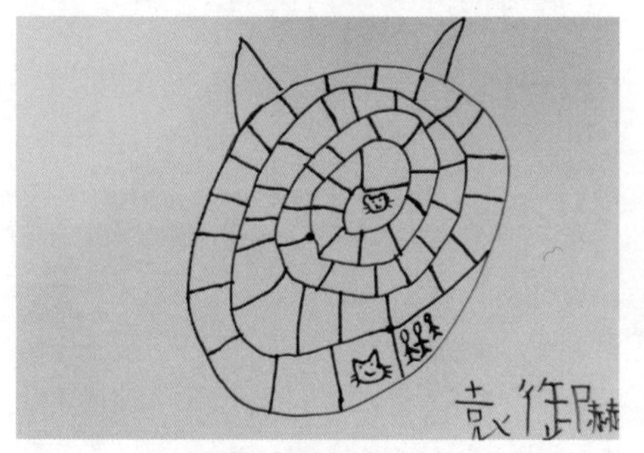

猫捉老鼠时间棋

回家时间棋

4. 自制“时间棋”。

教师：我们一起根据自己的设计，将棋盘制作出来吧！

根据设计制作棋盘

（1）画棋盘、分格子。

（2）画表盘、写时间。

（3）棋盘诞生。

三、游戏体验

幼儿自定玩法和规则，开展“时间棋”游戏。

活动纪实

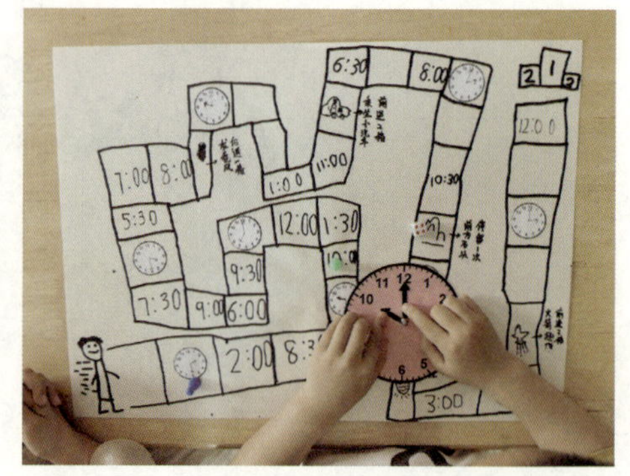

祺祺、语宣：我们先选择想要挑战的“时间棋”棋盘，然后剪刀石头布，轮流掷骰子，根据点数按照棋盘上的规则走棋。如果棋子走到钟表时间，我们就要说出对应的时间；如果走到数字时间，我们要将表盘上的时针和分针拨到正确的位置，和棋盘上的数字时间一样。谁最先走到终点，谁就赢了。

赫赫、铎铎：一定要记住我们要轮流掷骰子，按照点数和规则走棋，当棋子走到钟表时间时，要说出指针指到的时间；当走到数字时间时，我们要拨弄时针、分针到正确位置并说出时间。

时间三子棋

活动形式　游戏活动（智力）

核心经验　1. 遵守下棋规则，落棋无悔。

2. 熟练认识整点与半点。

3. 锻炼逻辑思维能力、观察力与专注力。

游戏准备　自制“时间三子棋”棋盘、骰子、走棋棋子、下棋棋子

游戏过程

一、游戏回顾

挑战“套圈棋”游戏，回顾“套圈棋”的游戏玩法与规则。

活动纪实

1. 挑战“套圈棋”游戏。

玩“套圈棋”游戏

2. 交流讨论“套圈棋”游戏玩法和规则。

教师：我们一起来说说“套圈棋”游戏的玩法和规则吧。

耀耀：我们先剪刀石头布，赢的人先下棋。

果果：下棋的时候可以大圈套小圈，走棋的时候可以横着走、竖着走，但是不能斜着走。

悦悦：谁先把三枚棋子连成一条直线谁就赢了。

默默：套圈棋要三个颜色、大小一样的棋子连成一条直线才能赢。

赫赫：这个直线可以是横的、竖的，也可以是斜的。

思鹏：同一种颜色的大、中、小三枚棋子按顺序连成一条直线也算赢。

二、设计制作

根据“套圈棋”游戏的玩法与规则，讨论设计“时间三子棋”游戏的棋盘。在中间棋盘格里写上整点和半点的数字时间，在钟表的表盘上添画整点、半点的指针，将钟表粘在棋盘格的外围，完成“时间三子棋”游戏的棋盘制作。

活动纪实

1. 商讨如何制作“时间三子棋”。

教师：我们一起设计“时间三子棋”游戏，可以借鉴“套圈棋”游戏的玩法和规则，你想怎样设计呢？

铎铎：我想让“时间三子棋”游戏的玩法和“套圈棋”一样，三子连线即获胜，可以是横线、竖线，也可以是斜线。

默默：我们可以像“时间棋”游戏一样先掷骰子，然后走棋。

耀耀：既然是“时间三子棋”，棋盘上一定要有时间。

赫赫：我们还要有下棋的棋盘，画好棋格，写上时间。

教师：如果既要走棋又要下棋，都需要有时间，怎么区分下棋和走棋的时间呢？

祺祺：就像“时间棋”那样，有数字时间，也有钟表时间，一个用来下棋，一个用来走棋。

教师：怎样判断哪个适合下棋，哪个适合走棋呢？

俊琦：我觉得数字时间适合下棋，因为我们要下的棋很多，数字时间看着简单，我们一下就能找到；而钟表时间的指针太难了，我们还不熟练，不好找。

思鹏：对对对，我们可以把数字时间放在中间的格子里，用来下棋，外面一圈像“时间棋”一样粘上钟表时间，用来走棋。

教师：我们一起试一试，按照不同的整点、半点时间画上对应数量的格子，但是时间太少了，很难让三子连成一条直线，玩着玩着就容易死局，这样怎么办呢？

函琪：那我们就多画几个格子，重复写时间，这样时间很多，我们就有很多选择，三子连线就容易了。

2. 自制“时间三子棋”。

（1）写时间、画表盘、粘表盘。

（2）制作完成。

三、游戏体验

开始尝试用自己设计制作的“时间三子棋”进行游戏。

活动纪实

耀耀、果果：我们先剪刀石头布，选择棋子的颜色，走棋的“小帽子”棋子的颜色和下棋的“小乐高”棋子的颜色要一样，然后轮流掷骰子，按照骰子上的点数以同一个钟表作为起点走棋，走到哪个钟表时间就要在表格里找到相对应的数字时间，把一样颜色的“小乐高”棋子放到对应格子里，谁最先将 3 个相同的棋子连成一条直线（横线、竖线、斜线），谁就获胜了。要记住一个格子里只能下一枚棋子，如果没有对应的数字时间，就暂停下棋一次；如果棋子都下完了，还没有连成线，就平局了。

争分夺秒

活动形式　游戏活动（体育）

核心经验　1. 练习沿着圆圈快跑。

2. 具有一定的团队协作能力及耐力。

游戏准备　接力圈 4 个、画有大圆圈的宽敞场地

游戏玩法

幼儿分成人数相等的四队，在圆圈内背向圆心站成“十”字形，各队排头幼儿手持接力圈。游戏开始，教师发令后，各队排头幼儿迅速按逆时针方向绕圈快跑，同时后面的幼儿向前跨一步，站到预备接力跑的位置上。排头幼儿跑完一圈后将接力圈交给本队第二名幼儿，然后自己站在本队队尾，第二名的幼儿继续逆时针绕圈跑，其余幼儿依次进行，直到各队队尾幼儿跑回本队后举起接力圈，以最快速度完成的队伍获胜。

游戏规则

游戏时必须沿着圈外跑，不可跑到圈内；超越同伴时，必须从右侧超越，不得撞人；接到接力圈后才能跑，接力圈掉落时，要从掉落处拾起后再跑。

游戏过程

一、介绍游戏

介绍游戏场景、活动场地以及“争分夺秒”游戏玩法。

二、尝试游戏

幼儿报数分组，分4组站在圈圈四个方向上，尝试游戏。

三、交流讨论

交流讨论跑的方法，如何才能快速、安全地完成小组接力赛跑。

活动纪实

教师：你们认为函琪组为什么能最快完成小组接力赛跑游戏呢？

函琪：我们组跑得都太快了，而且接力圈没掉，我们要保护好接力圈传递给下一位小朋友。

果果：我们组在跑的时候，老师说的是逆时针跑，但是赫赫跑反了，我们应该记住跑的方向，这样才不用重新跑，避免浪费时间。

耀耀：我绕着圈跑的时候，速度太快，控制不住自己的身体摔倒了。

祺祺：我知道了，我跑的时候感觉身体都是斜的，偏向圈的里面，我就没感觉要摔倒，你下回跑的时候试一试。

思鹏：我刚才从圈里面超越俊琦，但是默默告诉我踩线了，没遵守游戏规则，我又绕出来跑到圈外面，结果就慢了。

教师：我们在超越同伴时，应该怎么办呢？

默默：不能从里面超越，这样会踩到线，违反游戏规则。

悦悦：我们从小朋友的外面去超越，就是小朋友的右侧，这样就不会踩到线了。

语宣：超越前面小朋友的时候，还要注意看看后面有没有人，要不就撞到人了。

四、比赛游戏

主题经验

身心准备	1. 了解小学的作息时间及课程安排，对小学生活充满期待。 2. 经常保持积极、稳定的情绪，遇到困难和不开心的事情，不乱发脾气，不迁怒于他人。 3. 积极参加多种形式的户外活动，促进身体协调性发展和大肌肉运动发展。 4. 手部动作协调，能使用工具和材料进行创作，锻炼手部小肌肉动作发展。

（续表）

生活准备	1. 建立时间观念，按时间、计划做事，养成守时和珍惜时间、合理安排时间的良好习惯。 2. 按照一日生活安排实施计划，保持规律作息，坚持早睡早起，保持充足睡眠，将时间与生活经验结合，为顺利进入小学做准备。 3. 坚持自己的事情自己做，能分类整理和保管好自己的物品，按需喝水、如厕等。 4. 自觉遵守基本的安全规则，有自我保护意识，知道基本的安全常识。 5. 能做一些力所能及的家务劳动。
学习准备	1. 能和同伴友好相处，乐于结交新朋友。能与同伴分工合作共同完成任务，遇到困难互帮互助，发生冲突时尝试协商解决。 2. 能主动向教师表达自己的想法和需求，理解教师的任务要求，能自觉、独立完成自己的任务。 3. 理解规则的意义，能与同伴协商制定游戏和活动规则。 4. 愿意为集体出主意、想办法、做事情，愿意和大家分享想法、感受等。
社会准备	1. 对身边的新事物感兴趣，有好奇心、主动性和探究欲，喜欢刨根问底，乐于动手动脑。 2. 乐于独立思考，敢于表达，能专注做事，坚持做完一件事，遇到困难不放弃。 3. 对生活情境中的文字符号感兴趣，愿意用图画、符号、汉字、数字等记录自己的想法和发现。 4. 愿意用数学方法尝试解决生活和游戏中遇到的时间问题，体验解决问题的乐趣。 5. 能主动连贯表述一件事情的发展，能说出图画书中的主要情节，并有自己的理解和想法。 6. 能认识并正确书写自己的名字，愿意在各种表征中书写自己的名字。

符号探索之旅

大连高新技术产业园区实验幼儿园　王思懿

主题缘起

符号与我们的生活紧密相连，生活中的符号向我们传递着不同的信息，各种各样的符号经常引起幼儿的好奇。进入大班后，幼儿喜欢在绘画作品上写自己的名字，用自己创造的图形、符号记录有趣的事情。大班幼儿正处于图像符号与具体事物之间关联认知探索的阶段，为追随幼儿的兴趣和探究需要，我们开启了“符号探索之旅”。

主题活动实施前，我们通过谈话交流了解幼儿的已知经验和未知经验，引导幼儿认识和理解生活中的符号，体会符号的用途，运用符号解决生活中的实际问题，激发幼儿对图书和生活情境中文字符号的兴趣，提升幼儿前书写能力，为幼儿入学阅读与书写奠定良好的基础。

主题网络

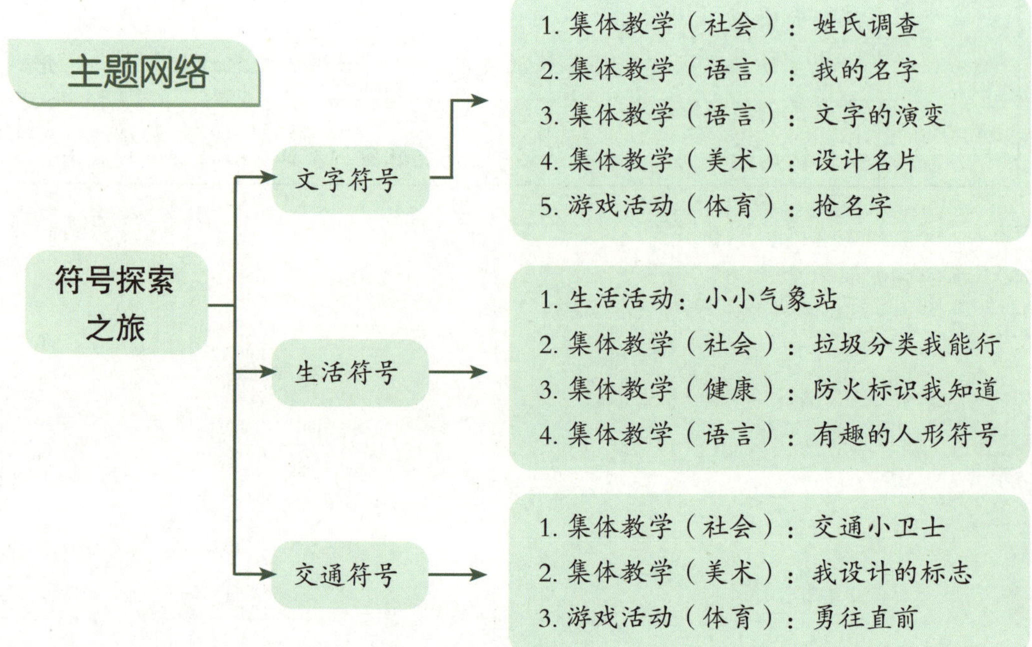

主题实施案例（节选）

主题一 文字符号

姓氏调查

活动形式 集体教学（社会）

核心经验 1. 在采访中了解更多的姓氏。

2. 尝试为自己的调查做记录。

3. 体验合作游戏的乐趣。

活动准备 调查表、麦克风、记录单

活动过程

一、讨论姓氏调查方式、记录方式，猜想姓氏种类

与幼儿共同讨论“用什么方式开展调查活动？”“我们幼儿园有多少种不同的姓氏？”“如何记录调查结果？”……

活动纪实

1. 讨论调查的方式。

教师：我们幼儿园有三个楼层，怎样调查最方便？

乐乐：我们可以分成三组，每个楼层去一组。

涵涵：同一楼层我们也可以分成不同的小组去不同的班级调查。

彻彻：调查的时候可以两个人配合，一个人采访，一个人记录。

毛毛：我感觉不行，大家都分开了，调查重复了怎么办？

彻彻：我们可以回班级再整理，重复的只记录一次就可以了。

2. 猜想姓氏种类。

教师：猜一猜，我们幼儿园会有多少种姓氏？

欣欣：幼儿园这么多人，我猜会有三百多种。

生生：没有那么多，我知道《百家姓》，最多才有一百种姓氏。

涵涵：我猜会有 80 多种。

乐乐：我们班就有 24 种姓氏了，全幼儿园肯定超过 100 种了。

3. 讨论记录方式。

教师：你想用什么方法记录调查结果？

彻彻：我会写字，我可以写字记录。

赫赫：我可以用图案记录。

二、开展姓氏调查活动，了解多种多样的姓氏

幼儿分组到全园各班级开展姓氏调查，运用自己喜欢的方式记录调查结果。

活动纪实

欢欢：我调查到6种不同的姓氏。我画了一个旅行箱代表姓氏“吕”，画了一只羊代表姓氏“杨”，用一棵柳树代表姓氏“柳”，画了一条鱼代表姓氏“于”，画了一个碗代表姓氏“万”，还用汉字写了一个“田”。

姓氏调查记录表

彻彻：我和毛毛调查到12种姓氏，我是用文字记录的，有“杨”“于”“李”“王”。毛毛：我画了树林代表姓氏“林”，画了锅代表姓氏“郭”，画了正方形代表姓氏“方”，画了河流代表姓氏“刘”，用许多点代表姓氏“许”，张开的嘴代表姓氏“张”，太阳代表姓氏“赵”，画了一个小孩儿代表姓氏“孙”。

三、交流汇报调查内容，了解姓氏在《百家姓》中的排名

师幼共同交流调查结果，总结调查发现，形成集体记录单，归纳运用符号记录信息的方法，在梳理调查结果的同时培养总结归纳和统计的能力。

活动纪实

1. 梳理总结调查结果，形成集体记录单。

2. 拓展调查。

生生：我们幼儿园的姓也太少了吧。

涵涵：比我们猜的都要少，应该还有很多姓氏。

教师：那我们怎么收集更多的姓氏呢？

彻彻：我们可以去小区里调查。

毛毛：我可以去我的英语班调查。

西西：我们调查完了再回来记录在这张表里，我们收集的姓氏就会越来越多了。

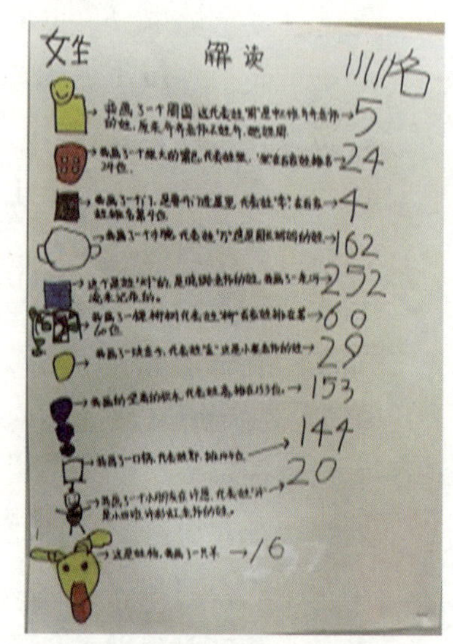

梳理后的集体记录单

我的名字

活动形式 集体教学（语言）

核心经验 1. 知道自己名字的由来，简单了解姓氏文化。

2. 能向大家清楚、连贯地介绍自己名字的由来。

3. 感受名字背后所传递的亲情和意义。

活动准备 调查记录单

活动过程

一、经验回顾

回顾调查过程，集体分享交流。

教师：你是如何调查自己名字的由来的？你是如何记录调查结果的？

二、交流分享

分享记录内容，感受名字的特殊含义。

活动纪实

木易：因为爸爸姓“田”，所以我也姓“田”，妈妈生我的时候我是产房里唯一的小朋友，所以取了“唯”字，我是凌晨出生的，所以我大名叫“田唯辰”。我小名叫“木易”，是因为我妈妈姓“杨”，妈妈的姓拆开就是我的小名。

米米：我跟爸爸姓，我们都姓“孙”，妈妈在怀我的时候梦见了一条美丽的鱼，所以我叫“孙梦妤”。我属鸡，小鸡爱吃米，妈妈希望我衣食无忧，所以我小名叫“米米”。

包包：我叫“包谨睿”，我是蒙古族的。蒙古族“包”姓据说是成吉思汗的直系后代。“谨”是妈妈希望我谨言慎行，“睿”是睿智、聪慧的意思。

初初：我叫“于若初”，妈妈说永远都会像第一次见到我那样爱我，所以取名“若初”。

三、经验梳理

梳理调查结果，总结经验。

教师：听了小朋友们的介绍，你有什么发现？我们班有多少种姓氏？每种姓氏有几人？

活动纪实

1. 讨论调查中的发现。

生生：蒙古族的姓比我名字还要长，太难记了。

涵涵：有些小朋友的姓是一样的，但名字不同。

彻彻：小朋友有大名，还会有小名。

乐乐：每个人的名字都有特殊的含义。

2. 统计班级姓氏及人数。

班级姓氏统计表

在梳理环节，师幼共同整理了班级姓氏统计表，发现班级有22个姓氏。姓“王”的人最多，有9人。

文字的演变

活动形式 集体教学（语言）

核心经验 1. 了解文字的演变过程。

2. 尝试用符号清楚地记录一件事情。

3. 感受符号的记录作用。

活动准备 记录单、笔、文字演变视频

活动过程

一、感知理解

观看文字演变视频，理解文字的演变过程。

教师：我国最早的文字符号是在什么时候出现的？发现最早的文字符号叫什么？文字的演变经历了哪几个阶段？

活动纪实

乐乐：我国文字符号最早出现在商朝。

彻彻：我国发现最早的文字符号叫甲骨文。

涵涵：古代有甲骨文、金文、隶书。

赫赫：还有小篆、楷书。

毛毛：我还知道草书、行书。

教师：文字出现的先后顺序是甲骨文、金文、篆书、隶书、草书、行书、楷书。汉字的标准书写形式是什么呢？

依依：楷书。

二、尝试体验

尝试用符号做记录，体验符号的记录作用。

教师：文字符号在生活中有什么用呢？如果请你来记录一件事，你会用什么方法记录？记录的时候应该记录哪些内容？

活动纪实

舟舟：我会用文字符号做记录。

欣欣：文字符号可以传递信息。

包包：我会用“文字＋图案”的形式记录，需要记录谁发生了什么事。

彻彻：我也会用“文字＋图案”的形式记录，要记录时间、人物、发生了什么事情。

毛毛：还要记录事情在哪里发生的。

三、分享交流

分享记录内容，交流记录方法。

教师：你记录的是什么内容？是用什么方法记录的？

活动纪实

涵涵：今天最开心的事是和我们组的小朋友一起在磁力区搭建。我少了一块正方形无法搭建了，妙妙把它送给了我，我的作品就搭建成功了。我们是互相帮助的好朋友。我使用了步骤图加图案法记录。

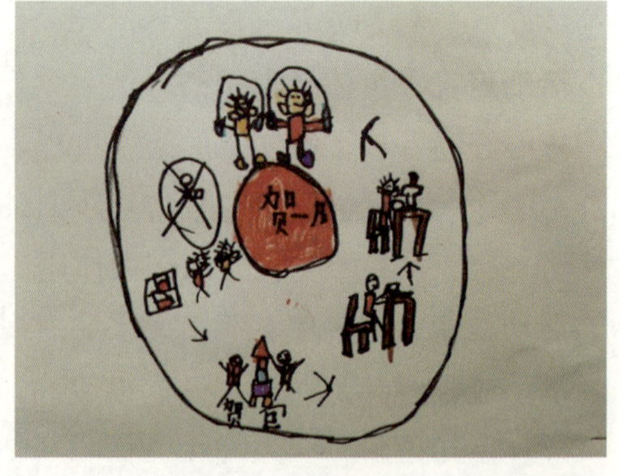

赫赫：今天最开心的是一直和我的好朋友包包在一起。我们一起比赛跳绳，一起背古诗，一起搭积木，饭也都吃光了。我用的是圆圈图加图案法记录的。

设计名片

活动形式 集体教学（美术）

核心经验 1. 了解名片的内容及用途。

2. 能运用多种材料设计名片。

3. 体验艺术创作的乐趣。

活动准备 名片、彩色卡纸、彩笔、剪刀、胶棒、其他装饰材料

活动过程

一、分享交流

观察名片，交流分享后了解名片及其用途。

教师：名片上有哪些内容？名片是干什么用的？

二、设计规划

分享自己的设计思路，体验想象创作的快乐。

教师：你想怎么设计名片？名片上有哪些内容？

活动纪实

妙妙：名片上面要有名字和年龄。

辰辰：名片可以让别人更了解自己，我会写上幼儿园的名字和班级。

依依：名片是用来介绍自己的，应该有自己的爱好。

甜甜：名片可以让别人找到你，可以有小区的名字和楼号。

乐乐：不会写那么多字怎么办？

彻彻：可以用图画符号记录，名字可以照着水杯架上的名帖写。

思思：也可以找老师帮忙写。

妙妙：我要设计一张蝴蝶形的名片，我想用彩色的卡纸和毛球。

甜甜：我要设计一张小包样式的名片，用毛根做包带。

舟舟：我要做一张大老虎样式的名片，要用眼睛、亮片和纸筒。

乐乐：我想做一张大树样式的名片，我想用卡纸、毛球和棉花。

三、制作名片

选择喜欢的材料制作名片，教师巡回指导了解幼儿的创意想法。

四、展示交流

展示交流作品，同伴互助学习。

教师：你创作的名片使用了几种材料？名片上记录了什么内容？

活动纪实

萌萌：我设计的是书签式的名片，我用了毛根、毛球、泡沫球、纽扣、眼睛5种材料。我叫史舒萌，今年6岁了，我最爱吃的水果是西瓜和香蕉，希望大家喜欢我。

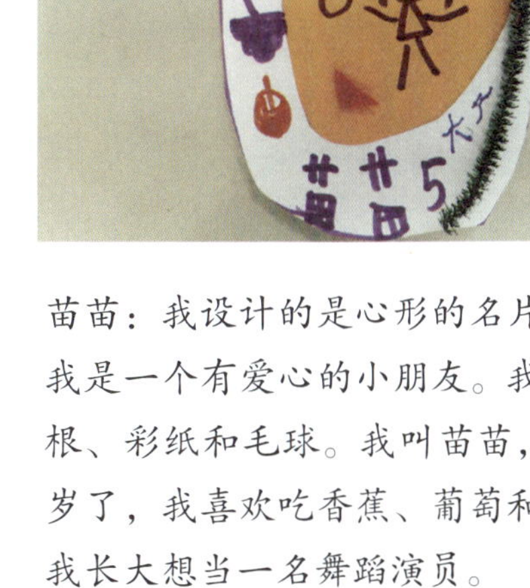

苗苗：我设计的是心形的名片，因为我是一个有爱心的小朋友。我用了毛根、彩纸和毛球。我叫苗苗，今年5岁了，我喜欢吃香蕉、葡萄和苹果，我长大想当一名舞蹈演员。

霖霖：我设计的是一张包形的名片，我用了毛根、羽毛、纽扣、泡沫球、木块、彩色卡纸6种材料。我叫王艺霖，今年6岁，我是大二班的小朋友，我最喜欢跳舞、画画和看书，希望能和你做好朋友。

甯甯：我设计的是兔子形的名片，我用了眼睛和彩纸两种材料。我叫甯甯，我不会写字，我画了一串项链。我特别有爱心，我喜欢小兔子，喜欢和小朋友们一起做游戏。

抢名字

活动形式 游戏活动（体育）

核心经验 1. 提高反应能力和身体的灵活性。

2. 体验竞赛活动，感受游戏的快乐。

游戏准备 写有名字的贴纸

游戏玩法

幼儿先分组，每个人后背上都贴上自己的名字。双方在保护自己名帖的前提下，想办法把对方后背上的名帖撕下来。先把对方的名帖全部撕下的一组获胜。游戏中名帖被撕下的人淘汰。

游戏规则

1. 在规定范围内游戏，不可跑出场地。

2. 被撕掉名帖的幼儿暂停游戏，站在等待区等待下一轮游戏。

游戏过程

一、教师介绍游戏场地，示范讲解“抢名字”游戏规则及玩法

二、幼儿进行游戏

1. 两两撕名帖。

幼儿自主寻找伙伴，两人一组互相撕名帖。

2. 小组撕名帖。

幼儿自由组队，不同小组队员互相撕名帖。

活动纪实

两两撕名帖

小组撕名帖

三、放松活动

听音乐，随音乐节奏做放松操。

在趣味游戏中，幼儿加强了对自己和同伴名字的认知，树立了规则意识，知道怎样快速灵活躲避同伴的攻击，怎样配合才能使自己的小组获胜。解决这些问题也成为幼儿游戏的乐趣。

主题二 生活符号

小小气象站

活动形式 生活活动

核心经验 1. 认识常见的气象符号。

2. 能用正确的气象符号记录天气情况。

3. 喜欢探究身边自然现象。

活动准备 气象符号挂图、小小气象站环境创设

活动过程

一、观察、了解常见气象符号，激发幼儿对天气播报和记录的兴趣

与幼儿讨论有哪些天气现象，用什么符号来表示天气现象？通过观察与猜想，帮助幼儿了解更多的气象符号，发展幼儿语言表达、前书写能力。

活动纪实

教师：你们知道哪些天气现象？

欢欢：下雨、下雪、晴天。

涵涵：阴天、大雾。

赫赫：雷电、冰雹、刮风。

教师：这些天气现象你能用符号表示出来吗？猜一猜挂图上的气象符号代表哪些天气现象？

幼儿记录的气象符号

毛毛：云彩下面有水滴和雪花，应该是雨夹雪。

依依：我看到了蓝色的三角形，应该是冰雹。

乐乐：云彩下面有两条线是什么意思？

涵涵：好像是刮风。

彻彻：好像是大雾。

常见的气象符号

二、开展天气播报和气象记录活动，帮助幼儿养成关注天气现象的好习惯

幼儿轮流做天气播报值日生，值日生的任务是在“小小气象站”里记录当天的天气情况，并在晨间向大家播报当日的天气预报。

活动纪实

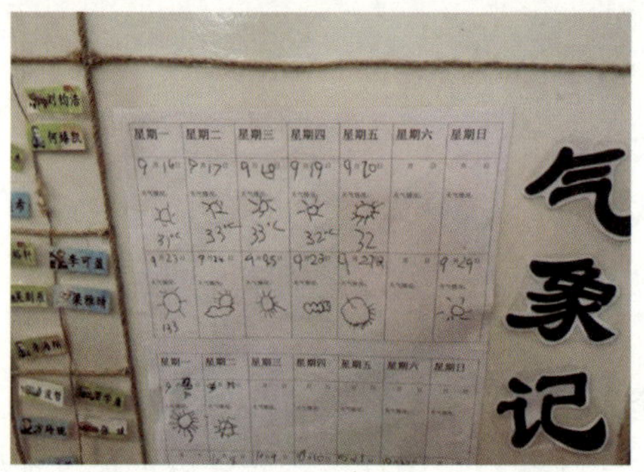

气象记录

通过“小小气象站”活动，幼儿了解到天气与我们的生活十分密切。天气对我们既有有利的一面，也有有害的一面，所以我们要根据天气增减衣物、准备雨具、决定出行方式，尽量避免恶劣天气对我们造成危害。

垃圾分类我能行

活动形式 集体教学（社会）

核心经验 1. 认识垃圾分类的标志，尝试按标志给垃圾分类。

2. 懂得垃圾分类的方法。

3. 初步树立环保意识。

活动准备

垃圾分类小视频、垃圾分类标志图片、分类垃圾桶模型、垃圾分类卡片

活动过程

一、观察发现

观察垃圾分类标志图片，发现符号的特征。

教师：这些符号是什么样子的？你在哪里见过这些符号？

活动纪实

生活垃圾分类标志

乐乐：红色背景上的符号，形状像“×”，我知道这是有害垃圾的标志。

彻彻：蓝色背景上的符号，是用箭头组成的三角形，我们小区垃圾桶上就有这个符号。

西西：绿色背景上符号的形状像一个漏斗，这是厨余垃圾的标志。饭店门口的垃圾桶上有这个标志。

依依：灰色背景上的符号，三角形的下面像长了两只脚一样，我们幼儿园门口的垃圾桶上就有这个标志。

二、感知理解

观看垃圾分类小视频，了解垃圾分类的方法。

活动纪实

教师：什么样的垃圾是厨余垃圾？

毛毛：剩菜、剩饭是厨余垃圾。

赫赫：水果皮是厨余垃圾。

涵涵：骨头、茶叶渣都是厨余垃圾。

教师：什么是可回收物？

包包：纸类的、塑料类的是可回收物。

小雨：易拉罐、衣服、裤子、袜子也是可回收物。

舟舟：玻璃也是可回收物。

教师：什么是有害垃圾？

彤彤：过期的药品、化妆品都是有害垃圾。

云云：油漆、废电池都是有害垃圾。

西西：还有杀虫剂、废灯泡也是有害垃圾。

彻彻：灯泡是玻璃做的吧？玻璃是可回收物呀。

教师：我们一起查一查为什么废灯泡是有害垃圾。

（查找结果：灯泡是由石英管、钨、钼和混合气制成，对大气、土壤、水源的污染十分严重，所以废灯泡是有害垃圾）

教师：什么是其他垃圾？

媞媞：烟头是其他垃圾。

欣欣：石头、砖瓦、尘土都是其他垃圾。

道道：一次性筷子是其他垃圾。

教师：生活中还有很多垃圾，小朋友如果不知道如何投放在相应垃圾桶的时候，可以上网查询一下，然后再把它们投进正确的垃圾桶里。

三、游戏操作

通过操作游戏，巩固垃圾分类的方法。

小朋友们分成四组，每组一套垃圾分类卡片和分类垃圾桶模型，尝试将垃圾分类卡片按照垃圾分类的方法投放到正确的垃圾桶里。

四、认知提升

掌握垃圾分类的意义。

教师：为什么要进行垃圾分类？

活动纪实

涵涵：垃圾分类可以保护环境，有害垃圾被处理掉了就不会危害我们的健康，也不会污染环境了，我们生活起来会更健康、更安全。

舟舟：垃圾分类可以节约资源，可回收物能变废为宝继续使用，这样就节约资源了。

小结：垃圾分类可以减少环境污染，可以变废为宝、节约资源，有利于营造一个绿色美好的环境，所以从我们自身做起，将生活垃圾正确分类，用我们的行动守护美好的生活环境。

防火标识我知道

活动形式 集体教学（健康）

核心经验 1. 认识灭火器、安全出口、禁止烟火的标识。

2. 掌握简单的火灾逃生方法。

3. 知道遇到危险要保持情绪稳定，冷静面对。

活动准备 灭火器、安全出口、禁止烟火的标识图片，火灾逃生演示视频

活动过程

一、观察谈话

观察防火标识的特点，了解它的作用。

活动纪实

1. 认识灭火器标识。

教师：大家看到的这个标识是什么样子的？

欣欣：红色的纸上有一个白色的瓶子。

教师：瓶子有什么特点？

包包：瓶子上面有一个很长的把手，瓶子身上还有一个长方形。

教师：标识上除了瓶子你还能看到什么？

灭火器标识

彻彻：我还看到了很多线，像火一样。
教师：猜猜这个标识是干什么用的？
乐乐：提醒大家这周围有灭火器。
教师：你在哪里见过这个标识？
彻彻：幼儿园的走廊里。
赫赫：我家小区的走廊里也有。
2. 认识安全出口标识。
教师：你看到的这个标识是什么样子的？
涵涵：是绿色的，上面有一个小人在跑步。
舟舟：还有一个箭头。
毛毛：这个标识是长方形的。
教师：猜猜这个标识是干什么用的？
乐乐：提醒大家往箭头指的方向跑。
欣欣：提醒大家往箭头指的方向走能找到出口。
教师：什么时候能用到这个出口呢？
西西：迷路了找不到出口的时候。
雯雯：遇到危险需要逃跑的时候。
教师：你在哪里见过这个标识？
欣欣：我在万达广场见过。
道道：我们幼儿园的走廊里就有这个标识。
西西：我去看电影的时候电影院里有这个标识。
教师：这个标识在我们生活中很常见，你知道它叫什么名字吗？
彻彻：我知道，这是安全出口标识。
3. 认识禁止烟火标识。
教师：谁认识这个标识？
赫赫：这是一个禁止符号。
教师：你怎么知道它是禁止符号的？
赫赫：红色的圈里带一条斜线就是禁止符号，禁止符号都是这个样子。
教师：谁知道禁止符号是什么意思？
雯雯：禁止符号就是这件事情不能做。
教师：在这个标识中，你除了能看见红色的圈里带一条斜线还能看见什么？
乐乐：我还看见圈里有一根点燃的火柴。
教师：猜一猜，这个禁止符号是什么意思？
毛毛：禁止烟火。
教师：什么地方会有这个标识？

彻彻：容易发生火灾、怕着火的物品旁边会有这个标识。

二、拓展经验

分享交流生活中其他的防火标识。

教师：我们刚刚看到的这三个标识都是防火标识，你还知道哪些防火标识？

活动纪实

西西：我知道火警电话标识，上面写着“119”。

欣欣：我知道安全楼梯标识，它和安全出口标识很像，只是上面多了楼梯。

教师：我们可以在生活中继续收集防火标识，把它们贴到班级的安全墙上。

三、感知学习

观看视频，学习火灾逃生的方法。

教师：如果遇到火灾了，我们应该怎么办？一起观看视频，学习遇到火灾我们应该怎么保护自己，以及怎样安全逃生。

活动纪实

赫赫：拨打119火警电话报警。

舟舟：着火的时候要走楼梯，不能坐电梯，坐电梯容易困在电梯里出不来。

涵涵：要用湿毛巾捂住口鼻，弯着腰跑。

毛毛：不能推挤，要按顺序下楼。

欣欣：要按照安全出口指示的方向逃跑。

彻彻：如果出不去了，可以用湿被子堵住门缝，然后报警，等待救援。

四、消防演练

模拟消防逃生演习，掌握逃生的正确方法。

活动纪实

逃生演习

消防员讲解逃生方法

小结：学习防火标识，主动遵守标识规则，遇到火灾能用正确的逃生方式保护自己，争做“防火小标兵”。

有趣的人形符号

活动形式 集体教学（语言）

核心经验 1. 学习辨识不同的人形符号。

2. 能用清楚的语言表述符号的含义。

3. 理解人形符号在实际生活中的用处。

活动准备 男、女、残疾人、老人等符号图片

活动过程

一、观察理解

观察图片，了解符号的含义。

活动纪实

1. 认识男、女符号。

男、女符号

教师：你们知道什么叫人形符号吗？我们一起来看两张图片。你们见过这个图案吗？它们有什么不一样？

越越：它们的颜色不一样，一个是蓝色的，一个是粉色的。

涵涵：它们的衣服不一样，粉色的符号好像穿了一条裙子。

教师：这两个符号有什么共同的特征？

毛毛：它们都像站着的小人一样。

教师：对啦，这种像人体一样的符号叫作“人形符号”。你知道这种符号是什么意思吗？

赫赫：蓝色代表男生，粉色代表女生。

教师：你在什么地方见过这种符号呢？

乐乐：在卫生间门口有这种符号。

2. 认识残疾人符号。

残疾人符号

教师：在这张图片上你看到了什么？

依依：我看到一个人坐在一个圆圈里。

教师：猜猜看，这个符号是什么意思？

西西：这个可能是坐便卫生间符号。

毛毛：这是残疾人的符号，下面的圆圈代表的是轮椅，我在公交车上见过。

教师：毛毛说得对，这是残疾人的符号。

3. 认识老人符号。

老人符号

教师：这张图片中的两个人手里拿的是什么？

依依：他们拿的是雨伞。

涵涵：不对，拿的是拐杖。

教师：什么样的人会用拐杖呢？

毛毛：腿受伤的人用拐杖。

教师：图片中能看出来腿受伤了吗？

道道：这应该是老人的符号，老人需要用拐杖。

二、游戏体验

幼儿分成两组，教师出示人形符号图片，请幼儿猜一猜符号的含义。两组轮流抢猜，猜对一张加一分，游戏结束时得分高的一组获胜。

三、创想设计

根据幼儿园环境，为幼儿园设计需要的人形符号。

活动纪实

西西：我设计了一个逃跑的人形符号，我们逃生演习的时候可以按照这个符号找到安全出口。

乐乐：我设计了一个保持安静的人形符号，我要把它贴到图书室的门上，提醒小朋友进图书室要保持安静。

彻彻：我设计的是小朋友的人形符号，我要贴在幼儿园的大门上，提醒大家这里有小朋友，要注意别伤到小朋友。

涵涵：我画的是男、女的人形符号，我要把它贴在班级的卫生间里，女孩儿都是坐便，男孩儿还有站便。

交通小卫士

活动形式 集体教学（社会）

核心经验 1. 了解常见交通标志的特征及作用。

2. 能按交通标志行走，有遵守交通规则的安全意识。

3. 对探索交通标志感兴趣，养成看交通标志的良好习惯。

活动准备 1. 禁止符号、警示符号、指向符号图片各三张

2. 幼儿收集的交通安全标志图片若干

3.《会说话的符号》视频

活动过程

一、观察感知

观察图片，分享交流自己认识的符号名称和作用。

活动纪实

1. 认识禁止符号。

禁止鸣笛

禁止掉头

禁止行人通行

教师：这些是什么符号？代表什么意思？

乐乐：我看到这些符号都是红色圈里带一条斜线，这是“禁止符号”，代表圆圈里面画的事情不能做。

教师：我们说一说第一张图片禁止做什么。

毛毛：第一张图片是禁止鸣笛，我家小区里就有这个标志。

教师：第二张图片是什么意思？

涵涵：第二张是禁止拐弯。

教师：禁止往哪个方向拐弯？

涵涵：往回拐弯。

教师：这叫作“禁止掉头”。第三张图片禁止做什么？

彻彻：第三张图片是禁止人通行的。

教师：这个符号是给谁看的？

赫赫：是给行人看的。

教师：所以不光司机要看交通符号，行人也要看交通符号，所有人都要遵守交通规则。

2. 认识警示符号。

注意红绿灯

注意行人

注意道路变窄

教师：这些符号有什么共同的特点？

西西：它们都是被黑色线圈起来的黄色三角形。

教师：你知道这些是什么符号吗？代表什么意思呢？

依依：这个符号就是提醒大家前面的路况，让大家注意安全。

毛毛：我知道第一张图片是提醒前面有红绿灯，不要闯红灯。

彻彻：第二张图片是提醒前面有斑马线，有行人，要慢一点行驶。

涵涵：第三张图片是注意前面的路变窄了。

教师：如果让你给这种被黑色线圈起来的黄色三角形符号起一个名字，你想起什么名字？

思思：注意符号。

欣欣：小心符号。

雯雯：提醒符号。

教师：你们起的名字都很适合它们，不过这类符号有一个更好听的名字叫“警示符号”。

3. 认识指向符号。

右转

停车场

靠右行驶

教师：这些符号有什么相同的地方？有什么不同的地方？

涵涵：它们的颜色相同，都是蓝色的。形状不同，有的是方形的，有的是圆形的。

西西：它们里面的图案不同，但都是白色的。

教师：这些是什么符号？代表什么意思呢？

依依：第一张应该是这里可以右转。

舟舟：第二张我见过，就是告诉我们这里有停车场。

思思：第三张是靠右通行。

教师：你知道这种蓝白色的符号表示什么意思吗？

彻彻：就是告诉大家一些信息，让大家不迷路。

欣欣：这是要求大家怎样正确去做，可以避免交通事故。

教师：这类符号有一个好听的名字叫作“指向符号”。

二、观看理解

观看《会说话的符号》视频，讨论交通标志的作用。

教师：如果我们生活中没有了这些交通标志，会变成什么样呢？

活动纪实

西西：会造成交通拥堵。

毛毛：会出现交通事故，人会受伤。

赫赫：一些有危险的地方大家不知道，容易受到伤害。

三、情境体验

幼儿自主创设情境，自由选择交通警察、司机、行人等扮演角色，运用交通符号进行表演游戏。幼儿通过情境表演游戏，提升遵守交通规则的安全责任意识。

我设计的标志

活动形式 集体教学（美术）

核心经验 1. 大胆设计符号，能用符号解决生活中遇到的问题。

2. 喜欢参与设计活动，体验创作游戏的快乐。

活动准备 画笔、纸、剪刀、胶棒

活动过程

一、观察生活，发现问题

观察幼儿园里需要张贴标志的地方并进行记录。

活动纪实

涵涵：走廊的楼梯处我们要贴一个“小心台阶”的标志，还要贴一个“保持安静”的标志。

西西：图书角的书是乱的，我要画一个“把书放回原位”的标志。

毛毛：我们组要画一个“禁止踩踏花草”的标志，再画一个“器械摆放整齐”

和一个“禁止靠近小树”的标志。

赫赫：班级里我们要画3个标志，第一个是“禁止拿物品上床”，第二个是“衣物叠放整齐”，第三个是“请随手关门”。

二、选择材料，设计创作

选择材料进行创作，把设计的符号贴到相应的位置上，提醒大家遵守规则。

活动纪实

不要靠近小树

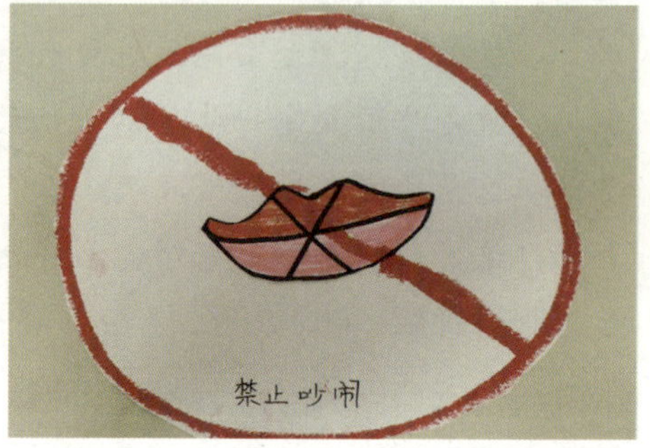

禁止吵闹

小心台阶

看完书请放回原位

三、解读作品，交流分享

解读设计符号的具体内容，交流设计符号的意思。

活动纪实

赫赫：我设计的是一个禁止符号，我要把它贴在寝室的墙上，禁止小朋友上床的时候带物品，那样是很危险的。

毛毛：我画的是“禁止踩踏花草”，我要把它贴在操场的种植区栅栏上。

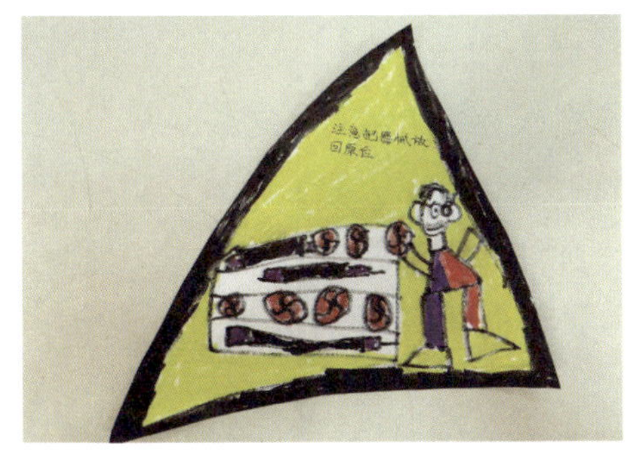

晨晨：我设计的符号是要贴在户外的器械架子旁边，我想提醒小朋友们玩完的器械要放回架子上。

小竹：我设计的是一个警示符号，我要把它贴在班级的卫生间里，提醒小朋友便后要记得冲水，这样才干净卫生。

小结：期待小朋友成为生活中的“符号设计师”，用一双明亮的眼睛观察生活，并能主动创设符号解决生活中的问题，成为自己生活的小主人。

勇往直前

活动形式 游戏活动（体育）

核心经验 1. 能主动遵守游戏规则，树立规则意识。

2. 锻炼协调能力，具备团结进取的品质。

游戏准备 标志桶、标志盘、跨栏、敏捷梯、指向符号若干

游戏玩法

在起始点摆放一个标志桶作为准备桶，哨响后幼儿先绕桶一圈再向前冲刺。根据“指挥员”出示的指向符号快速通过敏捷梯后跨栏，按照符号提示侧滑绕过 5 个标志盘，摸一下终点的标志桶后返回起点。

游戏规则 1. 哨声响后才可以出发。

2. 在滑行时不能踢翻标志盘，否则重新游戏。

游戏过程

一、热身活动，做好游戏准备

二、尝试探索，讨论游戏玩法和规则

活动纪实

1. 讨论敏捷梯的通过方式。

乐乐：通过敏捷梯时，是双脚交替通过还是跟脚通过？

欣欣：交替通过或者跟脚通过都行，但是大家要统一。

思思：对，要统一才行。交替通过快，跟脚通过慢。玩法不统一，游戏就不公平了。

毛毛：那我们所有人都双脚交替通过敏捷梯吧。

2. 讨论跨栏倒了怎么办。

彻彻：如果比赛中有小朋友把跨栏踢倒了怎么办？用不用扶起来呢？

依依：当然不能扶了，你去扶就一定会输的。

彻彻：如果不扶起来，下一组小朋友怎么跨呀？

涵涵：我感觉应该扶起来，不能给其他人带来麻烦，输了也是因为自己踢倒的，也不能怪别人。

彻彻：那好，谁如果把跨栏踢倒了就要扶起来。

三、游戏体验，掌握动作要领

活动纪实

游戏操作跨栏

游戏操作敏捷梯

经验梳理

身心准备	1. 保持良好的情绪状态，能运用符号解决生活中的实际问题。 2. 喜欢用简单的工具或材料大胆创作符号。
生活准备	1. 能将生活垃圾进行正确分类，养成保护环境的好习惯。 2. 认识不同的气象符号，能根据天气情况增减衣物。 3. 树立防火意识，初步掌握安全逃生方法。 4. 自觉遵守交通规则，具有自我保护意识。
社会准备	1. 能主动向同伴或老师表达自己的想法和需求。 2. 能看懂生活中的符号，自觉遵守日常生活中的规则。 3. 能在游戏中根据需要分工、合作。 4. 理解老师的任务要求，能向家长清晰地转述并主动去做。
学习准备	1. 愿意用图画、符号等方式记录自己的想法和发现。 2. 能清楚、连贯地讲述探索中的发现与问题，并尝试寻找解决问题的方法和途径。 3. 能认识并书写自己的名字。 4. 尝试运用统计的方法解决日常生活中的问题。

我的时间朋友

大连市甘井子区教育局幼儿园　梁百合

主题缘起

《指导要点》中指出："专注力、坚持性、计划性等学习习惯的养成，有助于幼儿入学后更好胜任新的学习任务，且受益终生。"这些良好学习习惯中，幼儿对于时间的管理尤为关键。大班幼儿即将离开幼儿园升入小学，怎样合理利用仅剩的幼儿园时光去完成更多小小心愿，是他们不断讨论的问题。"时间是什么？做一件事需要多长时间？有限的时间可以做些什么？怎样才能科学有效地管理好时间呢？"带着这些疑问，我们引导幼儿尝试与时间交朋友，共同开始了时间探索之旅。

本主题从幼儿的实际生活出发，通过观察幼儿的活动、倾听幼儿的讨论与交流，了解幼儿对时间的感知水平，并通过游戏化、可视化的方法，在一日生活各环节帮助幼儿初步尝试并学会简单的时间管理方法，使其管理好自己的时间，养成作息规律、有计划行事的好习惯。

主题网络

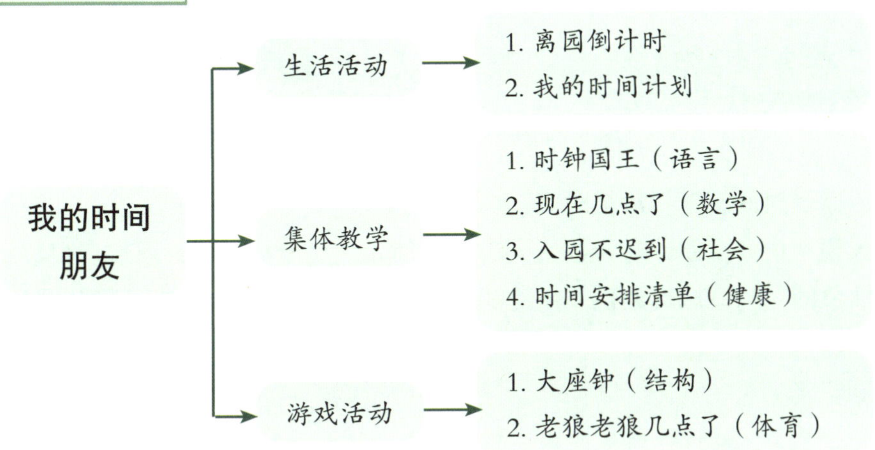

主题实施案例（节选）

离园倒计时

活动形式 生活活动

核心经验 1. 体验时间的珍贵，养成珍惜时间的好习惯。

2. 能通过倒数的方式记录时间。

3. 在每日记录中练习书写数字、姓名。

活动准备 “离园倒计时”主题展板、记录纸、笔、台历

活动过程

一、利用台历理解“天”“月”等时间概念

在讨论离园的话题时，有时会提到“还有几个月”，有时又会说“还有几十天”。那么到底是几个月，又是多少天呢？它们之间有怎样的联系？我们如何计数呢？带着这样的问题，我们利用台历和幼儿仔细翻看、点数、比较。

活动纪实

大班下学期开学几周后，在一次交谈中，我听到幼儿在讨论离园的话题。

淇淇：我已经在幼儿园三年了，这学期结束我就要离开幼儿园上小学了。

桃桃：我也是，我妈妈说这是最后一学期了，要珍惜这几个月。

二、掌握实际的离园剩余天数，设计“离园倒计时”主题展板

活动纪实

“离园倒计时”主题展板

三、感受时间流逝，珍惜时间

每天说一说离园倒计时天数，同时引导幼儿学会珍惜时间，通过观察数字的减少，将抽象的时间概念具象化，使幼儿充分感受时间的流逝，产生适当的紧迫感，激发入学热情。

活动纪实

活动过程中，教师听到越来越多的幼儿说“啊！就剩 × 天了，好舍不得呀！”

之类的话语，由此我们能够看出幼儿越来越珍惜和伙伴们、老师们相处的时光。在计算日期的过程中，教师有意识地将月份、每月多少天、几月大几月小等与时间有关的较为宏观的概念渗透在每次倒计时播报中，帮助幼儿丰富对时间的认识。

我的时间计划

活动形式 生活活动

核心经验 1. 在认识时间的基础上，尝试通过计划简单管理自己的时间。

2. 练习用不同方式表示时间，如数字、汉字等。

3. 体验独立掌控时间的快乐，激发自我管理的积极性和成就感。

活动准备 纸、笔

活动过程

一、以“事件”为轴的计划

从“今天我想做的事”出发，引导幼儿以“事件”为轴，为每一项任务分配合适的时间，充实自己的一日活动。

活动纪实

让幼儿学会管理自己的时间，在认识和体验时间的基础上，我们将重点放在了引导幼儿从自己的一日生活入手安排时间，尝试合理计划和利用自己的时间。在这个过程中，我们不为幼儿过多设限，让幼儿将自己想做的事全部列举出来。有的人会将自己的计划单填得满满的，只为在幼儿园完成尽可能多的事。

幼儿以“事件”为轴制订的计划

二、以“时间”为轴的计划

在幼儿能够粗浅地安排好每日几个主要事件后，鼓励幼儿尝试不同的时间规划方法，以“时间”为轴，根据对每个任务难度和自身能力水平的评估，为每个时间段安排可行的事件，逐渐将时间计划得更为具体。

活动纪实

在实施以“事件”为轴的计划时，幼儿发现有些事需要耗费的时间很长，不仅不能顺利完成，还容易影响其他事情的进度。通过集体的分享讨论，大家逐渐认识到时间计划并不是越快越好，而是要根据不同的活动和自己的实际情况来设定。幼儿还提出，可以将游戏计划分为上午、下午，或者室内、室外，这样会更清晰一些，于是他们又调整了计划的呈现形式。

幼儿以“时间”为轴制订的计划

时钟国王

活动形式 集体教学（语言）

核心经验 1. 认识时钟，了解时钟的构成。

2. 结合生活经验，理解时钟的用途。

3. 愿意遵守时间规则，做事不拖沓。

活动准备 绘本《时钟国王》、时钟实物

活动过程

一、经验分享

观察时钟并交流在日常生活中看到的时钟，以及对时间的了解和体验。

教师：小朋友们，这是什么？你在生活中看过这样的时钟吗？它们是什么样子的？为什么要使用时钟呢？如果没有时钟，我们的生活会变成什么样子？

活动纪实

1. 生活中的时钟。

宏宏：我家里就有时钟，挂在门口，随时都可以看到。

果果：幼儿园里也有时钟，墙上挂着的是大的时钟，柜子上还摆了好多小的数字时钟。

哲哲：玩具柜里面还有好多可以玩的钟表。钟表都是一个大圆盘，还有几根指针，有的长有的短。

2. 时钟的作用。

麟麟：时钟能告诉我们时间，如该吃饭了，该睡觉了。

臻臻：如果没有时钟，大家都不知道是几点，上幼儿园就会迟到。

一一：我和好朋友周末出去玩，会约在几点见面，如果没有时钟，就不知道几点钟，我们就没法见面。

二、绘本分析

集体读绘本《时钟国王》，理解故事内容。

教师：时钟王国里有一位时钟国王，国王的时钟会显示正确的时间，王国内所有的时针都得按照国王的钟表运行。今天让我们走进时钟王国，看看故事里的人依靠着时钟是如何生活的吧。

1. 欣赏绘本至“国王摘掉时针”。

教师：故事里人们的生活非常有规律，他们都是在什么时间段做哪些事呢？国王拔掉了自己的时针，你觉得会发生什么事？时钟王国没有了时针后发生了哪些事？你觉得国王会怎么做？

2. 继续欣赏绘本故事至结尾。

教师：如果你住在时钟王国里，你喜欢时钟国王吗？为什么？时钟王国恢复了正常的生活，你觉得时钟重要吗？为什么？

三、梳理总结

明确时钟与生活的关系，激发幼儿守时的情感态度，帮助幼儿养成做事不拖沓的好习惯。

教师：如果你是时钟国王，你想要怎样安排大家的生活呢？

活动纪实

果果：该做什么事的时候就做什么事，要不然什么都做不好。

霖霖：该吃饭的时候吃饭，该玩玩具的时候玩玩具，该收玩具的时候就得立刻收，不能贪玩，要不然就像时钟国王一样饿肚子了。

哲哲：我要是时钟国王的话，我可不能像他那样偷懒，这样世界都乱套了，人们都迷迷糊糊的，不知道应该做什么。

昊昊：如果实在没有时间，也可以看太阳。古时候人们都是看太阳来判断时间的，太阳在头顶上就是中午，太阳落山了就是晚上。

小结：无论如何，按时作息都是非常重要的，我们要遵守时间规定，养成做事不拖沓的好习惯。

现在几点了

活动形式　集体教学（数学）

核心经验　1. 学习日常生活中的时间表示方式，能够用数字表示时间。

2. 会看电子时钟，能够在指针时钟上认出整点、半点。

3. 初步掌握每日作息中对应时间点应该完成的事情。

活动准备　谜语、指针时钟、电子时钟、时钟模型

活动过程

一、谜语导入

通过猜谜语，导入活动主题。

教师：小朋友们，老师今天带来一个谜语，请大家猜猜它是什么：会说没有嘴，会走没有腿，它会告诉我，什么时候起，什么时候睡。谜底是时钟，那么时钟都有什么用处呢？

活动纪实

果果：时钟可以告诉我们时间。

小宇：时钟可以告诉我们现在该做什么了。

哲哲：时钟也可以让我们知道已经过了多久了。

教师：时钟是计时工具，可以告诉我们现在是什么时间，应该做什么，帮助大家养成良好的生活习惯。

二、观察讨论

1. 观察时钟的钟面，认识秒针、分针和时针，并初步理解它们所代表的意思。

教师：时钟上有什么？它们一样吗？它们跑得一样快吗？

2. 操作时钟模型，认识并巩固整点和半点。

教师：请看，现在是几点？你是怎么知道的？请在你的时钟模型上操作，早上 7 点起床，晚上 4 点半离园，时钟上的指针应该分别指向几？

活动纪实

聪聪：时钟上有三根指针，两根粗的，一根细的。

一一：这个时钟玩具上只有两根指针，两根指针不一样长。

晨晨：我知道，短的代表小时，长的代表分钟。

孟孟：这两个钟表一样，都有三根指针，一根短的，两根长的；一根粗的，两根细的。

三、经验拓展

观察电子时钟，学习用数字表示时间。

教师：这个时钟和刚才的时钟有什么不一样？ 7 点起床、4 点半离园还可以怎样表示？你觉得哪种时钟用起来更方便？

活动纪实

麟麟：我觉得电子时钟更方便，能直接读出时间。

臻臻：我也觉得是这样，电子时钟可以一直到 24 点，指针时钟只有 12 个数字。

果果：但是指针时钟能看到秒，电子时钟看不到，我觉得还是这个（指针时钟）更厉害。

入园不迟到

活动形式　集体教学（社会）

核心经验　1. 保持规律作息，坚持早睡早起，按时入园不迟到。

2. 能够独立整理个人物品，有自我管理的意识。

3. 有意识观察来园路线和所需时间，按交通指示安全入园。

活动准备 笔、签到板、时钟、幼儿园作息时间表

活动过程

一、交流讨论

1. 观察签到板、幼儿园作息时间表，明确入园时间。

教师：一起数一数，今天有几位小朋友没有迟到，成为“按时入园之星”？看一看，想要成为不迟到的好孩子，每天早上需要几点来幼儿园。

活动纪实

★指导幼儿在每日早入园时，将自己的名卡贴到出勤板上，由值日生统计并写出来园人数。如 2023 年 6 月 9 日，男生 8 人，女生 7 人，总共 8+7=15 人。在日常记录中让幼儿逐渐学会点数统计和简单的加法运算，体验用数学解决生活问题的乐趣。

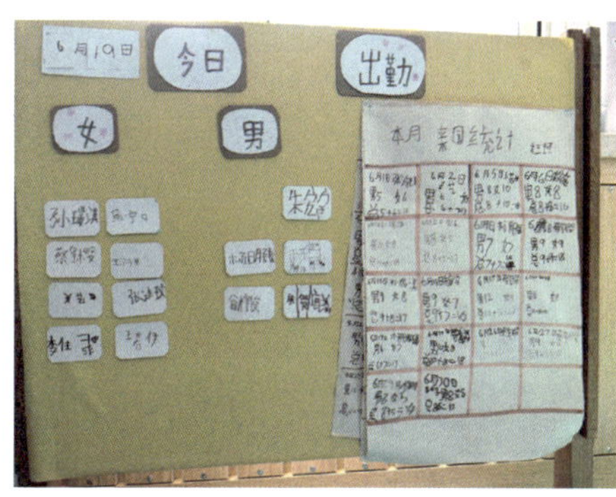

幼儿园签到板

★引导幼儿观察幼儿园作息时间表，了解每日活动不同环节的时间点和活动时长。

2. 讨论早上起床、洗漱、吃早餐、准备个人用品等的顺序，对每个过程做出时间要求，合理计划起床时间。

教师：早上来园前，我们在家里都要做什么？

活动纪实

宏宏：我觉得为了节省时间，应该在前一天晚上睡觉前就把第二天要带的东西准备好，省得早上起来急急忙忙的，还容易落下东西。我有时候想带来分享的书，晚上睡觉前看完放下，早上起来就忘了。我现在晚上看完书就放到书包里，早上就不会忘了，还可以很快出门。

果果：吃水果、吃饭的时候不能东张西望，耽误了时间，玩的时间就很少了。

霖霖：我小的时候会贪玩，想多玩一会儿，到时间没有去厕所，结果尿裤子了。我觉得这样是不对的，妈妈说身体也有自己的时间规则，要按时做对应的事。

二、集体创作

集体完成来园路线图，明确来园路线和所需时间。

教师：你是怎么来幼儿园的？通常需要花费多长时间？

活动纪实

1. 制作过程。

幼儿集体讨论制作来园路线图

2. 交流讨论。

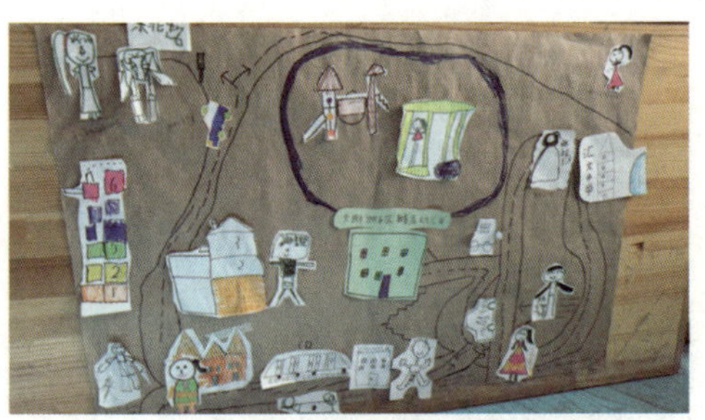

幼儿制作完成的来园路线图

宏宏：我是爸爸每天开车送我来幼儿园的，从春柳那边过来。车停在幼儿园坡下面，我们再走上来。步行的时候要注意看车，走人行横道。

臻臻：我是坐公交车来的，从友谊桥上车，一直沿着华北路走，大概需要半个小时。

淇淇：我家很近，我是和姥姥走过来的，从王家桥顺着东纬路一直走就行了，20 分钟就到了。

三、情景模拟

分组通过扮演的方式模拟家庭环境，幼儿扮演自己或家长，自己整理书包、穿衣等，并和“家长”一起来园，路上注意遵守交通规则。

时间安排清单

活动形式　集体教学（健康）

核心经验　1. 树立有序做事和珍惜时间的意识。

2. 能用图表和文字记录时间安排。

3. 尝试运用清单进行自主时间管理。

活动准备　纸、笔、时间安排清单样例、计时器

活动过程

一、交流讨论

交流离园后至睡觉前的时间安排。

教师：离园后，你们都做了些什么？大家同样的时间离开幼儿园，差不多时间睡觉，为什么有的人做了好多想做的事，有的人没做什么时间就溜走了呢？

二、设计清单

尝试用列清单的方法制作时间安排表。

教师：这张时间安排清单（样例）与我们以前见到的时间表有什么不同？不同颜色代表什么呢？

时间安排清单样例

邀请已上小学的毕业幼儿制作清单式时间安排表，供幼儿学习参考。

教师：请尝试用列清单的方法，制作一份属于你的时间安排清单吧！

毕业幼儿的时间安排表

三、幼儿操作

参照样例，自主设计自己的时间安排清单。

活动纪实

为了帮助幼儿进一步了解一些常见任务的时长，我为大家提供了可视化计时器，让幼儿在操作、计时中逐渐掌握每个任务的完成时间。如收玩具需要 5 分钟，叠被子需要 3 分钟等。引导幼儿尝试通过清单的形式，更好地规划不同时间段内要完成的小任务。每完成一项，幼儿都会非常有成就感。同时，我们专门留一段时间让幼儿对照计划分享自己计划的实施情况，通过不断反思，改进、调整自己的时间安排。幼儿清楚在园生活的时间安排后，我们会引导幼儿和家长共同完成离园后的作息时间安排，让幼儿在家中也能够有计划地实现规律作息。

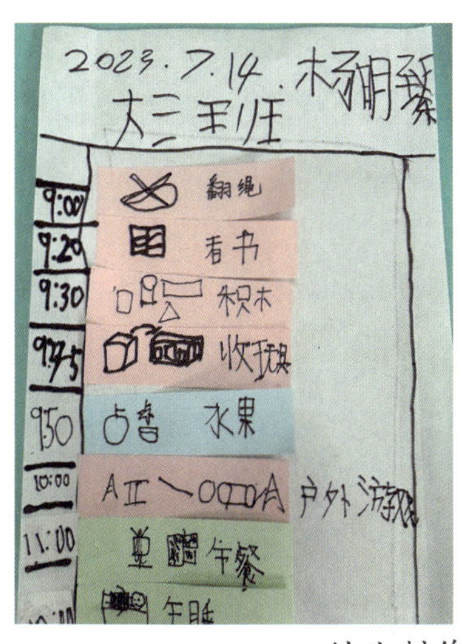

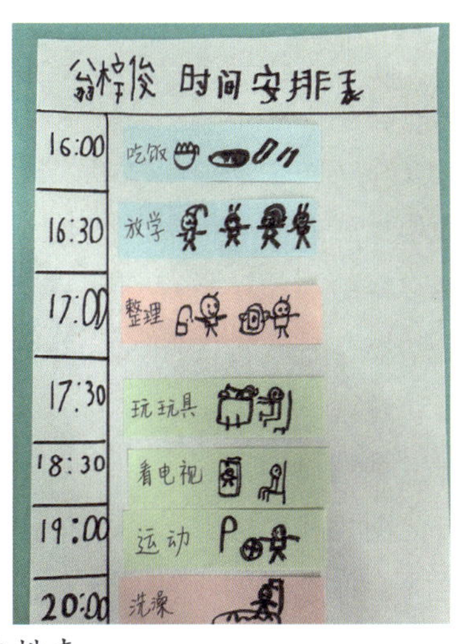

幼儿制作的时间安排表

四、延伸活动

1. 在班级内实行奖励制度，帮助和督促幼儿坚持按照清单实施时间规划。从按时收拾玩具、午睡按时起床等小事做起。在幼儿成功或需要努力时及时用不同的标志记录，让幼儿体验管理时间的乐趣和成就感，激励幼儿坚持良好的行为。

2. 鼓励家长在家中根据幼儿园的作息时间和幼儿一起设计居家作息时间表，激励幼儿自觉遵守时间计划，家园互动，合力帮助幼儿培养时间观念，自觉遵守作息时间。

教师应向家长强调，这是幼儿的时间安排，要保证幼儿的主动参与，不可包办代替，要将时间还给幼儿，也将时间管理的主动权还给幼儿。

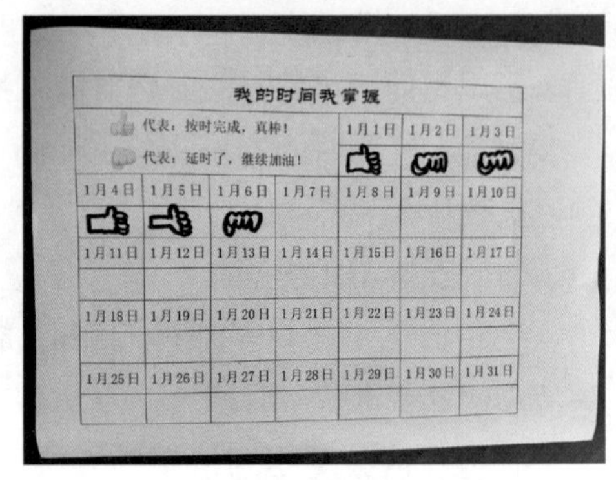

幼儿时间管理奖励记录表

活动纪实

尝试和幼儿一起制订休息日的居家时间安排饼状图，以更直观、形象的方式，辅助幼儿学会分配、管理自己的时间。用一个大圆代表一天，将其分割成若干块，把每天固定要做的事填进去，例如起床、吃早餐、户外游戏等，并积极执行。也可以把时间形象化，如用太阳、月亮代表不同的时间，再画一些简单的图案，如床、面包、玩具等代替文字，方便幼儿理解。

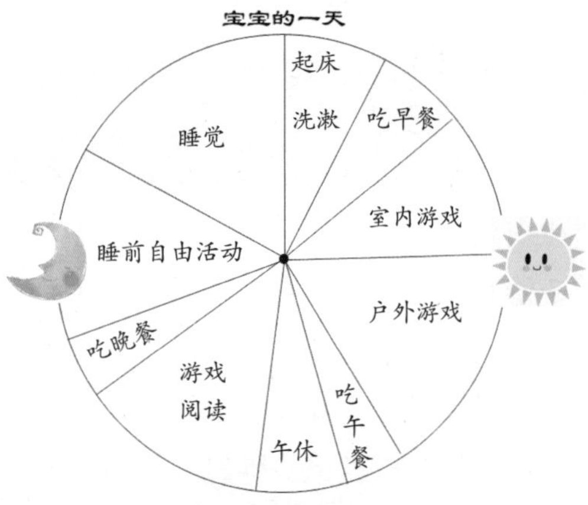

幼儿的居家时间安排饼状图

大座钟

活动形式 游戏活动（结构）

核心经验 能用叠高、架空、对称等搭建技巧和同伴合作搭建大座钟。

活动准备 座钟的图片、各种造型的积木、纸、笔

活动过程

一、观察讨论

结合图片和生活经验，集体讨论座钟的结构。

教师：你见过的座钟是什么样子的？由几部分构成？

二、制订计划

设计搭建图，确定搭建的大致步骤和方法。

教师：你想要怎样搭建座钟？用哪些方法？

活动纪实

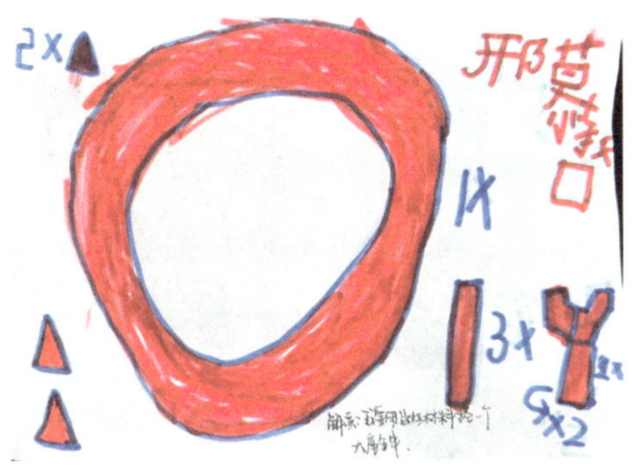

邢慕哲：我搭的大座钟需要一块圆环形的积木、两块三角形积木、三块长条积木和两块“Y”形的积木。

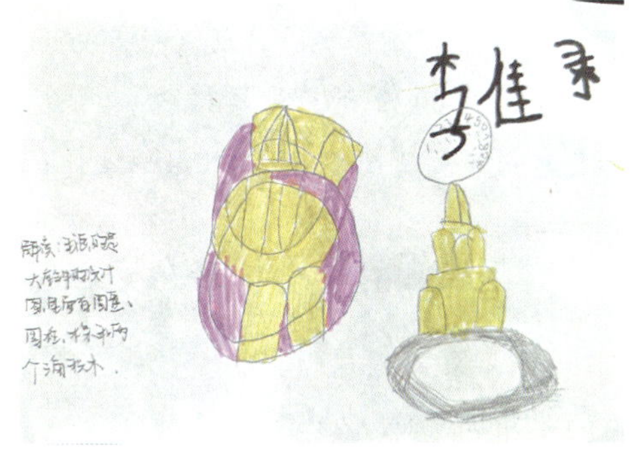

李佳录：这是我的设计图，里面有圆环、圆柱，还要用两个三角形积木来做钟楼的楼顶。

三、自主搭建

自由选择材料和同伴共同搭建，教师观察幼儿游戏情况，适时给予必要支持。

活动纪实

幼儿自主搭建大座钟

大座钟搭建完成图

四、经验梳理

回顾游戏过程，分享游戏经验。

教师：你们刚才搭了什么样的大座钟？用了哪些材料？是怎么搭成的？你在游戏过程中遇到了什么样的问题或困难？你是如何解决的呢？

活动纪实

果果：我们搭了一个有尖顶的大座钟，它特别大，像一座高楼一样。这个尖顶既是装饰，也可以作为避雷针，防止打雷破坏我们的座钟。

伊伊：这下面是空的，人可以进去，而且不止一层，上面是钟，下面是小朋友玩的地方。

小智：可是我们这个没有装楼梯，人们不能到上层，只能在下面参观，上面是给专门的人负责修理钟表的。

伊伊：我想加一个旋转楼梯，在这个大座钟外面，这样人也可以到上面这层的露台上看风景。

老狼老狼几点了

活动形式 游戏活动（体育）

核心经验 能注意倾听，依照不同口令迅速做出反应，四散追跑。

游戏准备 大灰狼头饰、宽阔的游戏场地

游戏玩法

一人扮演老狼，其他人扮演小兔子。游戏开始前，大家共同商定选择 1~24 点之间任意一个整点时间作为“老狼”抓“小兔子”的时间。游戏开始，“老狼”背对“小兔子”们站好，“小兔子”们齐声问：“老狼老狼几点了？”“老狼”要说出 1~24 中任意一个整点，当说到先前定好的时间时，“小兔子”们要迅速回到“家”（出发地点）。

游戏规则

“小兔子”逃跑过程中如果被“老狼”抓住，就要停止一次游戏。

游戏过程

一、明确游戏玩法与规则

参加游戏的幼儿在横线后站成一横排，请一个人当“老狼”，“老狼”站在横线前。游戏开始时“小兔子”们与“老狼”一起往前走，“小兔子”们齐声问：“老狼老狼几点了？”“老狼”回答说：“一点了。”然后再问：“老狼老狼几点了？”老狼回答说：“两点了。”这样继续下去，直到“老狼”说到约定好的时间时，“小兔子”们就转身向横线跑，“老狼”转身追捕，但不能超过横线，在横线前被抓到的“小兔子”停止一次游戏。

二、知晓游戏要求

提示幼儿在奔跑追逐时注意避让，避免发生碰撞或摔倒，保护自己和他人的安全。

三、进行游戏过程表征，分享交流游戏经验

活动纪实

幼儿的游戏表征

经验梳理

身心准备	1. 初步了解小学生活作息，对入学充满向往和期待。 2. 日常生活与游戏活动中能经常保持积极、稳定的情绪。 3. 喜欢运动，每天能积极、连续参加体育活动半小时以上。 4. 手部动作协调，能使用简单的工具和材料。
生活准备	1. 保持规律作息，坚持早睡早起，按时入园不迟到。 2. 有初步的时间观念，在各项活动中守时、不拖沓。 3. 能自觉遵守规则，有自我保护意识。 4. 按计划主动、按时承担分餐、清洁、整理等班级劳动。
社会准备	1. 能和同伴友好相处，分工合作共同完成任务。 2. 积极遵守游戏和日常生活中的规则，按时参与各项活动。 3. 理解任务要求，并在规定时间内自觉、独立完成各项任务。 4. 初步建立集体归属感，愿意为集体出主意、想办法、做事情。
学习准备	1. 对生活中与时间相关的问题保持好奇心和探究欲。 2. 尝试有计划地安排自己一段时间内的活动，并在规定时间内专注、坚持完成。 3. 喜欢通过图书了解有关时间的知识，愿意用图画、符号等方式记录自己的想法和发现。 4. 尝试运用数学的方法感知时间的增加或减少，体验运用数学方法解决问题的乐趣。

奇妙的线绳

大连市沙河口区第二教师幼儿园 刘欢欢 周玲慧

主题缘起

跳绳是大班幼儿非常喜爱的一项户外体育活动，因此我们以跳绳活动为契机，对生活中随处可见的线绳，如用来跳绳的麻绳、竹节绳、塑料绳，用来翻花绳的尼龙绳、棉纱绳，粘贴画用的毛线绳、毛根扭扭棒等开展探究是很有价值的活动。一根绳子可以带来无数种可能，这引发了幼儿与线绳互动、探索玩法的欲望。为充分尊重幼儿身心发展规律和特点，实施科学的保育教育，一场关于绳子的探索之旅在大班幼儿的交流讨论中开始了，“奇妙的线绳”主题课程由此生成。

本主题从寻找身边的绳子出发，在调查、交流中引导幼儿探索绳子的各种玩法，了解生活中各种线绳给人们带来的便利，掌握玩绳的基本技能，发展肢体动作，体验运用线绳创作的乐趣。

主题网络

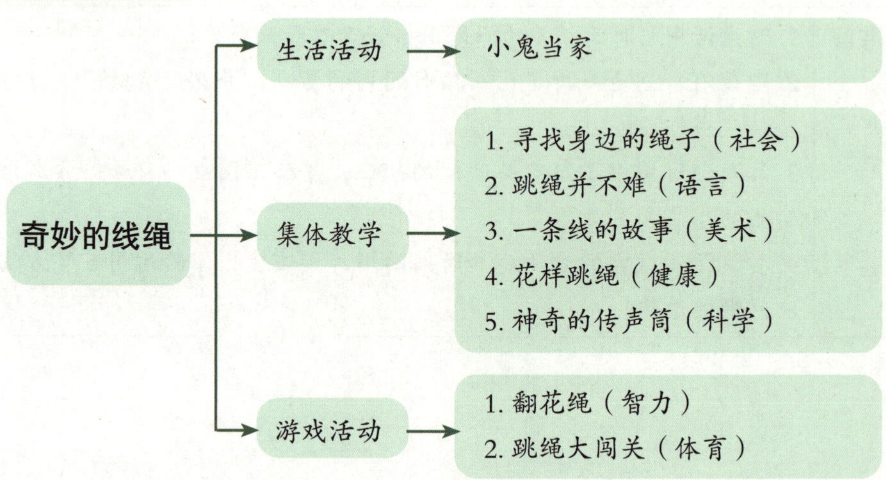

小鬼当家

活动形式 生活活动

核心经验

1. 知道自己的事情自己做，能按需喝水、如厕、分类整理和保管好自己的物品。
2. 愿意主动承担并完成分餐、清洁、整理等班级劳动。
3. 养成自觉洗手的良好卫生习惯。

活动准备 卡纸、彩色笔、书包

活动过程

一、体验自主进餐和饮水，提高自我管理能力

每日自主饮水，随需随喝，进餐时自主取餐，安静进餐，是大班幼儿做好个人生活管理的第一步。首先与幼儿讨论什么是自主进餐和自主饮水，自主进餐时应该怎么做。让幼儿每天坚持自主饮水、自主进餐，在不断的自我服务中，提高生活自理能力，也有助于幼儿做好入学后学习和生活的自我管理，增强独立性和自信心。

活动纪实

1. 讨论什么是自主进餐。

靖洋：自主进餐就是自己吃饭。

熙熙：就像吃自助餐那样吧。

非非：我去饭店吃过自助餐，自己想吃什么就拿什么，但不能浪费。

2. 共同探讨自助进餐规则。

小述：取餐时要排队，不能抢也不能挤。

博裕：吃多少盛多少，不能浪费。

贝贝：不能挑食，蔬菜和肉都要吃。

书豪：吃完饭，要检查桌面、地面，还要把餐盘送回大盆里。

佳怡：吃饭之前还要洗手。

3. 制定自主进餐规则。

幼儿绘制的自主进餐规则

二、开展“整理书包小能手”活动，帮助幼儿学会分类整理和存放个人物品

书包是大班幼儿升入小学后每天朝夕相处的必要物品。书包该如何使用？书包里需要带哪些物品？书包的各个位置放什么样的物品？开展“整理书包小能手”活动，让幼儿在游戏挑战中，逐步学会分类整理和存放个人物品。

活动纪实

1. 介绍自己的书包。

教师：你的书包是什么样的？

佳怡：我的书包很大，是蓝色的，有一个爱莎公主的图案，是妈妈给我买的。

非非：我的书包有很多层，可以装很多东西。

承煜：我的书包旁边有两个小口袋，可以装水杯。

靖洋：我的书包侧面也有装水杯的地方。

2. 讨论书包的结构与用途。

教师：书包里有这么多层，都可以用来装什么呢？

博裕：最大的那层可以装我们的书、图画本。

熙熙：前面小一点的口袋可以装笔袋，另一个可以装跳绳。

述希：侧面的口袋可以装水杯，方便我随时拿出来。

典典：小的口袋里还可以装纸巾、口罩。

3. 开展“整理书包小能手”挑战赛。

三、开展“争当小班长”活动，初步培养幼儿的责任感

什么是小班长？小班长可以为班级做哪些事情？幼儿在讨论交流中，总结出班级小班长的各项职责，并通过每日竞选投票的方式选出各个岗位的小班长。小班长们在主动承担并完成分餐、清洁、整理等班级劳动中，增强了自信心，初步树立了责任感。

活动纪实

1. 讨论什么是小班长。

熙熙：小班长就像小老师，老师不在的时候可以管小朋友，不让小朋友乱讲话。

非非：小班长就是班干部，我哥哥小学里就有。

以可：我姐姐小学里也有，还有学习委员、体育委员呢。

靖洋：我也想当小班长，可以当老师的小助手。

2. 共同商讨班级小班长职责。

教师：我们班级里有哪些事情需要小班长帮忙管理呢？

贝贝：小班长可以检查小朋友吃饭桌面干不干净，也可以检查地面。

小逯：户外活动时，可以帮忙把水杯用小推车推出去。

天扬：吃饭前还可以向老师那样给小朋友介绍今天吃什么。

教师：小朋友都想当小班长，我们怎么选呢？

靖洋：可以举手表决，谁的票数多就选谁。

熙熙：可以每天换人，这样大家都可以当。

3. 制订小班长值日表。

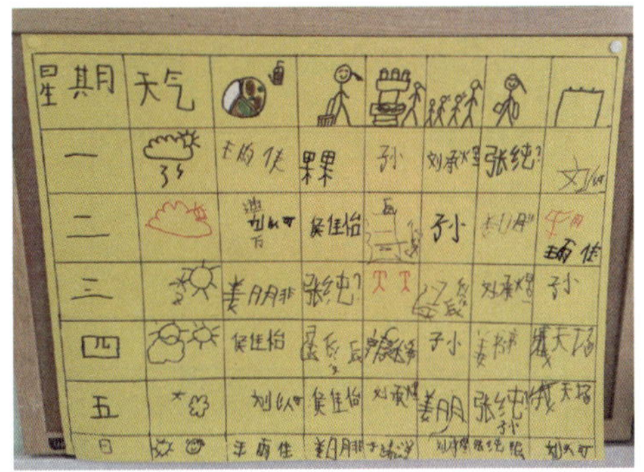

幼儿共同讨论制订的小班长值日表

寻找身边的绳子

活动形式 集体教学（社会）

核心经验 1. 了解常见线绳的不同用途。

2. 能够发现线绳的各种玩法，并乐在其中。

3. 乐于探索，主动且大胆展示自己的调查结果。

活动准备

1. 在家长的帮助下收集身边各式各样的线绳，并完成调查记录表

2. 常见的线绳若干

活动过程

一、展示分享

展示分享调查成果。

教师：老师看到每位小调查员的记录表内容都非常丰富。哪位小调查员想主动和大家分享你找到了哪些线绳？它们都可以用在哪些地方？

活动纪实

熙熙：我找到了特别漂亮的线绳，是带蕾丝的，可以装饰女孩子的裙子。

果果：我找的线绳是毛线，冬天穿的毛衣就是毛线织的，毛线有很多颜色，粗细也不一样。

非非：我找到了鞋带。

靖洋：我找到了棉线绳，要是衣服扣子掉了，妈妈可以用它帮我缝上。

佳怡：这个是毛根扭扭棒，我们教室里有很多，它可以做手工。

博裕：我找到了爸爸钓鱼用的鱼线。

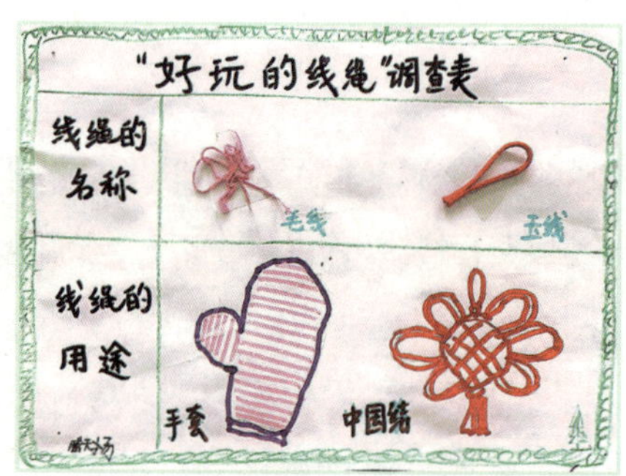

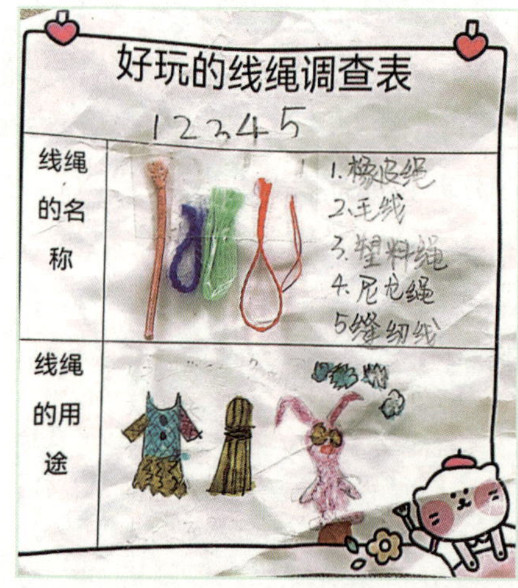

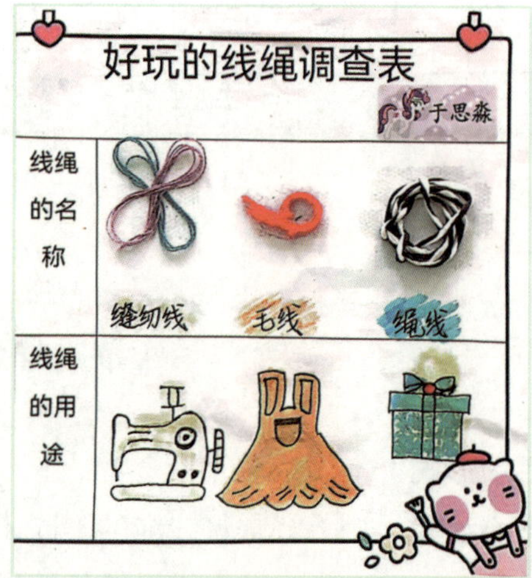

幼儿在家长协助下完成的线绳调查表

二、分类挑战

将收集到的线绳按照不同特点或用途进行分类。

教师：我们了解了线绳和它们的作用。如果给它们分分类，你想怎样分呢？每个小组可以讨论一下，说说你们组想怎么分。

活动纪实

小吴：我们组是按照颜色给线绳分类的。

贝贝：我们组是按照线绳的作用分的类。

佳佳：我们组是按照绳子的长短分的类，把特别长的放在一起，把短一点的放在一起。

小述：我们组觉得这些绳子拉起来能变长，有弹力，而这些没有，我们就把有弹力的和没弹力的分开了。

三、探索玩法

探索线绳的多种玩法。

教师：在这些线绳中还隐藏着很多有意思的小游戏，你想怎么玩呢？用你手中的线绳试着玩一下。

活动纪实

多多：我挑了几根线绳，用它们搭成了迷宫。

小逯：我和希希玩了翻花绳。

熙熙：我用线绳制作了一个降落伞，妈妈教我的。

雨佳：我用彩带系了一个蝴蝶结，可以戴在头上。

贝贝：我用线绳绕出了一只小蜗牛。

靖洋：我用毛根扭扭棒做出了一个手环。

佳怡：我用毛根做出了一个戒指。

四、趣味延伸

教师：老师还准备了和线绳有关的趣味小游戏，自主活动的时候大家可以继续和线绳交朋友。

跳绳并不难

活动形式　集体教学（语言）

核心经验　1. 理解绘本中正确的跳绳姿势和技巧。

2. 能够回忆并说出绘本中的主要内容。

3. 喜欢阅读绘本，同时对跳绳产生兴趣。

活动准备　1. 有跳绳的经历

2. 绘本《跳绳并不难》

3. “跳绳遇到的困难”小调查

活动过程

一、谈话讨论

幼儿交流自己跳绳的经历及遇到的困难。

教师：大家平时是怎样跳绳的呢？你在跳绳的过程中遇到了哪些困难？

活动纪实

小述：跳绳的时候需要两只脚并齐站好，两只手握住绳把儿，跳就可以了。

非非：绳的长度要合适，我有时候跳绳会绊到脚，我觉得是绳子有点短了。

小迪：我觉得跳得高一点就能跳好绳，跳得低会跳不过去。

熙熙：可是跳得高会很累，跳着跳着就没有力气了。

博裕：我跳绳的时候腿总跳不起来，还容易被绳绊倒，摇绳的时候绳子也总是跑偏。

佳佳：我跳绳的时候脚总跳不过去，而且绳子有时候甩不过头顶。

二、倾听理解

师幼共同阅读绘本《跳绳并不难》，理解绘本内容。

教师：我们一起来阅读这本绘本，看看《跳绳并不难》讲了什么事。绘本的封面上有谁？他们在干什么？跳绳前我们要练习什么动作？跳绳的时候要注意什么呢？

活动纪实

博裕：绘本封面画的哥哥和妹妹，他们在跳绳。

若溪：跳绳前先练习让绳子在身体的正前方和侧面转动。

小豪：跳绳前还要练习跳，不用跳得太高。

悦悦：跳绳前还需要调整好绳子的长度。

希希：跳绳的时候需要并脚前摇跳。

小羽：还可以两只脚交替着跳。

三、交流总结

理解绘本后，找到解决自己跳绳遇到困难的办法。

教师：你的小困难在绘本中找到解决办法了吗？请你画下来。

活动纪实

熙熙：跳绳时，要大臂夹紧，用小臂来摇。

书羽：可以通过手抓吊杆或者举重锻炼手臂的力量，这样绳子就能甩过去了。

靖洋：可以手掐腰，双脚并拢原地跳 50 下，锻炼我们的腿部力量；可以手扶柜子练习踮脚；可以先慢速跳过绳，熟练后再练习快速跳。

小述：甩绳的时候，两只手不能聚到身体前面，因为距离越近越容易交叉到一起，洞变小就不容易跳，还会绊倒。

一条线的故事

活动形式 集体教学（美术）

核心经验 1. 知道什么是线条创意画。

2. 能够随意画出一条生动的线并创造性地大胆添画。

3. 乐于绘画，在创作中感受线带来的乐趣和美。

活动准备 1. 有绘画经验、有一定的想象力和生活经验

2. 画纸、彩笔、彩带

活动过程

一、感受线的灵动

感受教师手中舞动的彩带带来的灵动美。

教师：这条舞动的彩带像什么呢？请每个小朋友都让手中的彩带飞起来，观察你的彩带是怎样飞的。

活动纪实

扬扬：像五颜六色的蝴蝶在飞。

可可：像舞狮！

贝贝：像会跳舞的彩虹。

洋洋：像小美人鱼在水里游。

二、记录线条美

用线条将飞舞与灵动的彩带画在画纸上。

教师：你的彩带是怎样飞的呢？请你用线条画下来。洋洋说飞舞的线条像小美人鱼在水里游，小美人鱼有漂亮的头发、眼睛、鱼鳞等，可以将美人鱼的特征画在线上，把线条装饰得更美丽。你的彩带还像什么？把它画得更生动完整。

三、理解线条创意画

了解什么是线条创意画。

教师：在画纸上随意画一条灵动的线，再发挥想象力在线条上添画，这就是线条创意画。

四、分享创意画

分享自己的线条创意画。

教师：请说一说你的创意画上都有什么。

活动纪实

扬扬：我的线条来到了大海里，遇到了许多海洋生物，有小螃蟹、小乌龟、小鱼和海草。

非非：我的线条变成了三条鱼、小蝌蚪、奇形怪状的蜘蛛和两只小蝴蝶，还有一扇大门。

靖洋：这是一位公主在跳舞，她吸引了好多小动物围着她转。

熙熙：这是一张大渔网，网住了许多小鱼。

五、创意画延伸

教师：听了小朋友们的分享，如果你想让线条更丰富，可以在自主活动时间继续添画。

花样跳绳

活动形式 集体教学（健康）

核心经验 1. 了解花样跳绳的跳法。

2. 能够连续协调地跳花绳。

3. 愿意体验花样跳绳活动并对跳绳感兴趣。

活动准备 1. 有较熟练跳绳的经验，有一定的自我保护意识和安全意识

2. 跳绳若干、计时器

活动过程

一、活力热身运动

幼儿练习双脚前后跳过跳绳

二、回忆跳绳姿势

回忆绘本故事《跳绳并不难》中正确的跳绳姿势并进行基础跳绳练习。

教师：跳绳前有哪些练习动作？跳绳的正确姿势是什么？

三、花样跳绳初体验

练习花样跳绳。

教师：（同配班老师示范双人面对面跳法）老师是怎样跳花绳的呢？两人一组试着跳跳看。

活动纪实

多多：两个人面对面，其中一个人拿着跳绳，摇绳之后两个人一起跳。

博裕：两个人都跳过去才算一个完整的花绳。

非非：我的个子高，以可个子低，我俩一起跳总是跳不好。

靖洋：不能提前跳，要看准了再跳。

熙熙：两个人不能离得太远，要不跳绳不够长。

贝贝：可以喊个口号，两个人一起跳，比如说“跳”。

佳怡：我觉得跳花绳挺有意思的，就是有点难，需要两个人多练习。

幼儿挑战三人、四人跳绳

四、花样跳绳大挑战

分组进行 1 分钟花样跳绳挑战赛。

教师：在 1 分钟内，哪一组的花样跳得完整并且个数最多，哪一组获胜。比赛过程中要注意安全。

五、放松延伸

运动后进行放松，探索更多花样跳绳姿势。

教师：今天我们学习了一种跳绳的花样，大家可以在户外活动的时候探索更多的跳绳新花样。

神奇的传声筒

活动形式 集体教学（科学）

核心经验 1. 了解传声筒传声的奥秘。

2. 能够通过对比得出结论。

3. 体验与同伴合作探索的快乐，对科学活动感兴趣。

活动准备 1.《传声筒传声的奥秘》视频

2. 制作传声筒材料：纸杯若干、线绳、剪刀

3. 有一定的探究欲望、自我保护意识和安全意识

活动过程

一、传声筒制作

幼儿探究制作线绳传声筒。

二、传声筒探秘

在游戏中试着发现传声筒传声的奥秘。

教师：线绳拉直和弯曲时听到的声音一样吗？（猜想）为什么不一样呢？

幼儿探究传声筒奥秘

活动纪实

贝贝：传声筒真神奇，我用很小的声音，小迪也能听到我说了什么。

小迪：我觉得听到的声音一样吧，都是一样长的绳子，一样的纸杯。

靖洋：我觉得不一样，绳子拉直时我俩离得远。

非非：我觉得也不一样。

三、传声大侦探

观看《传声筒传声的奥秘》视频。

四、奥秘大揭晓

梳理传声筒传播声音的奥秘。

教师：声音是通过什么发出和传递的？拉直后的线绳产生振动，声音就会传到另一边，而弯曲的线绳很难振动发声。

活动纪实

果果：声音是通过振动发出和传递的。

博裕：我对着纸杯说话，纸杯连着的线绳会发生振动，然后把声音传到另一头的纸杯里。

熙熙：弯曲的线绳和拉直的线绳听到的声音不一样，通过拉直的线绳传来的声音更清楚。

多多：可能因为拉直的线声音可以直直地传过来，弯曲的线绳很软，声音传过来会遇到“爬坡”。

五、活动延伸

体验传声小游戏——悄悄话，继续探究传声奥秘。

教师：如果将线绳换成铜丝或者其他绳子，声音还会传播吗？声音的传播和绳子的材质有关系吗？回家之后可以和爸爸妈妈一起做小实验继续探究奥秘。

翻花绳

活动形式 游戏活动（智力）

核心经验 十指灵活地与同伴合作，翻出多种花样。

游戏准备 1. 长短适当的线绳若干

2.《花绳的多种翻法》视频

游戏过程

一、探索分享

讨论、分享并尝试自主翻花绳。

教师：你想怎么玩？可以把花绳翻出什么造型呢？

活动纪实

佳怡：可以套圈。

非非：可以翻把手枪。

小述：可以翻蝴蝶。

幼儿合作翻花绳

幼儿用绳子翻出“降落伞”

二、模仿技巧

播放《花绳的多种翻法》视频。

三、自主体验

模仿视频中的翻绳技巧。

教师：试一试你能翻出什么造型和花样。

四、经验梳理

分享翻绳经验，总结翻绳技巧。

教师：你今天的线绳都翻出了什么花样？还想翻出什么花样呢？

活动纪实

小吴：我翻出了降落伞。

洋洋：我翻出了大枣。

小逯：我翻出了裤子。

非非：我翻出了蹦床。

小述：我还想把蝴蝶翻出来。

跳绳大闯关

活动形式 游戏活动（体育）

核心经验 掌握双脚跳的动作要领，增强身体协调性。

游戏准备 标志桶、标志盘、跳绳若干，热身练习

游戏玩法

游戏玩法一（简易版）

幼儿有序进入“赛道”，按照顺序利用双脚跳躲避障碍物，中途不破坏障碍者获胜，可从两侧跑回队尾再次游戏。

游戏玩法二（升级版）

幼儿手拿障碍盘有序进入“赛道”，双脚跳躲避障碍物，中途不破坏障碍且将障碍盘送达指定位置者获胜，可从两侧跑回队尾再次游戏。

游戏规则 1. 幼儿按照双脚跳动作要领闯关。

2. 闯关途中不破坏障碍物。

游戏过程

一、游戏前热身

幼儿布置“赛道”

二、学习、练习双脚跳动作要领

教师：双脚左右开立，脚尖平行，屈膝微微下蹲，两臂自然后摆，继而两腿迅

速蹬伸，同时两臂迅速有力向前上摆离地跳起，落地时用前脚掌着地屈膝缓冲。

三、自选材料布置跳绳大闯关的“赛道”

四、制定玩法和规则，进行闯关游戏

幼儿进行“跳绳大闯关”游戏

经验梳理

身心准备	1. 保持良好的情绪状态，具备一定的情绪调控能力。 2. 积极参加多种形式的户外活动，能连续跳绳。 3. 手部动作协调，能使用简单的工具和材料。
生活准备	1. 保持良好的个人卫生习惯，有自觉洗手的习惯。 2. 能按需喝水、如厕、增减衣服。 3. 坚持自己的事情自己做，能分类整理和保管好自己的物品。 4. 愿意主动承担并完成分餐、清洁、整理等班级劳动。
社会准备	1. 愿意为集体出主意、想办法、做事情。 2. 具有一定的规则意识、自觉遵守各项活动规则。 3. 能与同伴分工合作共同完成任务，遇到困难互帮互助，发生冲突时尝试协商解决。 4. 具备任务意识和执行任务的能力。
学习准备	1. 对身边的新事物感兴趣，有好奇心和探究欲。 2. 能专注地做事，遇到困难不放弃。 3. 喜欢阅读，能说出图画书的主要情节，并有自己的理解和想法。 4. 愿意用图画、符号等方式记录自己的想法和发现。 5. 愿意用数学方法尝试解决游戏和生活中遇到的问题。

我长大了

大连市甘井子区教育局春田幼儿园 崔露露 张玲

主题缘起

幼儿升入大班，在一次常规的测查身高、体重后，我把去年测查结果的照片和视频播放给幼儿观看，幼儿发现自己的样貌、身高、体重都发生了变化，对比的结果引起了幼儿的关注。我们紧紧抓住幼儿对此进行讨论的教育契机，从生活活动、游戏活动、教学活动的多元角度出发，生成“我长大了”主题活动。幼儿在亲身感知、实际操作中，感受自己的成长，懂得自己长大了，掌握了更多的本领，学会了遵守活动规则，愿意服务集体和他人，能愉快地和大家一起游戏、学习，更有做哥哥姐姐的自豪感和责任感。

主题网络

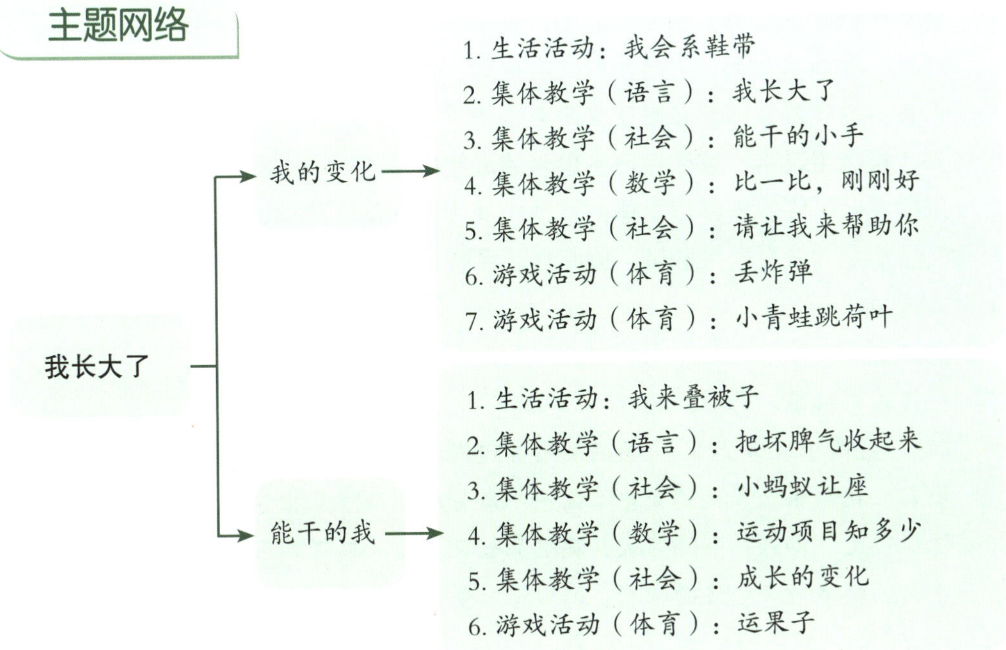

主题实施案例（节选）

主题一 我的变化

我会系鞋带

活动形式 生活活动

核心经验 1. 在儿歌的帮助下学习系鞋带的方法。

2. 能够独立将鞋带系好，增强自我服务意识。

3. 愿意自己的事情自己做，体验自己系鞋带的自豪感。

活动准备 《我会系鞋带》故事PPT、鞋带和鞋子若干

活动过程

一、观看故事，学习系鞋带的方法

学习系鞋带是幼儿小肌肉发展和锻炼生活自理能力的开始，首先通过观看故事了解为什么要系鞋带，怎样系鞋带，激发幼儿树立自我服务意识，尝试自己系鞋带。

活动纪实

教师：故事中的宝宝是怎样系鞋带的？

涵涵：宝宝把鞋带拿在手里，先将左边鞋带穿进洞里，再将右边鞋带穿进洞里，再交叉用力拉，鞋带就系好了。

坤坤：宝宝用手将鞋带穿在一起就系上了。

教师：为什么要系鞋带啊？

奥奥：鞋带不系上，鞋子太松了，走路的时候总感觉鞋子会掉。

琪琪：鞋带不系上，走路的时候会踩到，容易摔倒。

米良：鞋带不系上放在鞋子里面会硌脚。

二、挑战系鞋带，感受自己系鞋带的成就感

怎样系鞋带呢？教师以具体的活动为载体帮助幼儿体验、感知系鞋带的方法。教师鼓励幼儿尝试自己系鞋带，体验自己系鞋带的乐趣，开展挑战赛，看谁的鞋带系得又快又好。

活动纪实

1. 体验系鞋带。

阿布：把两根鞋带交叉，上面的鞋带穿进洞洞里，再将两根鞋带拉紧就能系好了。

小茹：把两根鞋带交叉，把下面一根鞋带从洞洞里穿出来拉紧，再把两根鞋带折成弧形交叉，再将一个弧形从洞洞里穿出来拉紧，鞋带就系好了。

千金：找准鞋带交叉的洞洞，鞋带很容易就系好了。

2. 开展系鞋带挑战赛。

奥奥：我找不到鞋带交叉的洞洞了。

乐乐：你交叉鞋带的时候，把洞洞留得大一点，就能穿进去了。

千金：我来帮你把交叉的位置按住，你再穿鞋带。

奥奥：这次简单多了，我一下就穿过来了。

乐乐：我已经将弧形折好了，马上就能将鞋带系好了。

奥奥：我怎么总是折不好两个弧形，每次开始折第二个，第一个弧形就开了。

千金：你用左手折左边鞋带的弧形，右手折右边鞋带的弧形，不能换手。

奥奥：还是不行，一只手折不上弧形。

千金：那我先来帮你按住第一个弧形，你再折第二个。

乐乐：我系好了，用这个方法系鞋带非常简单。

奥奥：我的弧形也折好了，穿过洞洞后拉紧，鞋带就系好了。

我会系鞋带

三、梳理系鞋带的方法

活动纪实

教师：小朋友们今天学习了系鞋带的方法，谁来分享一下，你是怎样又快又好地系上鞋带的？

吴忻洋：我用手紧紧抓住两根鞋带，这样鞋带穿进洞洞里的时候就不会散了。

韩逸冰：系鞋带的时候要先交叉，再找准交叉之后的洞洞，鞋带很快就系好了。

陆云奥：就是将鞋带折成弧形的时候，一定要抓紧，我每次折第二个弧形的时候，第一个弧形就散了。

教师：在折弧形的时候，一定要将第一个弧形紧紧抓在手里，完成后，再折第二个弧形。

张珺亦：我和小茹的方法是一样的，把两根鞋带交叉，把下面一根鞋带从洞洞里穿出来拉紧，再把两根鞋带折成弧形交叉，再将一个弧形从洞洞里穿出来拉紧，鞋带就系好了。

教师：还不是很熟练的小朋友可以用自主材料柜里的鞋子进行练习，会系鞋带的小朋友可以开展系鞋带比赛，看看谁系鞋带又快又好。

我长大了

活动形式 集体教学（语言）

核心经验 1. 学习用流畅的话语表达自己的想法。

2. 能大胆讨论“我长大了”的话题，并敢于分享。

3. 感受自己的成长与变化。

活动准备 绘本《我长大了》

活动过程

一、绘本导入

教师和幼儿一起阅读绘本《我长大了》。

教师：我们分享了《我长大了》这本书，关于长大了，你想起了什么呢？小时候的你和现在的你有什么不同？

活动纪实

米豆：小时候我的个子矮矮的，现在我已经长高了。

乐乐：小时候妈妈帮我穿衣服，现在我可以自己穿衣服了。

小竹：小时候我看到大树高高的，现在我已经敢爬树了。

奥奥：小时候我总哭，现在我已经不哭鼻子了。

二、交流分享

幼儿分享自己关于长大了的美好回忆。

活动纪实

教师：现在你长大了，和小时候有什么不同呢？

米多：我懂事了，可以帮助妈妈照顾弟弟，我的个子也长高了。

月月：我的裤子都变短了，衣服也小了。

牛牛：我的个子长高了，可以用手拿到高处的物品。

天天：我现在能自己叠被子了，而且叠得特别整齐。

昊昊：小时候都是妈妈喂我吃饭，现在我能自己用筷子吃饭了。

三、共同讨论

幼儿相互讨论长大之后的变化。

教师：你是怎么发现自己已经长大了的？长大了还有哪些变化呢？长大了之后还增加了哪些本领呢？

活动纪实

讨论1：你是怎么发现自己已经长大了的？长大了还有哪些变化呢？

糖瓜：以前我自己不会穿衣服，现在我能自己穿衣服了。

大山：有一天妈妈给我找来裤子，我穿在身上发现它变短了，妈妈说我长大了。

晨晨：过生日的时候，妈妈说我又长大了一岁。

铭铭：我以前是五岁，现在我六岁了，我长大了。

小翼：妈妈说我能帮她干好多活，说我长大了。

鸣鸣：我会写字了。

桐桐：我从中班升到了大班。

安安：我的衣服、裤子都小了，不能穿了。

桃子：我的个子长高了，床变小了。

讨论2：长大了之后还增加了哪些本领呢？

优优：我能自己穿脱衣服、裤子、鞋子。

可乐：长大了，我能用画笔画出更加漂亮的画。

恰恰：长大了，我会背诵很多古诗。

时予：我能帮助爸爸、妈妈收拾卫生，做家务。

传麒：长大了，我更加有礼貌，看见老师主动问好。

佳璘：我敢爬到很高的地方。

苗苗：长大了，我认识更多的字，画画更漂亮啦。

四、经验梳理

引导幼儿回忆小时候和长大后的变化。

教师：长大了给我们的生活带来了很多变化，我们能自己吃饭、穿衣服、叠被子，自己的事情自己做，还能帮助爸爸妈妈扫地、擦桌子，做一些力所能及的事情。

五、延伸学习

引导幼儿在家和父母一起说一说自己长大了还会做什么或发生了哪些变化，或者创编一个有关长大了的故事。

能干的小手

活动形式 集体教学（社会）

核心经验　1. 了解小手的秘密，知道五根手指的名字。

2. 能够发现自己小手的能干之处。

3. 喜欢和同伴一起用小手干些力所能及的事情，体验成功的感觉。

活动准备

1. 物质准备：儿歌《我有一双小小手》、幼儿在幼儿园里干活的照片

2. 经验准备：幼儿熟悉班级环境

活动过程

一、儿歌导入

师幼共同说儿歌《我有一双小小手》，幼儿观察小手，复习手部的名称。

教师：我们的五根手指头分别叫什么？

二、交流分享

教师：我们的小手都能干什么呢？

活动纪实

木子：我的小手可以画画、写字。

昊昊：我的小手可以折纸，我会折纸船。

天天：我的小手可以系鞋带，弟弟的鞋带都是我帮忙系的。

千金：我的小手可以捏出小兔子、小猫，还能捏出很多很多其他小动物。

小茹：我的小手可以叠被子，将被子叠得整整齐齐的。

三、操作展示

教师：小朋友的小手特别厉害，谁来展示一下你的小手能做什么？

活动纪实

教师：你的小手能做什么？

桐桐：我的小手可以洗抹布，打扫房间。我两只手先用力将抹布上的水拧干，再去擦柜子。

安迪：我的小手能摘茄子，一只手抓着上面的枝干，另一只手抓着茄子，然后用力一掰，茄子就下来了。

伊伊：我现在可以用双手画出美丽的画，左手按在纸上，右手拿着笔画。

心心：我可以用小手自己接水喝，一只手拿水杯，另一只手将水龙头打开。

思思：借助小手，我可以自己上厕所，还可以帮助老师做一些事情。

四、游戏体验

进行体验游戏“摸宝贝”，了解手具有感知物品特性的能力。

教师：我这里有一个魔术箱，请小朋友们把手伸入箱内，摸一摸，猜一猜里面有什么，说出名称后拿出来验证。

活动纪实

伊娃：我摸到了一个圆圆的东西，中间还有洞，应该是双面胶。

小爱：我摸到了水杯，和在幼儿园里喝水的杯子一样。

彤彤：我摸到了一支笔。

教师：我们的小手用处可真大啊，能做许多力所能及的事情，还能感知出不同的物品。

五、分享总结

师幼共同梳理幼儿长大了的变化和小手会做的更多的事情。

活动纪实

教师：我们认识了自己能干的小手，同时也明白了自己在一点点长大。

奥奥：以前一些用小手做不了的事情现在用小手都可以完成。

小爱：之前看老师们浇花，现在我们也可以用自己的小手来照顾小花。

二宝：之前老师擦桌子，现在小朋友可以用小手自己来擦桌子。

教师：小朋友现在不仅仅有能干的小手，你们还在慢慢长大，长大的你们可以用小手干很多事情，我们一起期待未来的你们吧！

比一比，刚刚好

活动形式　集体教学（数学）

核心经验

1. 学习以身体部位为参照物进行简单的测量。

2. 能够以身体部位为参照物，用对齐、重叠等方法寻找长度、高度等相仿的物体。

3. 愿意参与测量活动，体验与同伴一起动手动脑的快乐。

活动准备

1. 了解肩膀、大腿、小腿、胳膊等身体各部位的名称

2. 游戏材料：长度不一的娃娃家、理发店等玩具；可插接、延长的玩具，如雪花片、积塑、磁力棒等；可叠高的玩具，如奶粉桶、薯片筒、纸砖、泡沫积木等

活动过程

一、谈话导入

幼儿讨论，理解“刚刚好”的含义。

教师：我今天穿了一件新衣服，大小刚刚好，“刚刚好”是什么意思呢？

二、分享环节

幼儿分享自己对于“刚刚好”的理解。

活动纪实

铄铄：我的两个手一样长，就是刚刚好。

阅阅：我和彤彤长得一样高，也是刚刚好。

一一：我的两个耳朵一样大，刚刚好。

石榴：我的两只室内鞋都是28码的，它们一样大就刚刚好。

乐乐：我的箱子正好放在衣柜里，不大也不小，刚刚好。

三、寻找发现

鼓励幼儿在活动室里找一找，比一比，尝试运用对齐、重叠等直接比较的方法寻找一样长短、一样大小、一样薄厚、一样粗细的玩具。

活动纪实

讨论1：请找一个和你的小手一样长的东西，你有什么好办法？

硕硕：我把手贴上去比一比，看看是不是一样长。

津津：我把海螺放在手上，看看海螺是不是从指尖到手腕那么长。

讨论2：怎样才能比较物品的薄厚（或粗细、长短、高矮）呢？

佳阳：把书平放在桌子上，高的就是厚的，矮的就是薄的。

惠惠：把两条毛根一边对齐，就能比较长短了。

八一：让两块积木排排站，就能比较出来谁是高的了。

璟棠：把两张纸重叠摆放，可以比较出大小。

一心：我想知道哪个纸筒粗，就把它们一边对齐，细的可以装进粗的纸筒里。

四、测量操作

幼儿自主选择测量工具进行测量。

教师：谁能来分享一下你是怎样测量的？

活动纪实

昊昊：我刚刚用手指测量画板，我测量了两次，但是两次的结果是不一样的。

教师：这是为什么呢？

千语：我发现昊昊每次张开手指测量的时候，手指张开的大小是不一样的，有时大，有时小。

昊昊：哦，我明白了，我的“测量工具”不准确。那我换胶棒再来测量一次。

千语：我看见昊昊用胶棒，我也试了一下，最后发现画板的长度和11根胶棒的长度是一样的。

昊昊：我量的也是11根胶棒，原来测量的时候我们用一样的工具，不管测几次，最后结果都是一样的。

五、分享讨论

幼儿在小组内讨论还可以怎样玩“刚刚好”的游戏。

教师：我们还可以怎样玩“刚刚好”的游戏？

活动纪实

幼儿比胳膊的粗细

幼儿与叠高的奶粉桶比高矮

壹壹：我喜欢把两个东西合在一起比一比。

雨霖：我把奶粉桶叠高和我比一比谁高。

楚楚：我把毛根连接在一起，和涵涵比一比谁接得长。

洺甄：我和晴晴比一比谁的胳膊粗，把胳膊贴在一起就可以比较出来了。

坤坤：我和圈圈比谁的鞋大，先把鞋子放在地上，再让鞋子一头对齐。

哥哥：我的书包和妹妹的一样大，我把我的书包放在妹妹书包的下面。

六、经验总结

教师帮助幼儿回顾活动内容，梳理活动中的新发现，小结本次活动。

小结：今天我们学习了用对齐、重叠等方法寻找长度、高度、大小、薄厚等相仿的物体。其实比较“刚刚好”的方法还有很多，例如，我们可以用雪糕棍测量地毯的长度等，我们可以继续探索发现哟。

请让我来帮助你

活动形式 集体教学（社会）

核心经验 1. 知道互相帮助才能更好更快地解决问题。

2. 能够主动为他人提供帮助。

3. 感受帮助他人带来的乐趣。

活动准备 故事《团结合作真快乐》、卡纸、小球

活动过程

一、故事导入

倾听故事《团结合作真快乐》，了解互相帮助的重要性。

教师：今天我要请小朋友听一个有趣的故事，故事的名字叫《团结合作真快乐》。我们一起听一听这个有趣的故事。

活动纪实

教师：故事里都有谁呢？

奥奥：故事里有鼠爸、鼠妈、小老鼠等，一共有八只老鼠。

千金：还有蜗牛、蚂蚁、瓢虫。

琪琪：故事里还有猪婶婶、大坏鹅。

教师：发生了什么事呢？

乐乐：八只老鼠将麦子运回家，但是路上遇到了一个陡坡。

冠霖：对，他们是你拉我，我拉你才爬到坡上的。

乐乐：磨麦子的时候，鼠爸用了好大的力气都推不动磨盘，最后大家都来帮助鼠爸推才推动。

小茹：后来他们一起造风车，风车转起来，磨盘也跟着转，磨出好多的面粉。

教师：在我们的日常生活中，当朋友遇到困难时，我们要伸出援手去帮助他们。这样我们会交到更多的好朋友，也会得到更多的快乐。

二、谈话讨论

教师：同伴遇到困难了，我们该怎么办？

活动纪实

教师：如果现在温软小朋友摔了一跤哭了起来，你看见了会怎么做呢？

陆云奥：扶她起来并且安慰她。

教师：如果大山在搭积木，可是总是搭不好，你看见了会怎么做呢？

郭明浩：安慰他，和他一起搭积木，帮助他完成。

教师：如果你看见呜呜搬不动东西，你会怎么做呢？

米良：我会和他一起搬，然后叫其他小朋友都来帮忙。

老师：你还想帮助谁呢？

何梓杭：我想帮助高老师擦桌子。

石传麒：我想帮助幼儿园里的保洁阿姨打扫卫生。

李智硕：我想帮助小朋友检查水杯。

蔡晓妹：我想帮助爸爸妈妈整理图书。

刘家昕：我想扶起摔倒的小朋友。

陈佳璘：我想帮小朋友画画。

王奥淳：我想画一本关于小朋友们帮助别人的故事书。

韩一鸣：我想帮助食堂阿姨打饭。

李思齐：我想帮双双老师找到她找不到的东西。

教师：小朋友们都很棒，都能及时帮助有需要的人，懂得互帮互助，做些自己能做的事情，让他人感到温暖和幸福。日常生活中，有些事我们一个人是无法完成的，所以我们要学会与他人合作，这样事情就会变得容易。

三、操作环节

进行合作搭建小游戏，让幼儿感受团结合作的重要性。

活动纪实

幼儿的绘画表征

幼儿合作搭积木

云奥：我将镂空积木搭得高高的。

二宝：苏苏，你把我的地基碰倒了，你要小心一点，地基搭建完你再搭吧。

苏苏：那我先来帮你搭建地基吧！

昊昊：我需要很多很多的长条积木来做地基。

麦兜：我来帮你运输。

暖暖：那我用薯片桶搭建周围的建筑。

四、成果展示

和幼儿一起布置帮助别人的主题墙，展示帮助别人的成果和感受。

活动纪实

教师：今天你有哪些有趣的发现呢？

张知李：我发现合作真快乐。

李昊远：我把帮助老师浇花的场景画了下来。

吴明泽：我喜欢帮助小朋友，这让我很有成就感。

教师：小朋友们帮助别人都很快乐，在帮助别人时我们不仅会收获感谢，还会学到知识。

五、延伸学习

请幼儿回家后和爸爸妈妈一起分享帮助别人的快乐，告诉幼儿在家也要帮助爸爸妈妈做力所能及的事。

丢炸弹

活动形式 游戏活动（体育）

核心经验 1. 学习单脚左右跳，挥臂投掷动作。

2. 能够将沙包向前投掷 8 米左右。

3. 体验完成任务的快乐以及同伴合作的乐趣。

游戏准备 宽敞、无障碍场地，沙包、跨栏、轮胎、平衡木、木梯、跳绳

游戏玩法

游戏玩法一

幼儿站在起点，听到教师口令后，拿着“炸弹”（沙包）跳过“石头”（跨栏），爬过“山丘”（由两个木梯架起的平衡木组成），左右跳过“河”（跳绳），将“炸弹”投进轮胎里，然后跑回起点，下一名幼儿继续出发，其他幼儿依次进行游戏，直至最后一名幼儿完成比赛。

游戏玩法二

幼儿自主分组，三人一组，分别站在起点，听到教师口令后，第一名幼儿拿着“炸弹”（沙包）跳过“石头”（跨栏），将“炸弹”交给第二名幼儿，第二名幼儿爬过“山丘”（由两个木梯架起的平衡木组成），将“炸弹”交给第三名幼儿，第三名幼儿左右跳过“河”（跳绳），将“炸弹”投进轮胎里，率先将炸弹扔进轮胎的一组获胜。

游戏规则

沙包要投进轮胎里。

游戏过程

一、熟悉活动场景，了解游戏玩法

二、自主分组，练习“跳过‘石头’，爬过‘山丘’，跳过‘河’，投‘炸弹’”动作要领

活动纪实

幼儿进行自主游戏

幼儿首先要跳过“石头”，再爬过“山丘”，跳过“河”，最后到达投“炸弹”的区域，投掷“炸弹”。

三、讨论如何快速爬过“山丘”

活动纪实

教师：刚刚丢“炸弹”时，哪一个障碍用的时间最长？

暖暖：爬梯子用的时间最长。

乐乐：我觉得丢“炸弹”的时候用的时间最长，丢不进去还要重新丢。

教师：怎样快速爬梯子呢？

米豆：手脚要配合向上爬。

千金：要穿方便的衣服，我的裙子总被踩在脚下。

二宝：要一层一层向上爬，踩两层会踩空。

冠林：要集中精神，不要总看旁边的小朋友。

四、分组比赛

比比哪组幼儿越过障碍的速度最快。

活动纪实

幼儿越过障碍

小青蛙跳荷叶

活动形式 游戏活动（体育）

核心经验 1. 学习双脚跳的方法。

2. 能双脚跳，发展弹跳能力和腿部肌肉力量。

3. 喜欢参加体育游戏，体验一起游戏的快乐。

游戏准备 幼儿有弹跳经验，欢快的音乐、呼啦圈、宽阔场地

游戏玩法

游戏开始，幼儿分散站在场地里，教师播放音乐，幼儿根据音乐节奏跳“荷叶”（呼啦圈），当音乐停止时幼儿快速跳到“荷叶”上并蹲下。游戏中教师通过音乐发出信号，游戏可以反复进行。

游戏规则

游戏过程中，幼儿要双脚跳，音乐停止时幼儿要蹲在“荷叶”上不动。

游戏过程

一、教师介绍活动场景，示范讲解“小青蛙跳荷叶”的玩法

二、幼儿自主分组，练习“小青蛙跳荷叶”动作要领

活动纪实

幼儿练习双脚跳在“荷叶”上

三、幼儿讨论怎样才能跳在“荷叶”上，并且不掉到“水”里

活动纪实

教师：刚才你们都跳到“荷叶”上了吗？

米豆：我跳到“荷叶”上了。

暖暖：我也跳到“荷叶”上了，但是有时候我一只脚在里面，一只脚在外面。

奥奥：我得等前面小朋友跳走了我才能跳。

教师：怎样才能让自己跳到“荷叶”上，不碰到“水”呢？

千金：向前跳的时候，两只脚要并齐。

二宝：跳的时候要慢一点，在“荷叶”上站稳了，再向下一个“荷叶”跳。

冠林：眼睛要看着“荷叶”，跳到“荷叶”中间就不会碰到“水”了。

四、幼儿再次进行游戏，比一比谁能跳到“荷叶”上，不碰到“水”

活动纪实

幼儿比赛双脚跳到“荷叶”上

我来叠被子

活动形式　生活活动

核心经验　1. 学习用对折方式叠被子。

2. 能够独立整理好自己的床上物品。

3. 喜欢叠被子，愿意整理自己的物品。

活动准备　幼儿床、被子、枕头、叠被子的视频

活动过程

一、观看视频，学习多种叠被子的方法

叠被子非常考验幼儿的臂力及手眼协调能力。幼儿通过观看视频、叠被子比赛等活动，了解多种叠被子的方法，提高叠被子的整齐度，激发自我服务意识，提升生活自理能力。

活动纪实

教师：每天起床后，你们是自己叠被子吗？

俊俊：有的时候我自己叠，有的时候爸爸妈妈叠。

子惠：我叠被子有些慢。

桐桐：我想叠好被子，可是我叠得不是很整齐。

程棣：我都是自己叠被子，但是姥姥都会帮我再叠一次。

土豆：我和妈妈一起叠被子。

二、设置情境，引发幼儿探索

创设摆放着杂乱的被子的情境。

活动纪实

教师：瞧，这里有一团杂乱的被子，谁知道把它整理整齐的方法？

梵琳：我觉得首先要把被子铺平。

马达：对，我看我妈妈都是先把被子扯平了再叠的。

杉杉：可这床被子也太乱了吧！怎么弄平整呢？

程棣：叠被子是有技巧的，得学习，不是乱叠的。

教师：你们说得没错，首先要将被子铺平，叠被子也是有技巧的，下面就让我们看视频学习一下吧！

三、观看视频，总结经验

播放叠被子的视频。

活动纪实

教师：小朋友们从视频中学到了哪些好的方法？

广智：看了这个视频我知道叠被子要先把被子铺平，然后长边对长边折叠，一定要对齐，不然就乱了。

茉莉：对，还可以将被子两条长长的边向中间叠一叠，再叠短边。

一涵：嗯，我觉得叠的时候得耐心一点，不要着急，每一步都抻平了再叠。

教师：是的，大家总结得太好啦！我将叠被子的方法编成了小儿歌，方便记忆。（小被子翻个面，左右边叠中间，点个头抬个脚，对折齐放床边。）

子惠：我都想试一试我们的方法好不好用了呢！

皮皮：我也想试一试叠被子。

教师：那现在我们就分组来叠被子吧！（教师巡回指导）

幼儿绘画叠被子的方法

四、开展"叠被子"比赛，提高幼儿叠被子的兴趣

拿出幼儿各自的小床，让幼儿独立完成叠被子，最快叠完者可以得到一个笑脸，成为"叠被子小达人"（第一名如果有多人，就再比拼一轮）。

把坏脾气收起来

活动形式 集体教学（语言）

核心经验 1. 理解绘本内容。

2. 能够管理好自己的坏情绪。

3. 拥有积极乐观的生活态度。

活动准备 绘本《把坏脾气收起来》、幼儿对自己的情绪有初步的了解

活动过程

一、欣赏绘本

出示绘本《把坏脾气收起来》，引导幼儿初步猜测绘本内容，观察绘本中动物表情、动作、眼神的变化。

二、交流讨论

师幼一起讨论小老虎的情绪变化。

活动纪实

教师：小老虎的表情是什么样的？他怎么了？

皮皮：我觉得他生气了，因为他都吐火了。

优优：妈妈跟我说过，生气是没有用的，要想办法解决问题才对。

彦辰：小老虎为什么生气呢？

马达：可能是妈妈不让他吃冰激凌，我最喜欢吃冰激凌啦。

明松：冰激凌吃多了会肚子疼，要上医院的。

三、探究绘本

教师通过提问的方式引导幼儿表达对故事的理解。

教师：妈妈催小老虎的时候，他是怎么做的？后来小老虎将坏脾气收到哪里去了？

四、分享交流

教师：听了小老虎的故事，你有什么感受？

活动纪实

浩博：我要向小老虎学习，发脾气是不对的，要把坏脾气收起来。

心怡：如果像小老虎一样吐火，很危险，会着火。

洵洵：如果我不高兴，我就把坏脾气都吐出去，这样肚子里就没有不高兴了。

清清：还可以把不高兴都喊出去。

五、梳理经验

教师引导幼儿回顾绘本内容，分享管理情绪的好方法。

教师：小老虎为什么会生气？小老虎把坏脾气藏到了哪里？如果有坏脾气，你会怎么做？

活动纪实

嘟嘟：我不开心的时候，喜欢自己待在房间里，静一静。

麦麦：当我有坏情绪时，我会去玩玩具。

心怡：我有坏情绪时会听歌、唱歌，然后就心情愉快了。

乔乔：我心情不好的时候会跑步。

六、延伸学习

在班级创设情绪调试墙，引导幼儿正确发泄自己的坏情绪。

小蚂蚁让座

活动形式 集体教学（社会）

核心经验 1. 欣赏故事《小蚂蚁坐公交》，懂得尊敬老人。

2. 能够大胆表达自己在公交车上遇到不同情况该如何应对。

3. 感受故事中小动物们互相帮助、相亲相爱的情感。

活动准备 1. 物质准备：PPT 课件、故事《小蚂蚁坐公交》

2. 经验准备：幼儿有乘坐公交车的经验

活动过程

一、图片导入

引导幼儿观察 PPT 课件中的图片，对图片内容进行大胆猜测，讨论公交车上发生了哪些事情。

活动纪实

教师：小朋友们坐过公交车吗？在公交上发生过什么事情？

嘟嘟：图片中的小朋友给老奶奶让座，我在公交车上也给老奶奶让过座。

乔乔：在公交车上要扶好把手。

麦麦：在公交车上要注意安全，避免摔倒，也不能大声讲话。

二、讲述故事

教师播放 PPT 课件，引导幼儿看图讲述故事。

活动纪实

教师：你们看到了什么？

优优：我看见一只小蚂蚁正在上公交车。

教师：是的，小蚂蚁在公交车站爬上了公交车，他要到森林里去看外婆。

一焕：我看到了小羊、小狗、小猴、小猪，他们都在车上一起说话。

教师：嗯，是的，他们有的要到森林里采蘑菇，有的要到森林里捉迷藏，还有的要到森林里的湖边玩。

心怡：我看到了熊婆婆要上车，可是公交车上没有座位了。

教师：熊婆婆要到森林里看她的外孙，可是都坐满了，她坐哪里呢？

麦麦：小动物们都给熊婆婆让座，然后小蚂蚁也让座了，但是让座后，大家找不到小蚂蚁了。

芯漪：小蚂蚁给熊婆婆让座，自己坐在了熊婆婆的肩膀上。

小可：小蚂蚁真聪明，我也要向小蚂蚁学习。

三、分享交流

借用故事中的情节，教师创设一个在公交车上的情境，引发幼儿讨论。

活动纪实

教师：故事中的小蚂蚁在公交车上给别人让座，那小朋友们想一想，公交车上我们可以怎么做呢？

一焕：我觉得我可以和妈妈坐一起，或者坐在妈妈的腿上。

杉杉：我会把座位让给弟弟妹妹坐，因为我比他们大。

梵琳：我会让爷爷奶奶坐我的位置。

皮皮：有一些身体不舒服的人，我也可以给他们让座，我自己站在妈妈身边就行。

程棣：对了，我有时候还会看到挺着大肚子的阿姨，她快生宝宝了，行动不便，应该给她们让座。

幼儿绘画的公交车上的场景

四、梳理总结

教师引导幼儿回顾活动内容，梳理活动中的新发现，小结本次活动。

小结：小朋友们，今天我们学习了《小蚂蚁坐公交》中小动物让座的故事，知道了遇事要灵活变通，明白了在公交车上要给他人让座，懂得了要尊敬老人、待人热情。希望你们一直保持本心，长大后做一个善良、有爱心的人。

运动项目知多少

活动形式 集体教学（数学）

活动目标 1. 学习运用统计感知数量的多少。

2. 能够用统计的方法解决生活中的问题。

3. 喜欢参与统计，感受统计在生活中的作用。

活动准备

1. 物质准备：奥运会视频片段、纸、画笔、小组统计图、集体统计图

2. 经验准备：幼儿知道一些体育项目

活动过程

一、视频导入

播放奥运会视频片段，请幼儿观察讨论运动项目。

活动纪实

教师：小朋友们快来看看，视频中的运动员都在干什么呢？

天天：我看到有打篮球的运动员，他们都跳得很高，然后把篮球投进球筐里，特别帅气。

俊俊：我看见了游泳的运动员，我以前跟爸爸一起看过游泳比赛，我知道还有花样游泳。

李可：我还看到了乒乓球和羽毛球比赛项目，羽毛球我玩过，乒乓球我只见过，没玩过。

一涵：我看到了跳高和跳远比赛，我其实也跳得可高了。

彦辰：我刚才看到了我认识的运动员，我哥喜欢看他打球。

明松：我还看到了正在跑步的运动员，他们都跑得很快。

二、交流讨论

教师提出问题，引导幼儿说说自己最喜欢的运动项目并统计出全班喜欢各种运动项目的人数。

活动纪实

教师：你们都喜欢哪项运动？为什么呢？

皮皮：我最喜欢游泳，我还有游泳课呢。我以前不喜欢游泳，因为我总是被水呛到，但是我坚持学习，现在我能自己游泳不用辅助板了。我觉得自己很厉害，也喜欢游泳了。

波妞：我最喜欢跆拳道，我有蓝带。虽然我刚学不久，但是我腿能踢很高，以后我就不怕坏人了。

马达：我最喜欢踢足球，足球教练总说我踢得好，而且踢球真的太好玩了，我带球很厉害，大家都抢不到我的球，而且我总能射门。

广智：我喜欢骑小车，我可以骑车载着妹妹到处玩，妹妹喜欢让我载着她。

浩博：我也喜欢踢球，我觉得咱们班好多男孩都喜欢踢球。我们经常在幼儿园户外活动时分队踢球玩。

程棣：咱们先分组把自己组的小朋友喜欢的运动项目用纸记录下来，再把每组的统计结果放在一起，就能看出来喜欢哪个项目的人多了。

清清：可是怎么记录呢？我们也不会写那么多字。

乔乔：我们可以画出来呀，比如有人喜欢足球，我们就画个足球。

乐儿：那样我觉得太慢了，我们可以用简单的符号表示，我还会写一些字，我可以来帮忙记录。每一组统计结束后，我们再制作个大一些的表格。可是怎么统计呢？还是不知道该怎么记录方便。

教师：其实你们说的都很有道理，在生活中为了方便统计，人们会用一些统计图。我们一起来看看有哪些统计形式吧！

梵琳：老师，这下我们就明白了，咱们现在就行动起来吧！

幼儿喜欢的运动项目统计表

三、制订计划

引导幼儿制订简单的运动计划。

教师：怎样运动才健康呢？有计划地锻炼身体才会让我们变得强壮起来。你是自己运动，还是想和小伙伴一起运动？你选择的运动项目需要身体的哪些部位动起来？请你为自己制订一个运动计划吧。

活动纪实

心怡：我准备每周运动四次，运动项目有骑自行车、骑滑板车、散步、跳绳。这些都是我喜欢的运动项目。

乐儿：我也准备每周运动四次，每天晚上放学后进行，运动项目有跑步、游泳、跳舞、跳绳。

四、梳理小结

教师引导幼儿回顾活动内容，梳理活动中的收获，小结本次活动。

小结：小朋友们，今天我们了解了很多运动项目，还学习了用统计的方法了解最受大家喜欢的运动项目，知道了参加体育运动会使我们的身体变得更加强壮。运动使我们健康，运动使我们快乐。

成长的变化

活动形式 集体教学（社会）

核心经验 1. 了解自己从小班到大班的变化。

2. 能用绘画表征自己小时候和长大的不同。

3. 愿意和同伴交流分享，欣赏艺术作品。

活动准备 1. 物质准备：幼儿小时候及现在的照片、婴儿视频

2. 经验准备：幼儿对自己长大有一定的认识

活动过程

一、图片导入

出示图片，引导幼儿观察并讨论从小班到大班自己身体上的变化。

活动纪实

教师：瞧，照片上是谁？你还记得你小时候是什么样子的吗？

糖糖：这不是我们小班时候的照片吗？我记得那时候，我长得好矮呀！

教师：是呀，大家小班时候个子长得矮矮的。那身体上除了个子有变化，还有哪些变化？

李可：我觉得我的头发也比小班时候长长了，原来是短头发，现在是长头发了。

筱妤：我觉得我们体重都比小班的时候更重了。

教师：是的，我们的身高、体重，甚至是头发都有了变化，证明我们长大了。

幼儿绘画的“成长的变化”

二、交流讨论

教师出示婴儿视频，引导幼儿观察交流婴儿的特点，并说一说自己能力上增强的体现。

活动纪实

教师：视频中的婴儿有什么特点?

天天：婴儿只能让别人抱着，不能自己到处跑，也只能等着爸爸妈妈喂奶喝。

俊俊：婴儿小小的，总是爱哭，不会说话。

教师：是的，婴儿太小了，没有自理能力，我们小时候也是这样的。但是现在我们长大了，自理能力都很强，谁能来说一说你学会了哪些新本领呢?

茉熹：我记得小时候吃饭总是掉米粒，但是我现在上大班了，不但不掉饭粒，而且我每次都会把自己桌面擦干净再送餐盘。

子惠：我记得小时候用勺子吃饭，现在我都会用筷子了。

茉莉：刚来幼儿园的时候我经常哭，现在我每天都开心地来幼儿园。

麦麦：我小时候必须带着毛绒玩具来幼儿园午睡，我现在可以独自入睡，它不用再陪我上幼儿园了。

皮皮：我现在能自己叠衣服、叠被子、擦桌子、扫地、洗袜子，幼儿园每周五的劳动日我都特别积极地劳动，在家也主动帮妈妈收拾屋子，我会干可多活儿了。

三、绘画表征

幼儿用绘画的方式表征自己长大后学会的新本领。

活动纪实

乐儿：我在小班的时候都不会穿鞋子，现在我不但能很快穿上鞋子而且都会系鞋带了。

梵琳：我现在长大了，会把我的书包收拾得很整齐。

小结：小朋友们，我们的身体每一天都在慢慢长大，我们学会的本领也越来越多，如学会自己叠被子、自己系鞋带，帮助家人收拾屋子等。老师希望你们在成长的路上积极努力，学到更多有用的本领，去帮助身边更多的人，收获更多的快乐。

运果子

活动形式 游戏活动（体育）

核心经验 1. 学习与他人合作头顶沙包行走。

2. 能够平衡地头顶沙包行走。

3. 在游戏中体验与同伴合作的乐趣。

游戏准备 宽敞、无障碍场地，沙包，拱门，梅花桩，轮胎，平衡木

游戏玩法

幼儿与同伴合作设计丛林道路，分成四组进行比赛。每组幼儿站在起点处排成一队，听到教师口令后，每组第一名幼儿头顶“果子”（沙包）钻过“山洞”（拱门），从梅花桩上走过，再从用轮胎架高的平衡木上走下来，跑回起点，将“果子”交给下一名幼儿，然后站在队尾，其他幼儿依次进行游戏，直至最后一名幼儿完成比赛。

游戏规则

幼儿合作设计丛林道路，走平衡木过程中不能用手扶沙包，沙包掉落者需要回到起点处重新开始游戏。

游戏过程

一、介绍活动场景，教师示范讲解“运果子”的玩法

二、幼儿自主分组，练习“运果子”动作要领

活动纪实

幼儿分组练习平衡前进的动作要领

三、幼儿讨论“运果子”保持平衡快速前进的方法

活动纪实

教师：刚才哪组运“果子”运得最快？

马达：是我们组最先全部运送完“果子”的，当然是我们运送得最快。

皮皮：你们虽然运得快，但我看到有的小朋友总是用手扶着“果子”走，动作不对。

天天：我们是要把“果子”放在头顶，身体保持平衡向前走。

明松：对，我们是要保持平衡前进，不能光是运送得快。

教师：怎样能保持平衡快速前进？

心怡：保持平衡前进的时候，一定要手脚配合，身体挺直，双手打开保持平衡，速度才能更快。

乐儿：我身体挺直，“果子”放在头顶，双手打开向两边伸直，保持平衡前进。

教师：平衡前进的时候，还要注意什么？

天天：在钻“山洞”的时候不能太快，要小心一点，防止“果子”掉下来。

马达：头要保持平衡，不能低头。

四、幼儿分组比赛，比比哪组最先把“果子”运送完毕

活动纪实

幼儿分组进行比赛

经验梳理

身心准备	1. 保持良好的情绪状态，具备一定的情绪调控能力，能恰当地表达和调控情绪。 2. 喜欢运动，养成良好的运动习惯，保持充沛精力和良好情绪。 3. 手部动作协调，能使用简单的工具和材料。
生活准备	1. 能保持良好的个人卫生习惯，有保护视力的意识。 2. 坚持自己的事情自己做，能分类整理小书包和存放个人物品。 3. 能主动承担班级劳动，做一些力所能及的家务。
社会准备	1. 能与同伴分工合作完成任务，遇到困难互帮互助。 2. 自觉遵守游戏和日常生活中的规则，与同伴友好相处。 3. 具备任务意识和执行任务的能力，能自觉独立地完成任务。 4. 愿意为集体出主意、想办法、做事情。
学习准备	1. 对身边的事物感兴趣，在观察、阅读、互动讨论等情景中发现问题、提出问题，有好奇心和探究欲。 2. 做事有一定的计划性，会用图画、符号、文字等自己喜欢的方式制订计划。 3. 愿意运用数学方法解决生活中的简单问题。 4. 在集体情境中能认真听并能听懂他人说话，有疑问时能主动提问；能较清楚地讲述一件事情；能说出图画书的主要情节，并有自己的理解和想法。

时间的奥秘

大连理工大学幼儿园 薄欢 张诗其

主题缘起

时间是一个抽象的概念，但又具体地分割生活中的各个环节。幼儿进入大班后开始对时间感兴趣，时间的长短、钟表都成为幼儿谈论的话题。《指导要点》中指出，要引导幼儿树立时间观念、有计划地做事。对于即将升入小学的大班幼儿来说，认识时间、感知时间长短、制订学习和生活计划是一件非常重要的事情。

本主题通过认识计时工具、认识时间、感受时间长短、制订一日计划等活动，帮助幼儿走近时间，了解时间，学做时间的小主人。

主题网络

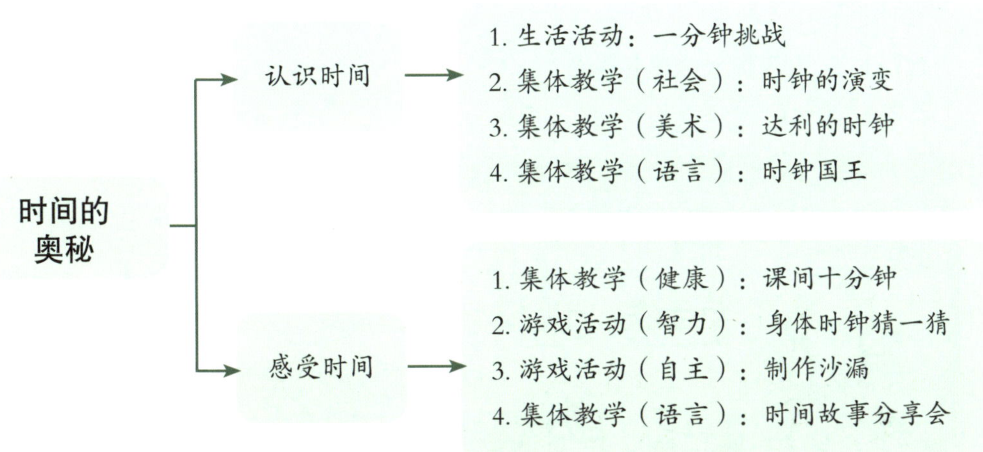

主题实施案例（节选）

主题一　认识时间

一分钟挑战

活动形式　生活活动

核心经验　感知一分钟的长短，尝试制订挑战计划，感受挑战成功的喜悦。

活动准备　《一分钟挑战》操作单、提前制订好的《一分钟挑战计划》

活动过程

了解一分钟有多长是幼儿感知时间长短、建立良好时间观念的基础。哪些事情是一分钟内可以完成的？对于一分钟，你有哪些设想和挑战？我们利用早入园、晚离园、过渡环节和游戏活动等时间进行讨论和验证，让幼儿对时间的长短有了初步的概念。

一、预估一分钟的长短，并根据自己的想法制订《一分钟挑战计划》

教师：你认为一分钟有多长？一分钟可以做哪些事情？

活动纪实

1. 讨论交流。

瓜瓜：我可以从 1 楼爬到 3 楼。

大琦：我可以从 1 楼上到 2 楼，能叠完 2 件衣服。

大东：我可以喝完 1 杯水。

石榴：我可以跳 70 个跳绳。

咚咚：一分钟我可以去卫生间小便、洗手。

可可：我可以拍 50 个球。

阳阳：我可以做一分钟木头人。

2. 制订计划。

阳阳：我要挑战跳 70 个绳，或爬楼梯回到班级，或在跑道上跑一圈，或喝一杯水，或坚持金鸡独立一分钟，或做一分钟木头人……

果果：在一分钟里，我想在跑道上跑一个来回，或转 50 个呼啦圈，或叠一艘小船，或画一个太阳，或拍 50 下球，或喝一杯水，或吃一个苹果，或浇完植物角的花。

二、根据《一分钟挑战计划》发起挑战，并记录自己的完成情况

教师：哪些挑战成功了？哪些没有成功？

活动纪实

1. 挑战打卡。

果果：一分钟我可以在操场上跑一个来回，或拍 50 下球，或喝完一杯水，或叠好一艘小船，或画好一个太阳，或浇完花。但是我不能转 50 个呼啦圈，也吃不完一个苹果。

2. 其他挑战。

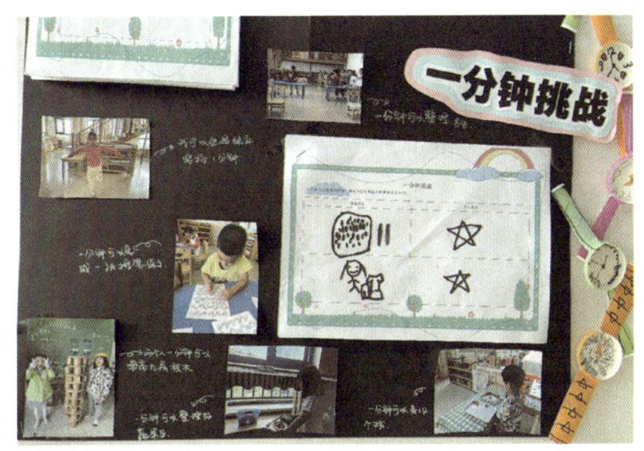

云宝：一分钟我可以夹 16 颗豆子。

阳阳：我可以坚持金鸡独立一分钟。

咚咚、石榴：我们俩一分钟能搭好 9 层积木。

三、用心观察，记录生活里的一分钟

教师：生活中还有哪些一分钟？

活动纪实

连承：一分钟我可以抓一只知了，或浇完花，或收拾好餐桌，或摆好小椅子。

茉茉：一分钟我可以吹干头发，或上完厕所，或洗完袜子，或收拾好玩具。

时钟的演变

活动形式 集体教学（社会）

核心经验 1. 了解计时工具的演变。

2. 能用符号、图画等多种形式，表现计时工具的演变过程。

3. 感受科技进步的重要作用。

活动准备 1. 经验准备：家长协助幼儿收集计时工具的相关知识、图片

2.《时钟的演变》PPT

3.《时钟的演变》操作单

活动过程

一、认识时钟

讨论与时钟相关的话题，帮助幼儿建立对时钟的基本认识。

教师：你见过什么样的计时工具？你知道古人是怎么看时间的吗？古时候的计时工具和现在的比，发生了哪些变化？

活动纪实

大琦：我知道的计时工具有手表、钟表和秒表。

石榴：还有电子表和闹钟。

珺珺：我在机场还见过世界时间表。

瓜瓜：古代的人可以通过日晷知道时间。

圆圆：我在电视上看过打更人敲木头，敲几下就是几更天。

咚咚：古代人可以通过看太阳知道时间。

大琦：古代人说时辰，他们只能看大概的时间，现代人通过钟表可以知道是几点几分几秒。

二、知识分享

1. 幼儿结合自己查阅的时钟演变资料进行小组交流。

2. 教师介绍时钟的演变过程。

教师：圭表、日晷都是古人利用日影测得时间的一种计时工具。后来人们根据水、沙流速发明了铜壶滴漏和沙漏，后来又出现了利用齿轮工作的计时器和机械钟；再后来随着电子工业的迅速发展，石英钟和电子表相继问世。

活动纪实

瓜瓜：古代人会在圆盘上分很多格，在圆盘上写上时间，在圆盘的中间立一根棍子，太阳照射下，棍子影子在哪个格里，就是什么时间。这样的计时工具叫日晷，我们幼儿园也有一个。

叶子：还有一种也是通过影子判断时间的，叫圭表。它是一根棍子，下边的底座上有刻度，影子到哪个刻度就是几点。

咚咚：还有沙漏，我们现在也会用到。牙医给了我一个小沙漏，漏完就是三分钟，刷牙要刷三分钟。

妙妙：有种计时工具把几个水桶像楼梯一样错开摆在一起，有一个小口会往下边的桶里流水。它叫漏刻计时。

柠檬：我见过一种像手表一样的表叫怀表，它用一根很长的链子穿起来，可以挂在衣服上，看的时候要翻开盖。

米豆：我见过一种表，它放在一个玻璃罩里，需要用钥匙上弦才能走。

三、梳理提炼

1. 观看《时钟的演变》PPT，了解时钟演变的过程。

2. 看图说一说时钟的演变过程。

四、操作巩固

将时钟的演变用符号、图画等多种形式记录在《时钟的演变》操作单上。

活动纪实

东泽：古代的计时工具有日晷、沙漏，现代人看钟表。

妙妙：古代人通过日晷知道时间，用沙漏计时，现代人通过看钟表和电子表知道时间。

达利的时钟

活动形式 集体教学（美术）

核心经验 1. 欣赏达利的作品《记忆的永恒》，感受作品的奇思妙想。

2. 尝试用线描画的形式创作《达利的时钟》。

3. 体验创作的乐趣。

活动准备 《记忆的永恒》图片，图画本、勾线笔、水彩笔，轻音乐

活动过程

一、谈话导入

晨间活动时，教师发现嘟嘟在图画本上画了又擦，擦了又画，一早上过去了，图画本上什么都没画出来。

活动纪实

教师：你想画什么？

嘟嘟：我想画个钟表，可是画小了写不下12个数字，画大了就画不圆。

教师：钟表一定要画成圆形的吗？

婉婉：还可以画成方形的。

茉茉：喜欢什么样的就可以画成什么样的，我想画一个心形的。

咚咚：还可以画成小动物形状的，比如咱班的小钟表就是小熊图案的。

二、欣赏感受

1. 观察《记忆的永恒》画面内容，萌发幼儿的好奇心。

教师：图片中画了什么？它们是什么样子的？为什么钟表会是这样的？

活动纪实

一航：画的表不是圆形的。

茉茉：它像被太阳晒化了。

圆圆：它像没有力气走不动了，瘫倒在地上了。

婉婉：它像被海水洗过一样。

米豆：它好像被风吹散了。

2. 引导幼儿思考想让时间停留在何时。

活动纪实

教师：你想让时间停留在什么时候？

瓜瓜：我想让时间停留在升旗仪式的时候，我觉得当升旗手的时候很光荣。

云宝：我想让时间停留在我在盘锦的时候，盘锦有我的好朋友。

阳阳：我想让时间停留在射箭的时候，因为我喜欢射箭。

石榴：我想让时间停留在放学后在小广场上跟靓靓、大东和大东姐姐玩的时候。

茉茉：我想让时间停留在去武汉的时候，武汉的冰激凌可好吃了。

三、创意作画

1. 使用线描画的方法创作《达利的时钟》。

教师：快乐的时刻可以用什么方法表现？

活动纪实

柠檬：要用鲜艳的颜色。

东泽：要用丰富的颜色。

珺珺：暖色可以表示温馨快乐的感觉。

靓靓：我们可以用格子装饰。

2. 伴随轻音乐作画，教师巡回指导，在幼儿需要时给予帮助。

教师：还可以用什么颜色、什么线条来装饰画面？

四、展示评价

欣赏同伴的作品，说一说自己最喜欢的作品及理由。

活动纪实

《达利的时钟》

妙妙：我最喜欢茉茉的作品，因为她用有规律的图案做背景。

壮壮：我喜欢我自己的作品，我觉得我用了非常多的颜色。

一航：我喜欢石榴的作品，她用的颜色非常多，如果颜色涂得均匀点儿就好了。

云宝：我喜欢瓜瓜的作品，他的背景格子用了不同的方法装饰。

时钟国王

活动形式 集体教学（语言）

核心经验 1. 欣赏故事，初步建立时间观念。

2. 尝试记录“我的一天”。

3. 感受守时的重要性。

活动准备 1.《时钟国王》故事书

2.《时钟国王》操作单

3. 白纸、铅笔或彩笔

活动过程

一、话题导入

引导幼儿讨论如果没有时间会怎样，萌发探究的兴趣。

教师：请你说一说，如果世界上没有了时间，我们的生活会变成什么样子。

活动纪实

妙妙：如果没有时间，我们就不知道现在是几点了。

大琦：如果没有时间，我们就不知道该做什么了。

靓靓：如果没有时间，我们就不知道玩了多久、学习了多久、睡了多久。

二、欣赏理解

1. 阅读《时钟国王》故事书，理解故事内容。

教师：时钟王国以前是什么样的？国王制定了一个什么规矩？国王做了什么让国家变得混乱了？后来怎么样了？

2. 根据图片的内容，在《时钟国王》操作单上画出时针的位置。

教师：请你来帮助时间王国的居民，找到时针对应的位置吧。

三、交流讨论

围绕故事情节展开讨论，初步建立时间观念，感受守时的意义。

教师：时钟国王为什么要制订每天做什么的计划？

四、活动延伸

画一画“我的一天”，初步尝试制订一日生活计划。

活动纪实

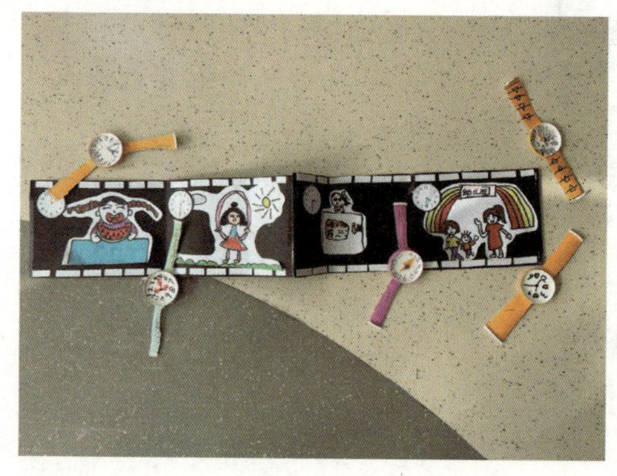

幼儿记录的“我的一天”

主题二　感受时间

课间十分钟

活动形式　集体教学（健康）

核心经验　1. 了解课间十分钟的活动内容。

2. 树立游戏时的安全意识，了解自我保护常识。

3. 向往小学生活。

活动准备

1. 经验准备：提前感受十分钟的长短，并制订《课间十分钟计划》
2.《游戏中的安全》图片
3.《课间十分钟》操作单

活动过程

一、谈话导入

根据提前制订好的《课间十分钟计划》，说一说课间十分钟可以做什么。

教师：课间十分钟你可以做哪些事情？

活动纪实

1. 幼儿设想。

阳阳：我要去操场上跑两圈。

大东：我要准备好下节课要用的书，预习一下。

咚咚：我要去上厕所，然后喝点儿水，最后跟我的好朋友聊会儿天。

果果：我要跟我的朋友去操场上踢球。

妙妙：我可以先去小便洗手，回来吃一点儿水果，再休息一下。

靓靓：我可以去操场跳绳，快上课的时候快速跑回教室。

2. 幼儿计划。

叶子：我想用1分钟找我的好朋友，一起玩2分钟投篮，3分钟跨栏，再荡4分钟秋千。

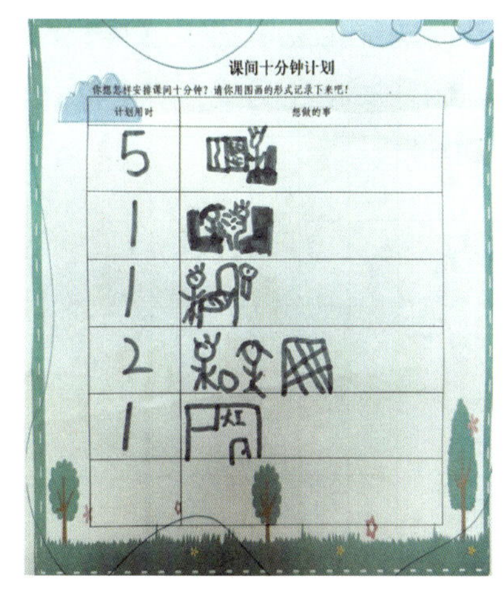

瓜瓜：我要用5分钟预习一下下节课的知识，用1分钟跟我的好朋友聊天，上厕所用1分钟，踢2分钟球，最后1分钟回教室。

二、交流记录

1. 分组讨论《课间十分钟计划》中存在的安全问题。

教师：你的《课间十分钟计划》有哪些需要注意的安全问题？应该怎样做？

2. 集体交流，教师梳理记录。

活动纪实

圆圆：小学的走廊里不能跑也不能讲话，下楼梯时要靠右侧通行。

云宝：踢球的时候要远离人群，不能把球踢到别人身上。

叶子：不能在教室和卫生间里打闹。

石榴：跳绳的时候要跟身边的人保持距离。

大琦：不能自己跑到学校大门外。

三、分析讨论

1. 观察《游戏中的安全》图片。

教师：说一说哪些小朋友做得不对，为什么？

2. 完成《课间十分钟》操作单。

教师：请你观察操作单上小朋友的行为，在对的旁边画上“√”，错的旁边画“×”。

《课间十分钟》操作单

四、制作分享

用绘画的方式制作安全小贴士，树立游戏时的安全意识，了解自我保护常识。画好后相互交流，提醒同伴课间十分钟注意安全。

活动纪实

七七：不能在教室抢别人的玩具，不能在楼梯上闹，不能在走廊里追逐跑，不能爬栅栏。

小一：不能在楼梯上跑，不能在广告牌附近打闹，不能抢别人的书本，不能高空抛物。

身体时钟猜一猜

活动形式 游戏活动（智力）

核心经验 认识整点和半点，能用肢体动作代表钟表的指针，体验游戏的快乐。

活动准备 一个直径约 50 厘米的表盘、一个课铃

游戏玩法

请一名幼儿上前用头、胳膊或腿来做钟表的指针，指出整点或半点的时间，其他幼儿拍铃抢答说出是几点。回答错误则继续抢答，回答正确的幼儿做下一次游戏的指针，游戏反复进行。

游戏规则

只有按铃的幼儿才可以抢答，其他幼儿不得提醒。

游戏过程

一、教师介绍游戏玩法和规则，请幼儿思考怎样模仿指针

活动纪实

大琦：可以用两个胳膊模仿钟表的时针和分针。

阳阳：可以用头做时针，胳膊做分针。因为手举起来比头更长，头也比胳膊粗。

茉茉：站在中间不动的话就是半点，腿可以当作分针指向 6，剩下的就用胳膊当作时针就行了。

珺珺：我可以站着竖叉，用腿做分针指向 12，头做时针指向其他数字，就是整点。

二、游戏体验

一名幼儿做指针，其他幼儿猜。游戏反复进行。

三、总结经验，找到合适的游戏方法

四、分组比赛

一名幼儿做钟表，其他人分成两组（男孩一组，女孩一组）进行抢答，答对积一分，最后比一比，哪一组得分更高。

活动纪实

“身体时钟猜一猜”游戏

制作沙漏

活动形式 游戏活动（自主）

游戏背景 在“时钟的演变”活动后，连承在科学区用塑料瓶子和白板制作沙漏。

游戏过程

1. 第一次制作

连承找到了两个塑料瓶子，使用胶带将两个瓶口粘在一起，想制作一个沙漏。不到 5 分钟，他的沙漏就做好了。可是由于瓶口很大，在翻转瓶子的一瞬间，沙子就漏光了，根本来不及计时。他的第一次尝试以失败告终。

2. 第二次制作

这一次他想到了要让瓶口变窄，调整流沙的速度。他找来一张白板，将一个瓶口按在白板上，另一只手拿铅笔在白板粗糙的一面拓印瓶口的形状，印好后用剪刀剪下来，请老师帮忙在圆片上扎了一个小孔。随后他将圆片夹在两个瓶子中间，又用胶带将两个瓶口连接处粘好。这一次，他发现沙漏的口径太小了，不晃动瓶子，沙子几乎漏不下来，他只好再将胶带撕开，进行第三次制作。

3. 第三次制作

他又找到老师帮忙，想要扩大圆片上小孔的大小。我边在圆片上钻眼边问他：“够大了吗？”直到他说可以了，我就停了下来，将圆片还给他。连承拿着圆片，还是重复上一次的方法，将瓶口固定好后，翻转做好的沙漏，沙子顺畅流了下来。一侧流完后他迅速将沙漏翻过来，可是这面就没有那么顺利了，还是偶尔需要手晃动，沙子才能顺利流下来。这时我问连承：“为什么这个沙漏转过来就不顺畅了？”他也有同样的困惑，直接就撕开胶带检查圆片。我发现用剪刀钻的孔，一面虽然很圆了，但是被钻开的部分都挤在了背面，导致沙漏反转后流沙不顺畅。以幼儿现有的经验，很难发现这一问题，在他想重新剪一个圆片时，我将自己的发现告诉了他，并用小刀将圆片背面凸起的部分削掉了。

4. 第四次制作

第四次的制作很顺利，沙漏不管如何调转方向，沙子都能很顺利地流下来。这时我向连承提出了问题：“你做的这个沙漏可以计时多长时间？”我拿出秒表测试了一下，这个小沙漏流一次的时间为 27 秒。我问他：“你能做一个计时 1 分钟的沙漏吗？”他说：“多放点沙子就行了。”后来，他就一直反复尝试通过装沙子改变沙漏计时的长短，每一次都用数数的方式来测试沙漏计时的时间。直至自主游戏时间结束。

小结：在这次活动中，连承表现出了对沙漏极大的探究兴趣。从很快完成制作，到后来的一次次调整，他始终没有放弃，说明他对感兴趣的事情有很强的专注力。用瓶口在白板上拓印圆片的方式很巧妙，这样能使圆片刚好夹在两个瓶口中间，不会影响使用胶带封口。在自己无法给圆片钻孔时，他知道及时找老师帮忙，说明他对于自己的能力有较清楚的认知。在后来调整沙漏计时时间时，他知道用数数的方式检验沙漏计时的时间，说明他已经掌握了 1 分钟有 60 秒的常识，并能完成 1~60 的顺序数数。教师适当介入，帮助幼儿完成沙漏的初步制作后，对沙漏的计时提出要求，提升活动的难度，使幼儿有进一步探索的欲望。从整个活动中可以看得出，连承具有较好的学习品质，也有较强的科学探究兴趣。活动后，我请连承分享了自己制作沙漏的过程，请其他幼儿学习连承解决问题的方式和不放弃的精神。

幼儿制作的沙漏

时间故事分享会

活动形式 集体教学（语言）

活动背景

幼儿自发地从家里拿来跟时间有关的绘本投放在语言区。有的幼儿自己看书，有的幼儿将自己带来的绘本讲给同伴听。

游戏过程

一、自主阅读

教师：你看的是什么书？它讲了什么故事？

活动纪实

咚咚：我看的是《慌张先生》。这本书特别有趣，我可以根据故事里的时间转动钟表。慌张先生做事情总是不遵守时间，他总是慌慌张张的。

靓靓：我看的是《不迟到，遵守时间》。乐仔一开始总是不着急，但因为迟到丢了工作。后来他发现时间总是过得很快，快递员做什么事情都要提前计划好时间，这样才能按时完成任务。

阳阳：我看的是《一天到底是什么》。书里的字我不是都认识，但是根据图片，我知道一天是两个 12 小时，一周有七天，12 月有 31 天。

二、同伴分享阅读

幼儿将自己喜欢的故事分享给同伴，和同伴一起看同一本书，根据图片、文字，理解故事内容。

活动纪实

1. 图书分享。

柠檬：我要推荐的书是《做时间的小主人》。这本书告诉我们要学会管理时间，不能贪玩，不能懒惰，不能三心二意，只有按计划做好每件事才能做时间的小主人。

2. 阅读体验。

幼儿正在进行分享阅读

咚咚和一航在一起看《时钟国王》的故事。

一航：这个人说："我的生活都乱套了，我已经吃了三顿饭了，可是公鸡还没打鸣叫我做操。"戴帽子的说："对呀对呀，我一直在工作，已经好几天没闭眼了，到底什么时候才能睡觉啊！"

咚咚：你看这个小孩肯定很高兴，他一直在外边玩也不用回家。

一航：对，他的妈妈肯定在想，我的孩子哪儿去了，怎么这么长时间还没回家。

咚咚：这个遛鸟的老爷爷说："大家快想办法找找国王的时针吧，不然我们的王国就乱套啦！"大家说："对对对，我们快分头去找。"小狗也跟着去找时针了。国王知道了大家的计划，十分不好意思，他找了一个没有人的地方偷偷地把时针安了回去。

经验梳理

身心准备	1. 初步了解小学作息时间，对小学生活充满期待。 2. 能保持积极、稳定的情绪，乐于表达自己的想法。 3. 喜欢参加多种形式的体育活动。 4. 能动作协调地使用各种工具、材料。

（续表）

生活准备	1. 建立良好的生活作息规律，保持良好的生活习惯。 2. 有初步的时间观念，做事不拖沓。 3. 知道基本的安全规则和安全知识，有自我保护意识。 4. 能承担一些力所能及的劳动，愿意为同伴和家人服务。
社会准备	1. 能与同伴友好相处，合作完成任务，遇到问题乐意沟通解决。 2. 能遵守日常生活中的规则。 3. 理解老师的任务要求，能自觉、独立完成任务。 4. 热爱祖国，喜欢自己的幼儿园和班级，初步树立集体荣誉感。
学习准备	1. 对身边的事物感兴趣，敢于提问，乐于探索。 2. 能有计划、专注地做事。 3. 愿意用图画、符号记录想法，用数学的方法解决问题。 4. 能表达自己对作品、故事的欣赏和理解。

一起去看世界

大连市实验幼儿园 沙爽

主题缘起

从幼儿园升入小学，幼儿面对着多重变化：身份的转变、学习环境的转变、人际关系的转变……对于这些变化，我们需要帮助幼儿清晰地认识新的环境、新的关系、新的朋友、新的任务，从而帮助其顺利完成转变，建立起良好的心理基础，做好各项准备。

本主题围绕“一起去看世界”开展系列活动，从幼儿的兴趣点出发，通过逐渐渗透、挖掘内需的方式，引导幼儿学会适应新环境，建立新的人际关系，发现探索新鲜事物的多样方法，带领幼儿开启一段提高适应能力和养成良好习惯的特殊之旅。

主题网络

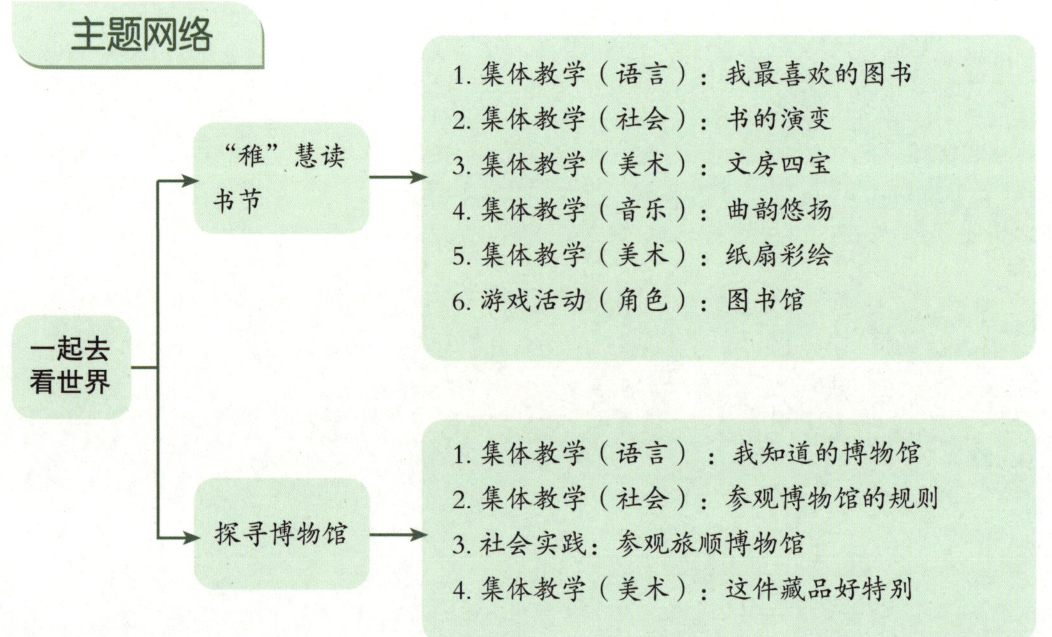

主题实施案例（节选）

主题一 “稚”慧读书节

我最喜欢的图书

活动形式 集体教学（语言）

核心经验 1. 能向同伴介绍、推荐自己喜欢的图书，理由充分。

2. 愿意与同伴分享自己喜欢的东西。

活动准备 每人自带一本图书

活动过程

一、观察感受

观察图书，了解书的组成。

教师：图书是什么样子的？它由几部分组成？你都看过什么样的书？

活动纪实

天祺：图书是一本一本的，有的书厚，有的书薄。

小宝：书里面有图画还有字，我可以看图，爸爸妈妈给我讲里面的字。

米粒：我看过立体的书，里面有藏着的图案，把外边挡着的纸拿开，里面打开能变成一座大房子。

慕阳：我看过的书有的是横着翻的，有的是竖着翻的。

多多：妈妈带我看过一本有声音的书，只要按书里面的按钮，书就会自己讲故事。

二、交流分享

1. 用简单的语言描述故事的情节、角色等，并与他人进行交流。

教师：哪本书是你最喜欢看的？书里讲了什么故事？你最喜欢这本书的什么地方？

2. 以小组或结对等方式进行交流，互相倾听和提问。

教师：大家可以找自己的好朋友，或分小组分享自己喜欢的图书。

活动纪实

天祺：我今天带来的是我最喜欢的《小蝌蚪找妈妈》。在这个故事里，小蝌蚪遇到了鱼、乌龟和鸭子，但是它们都不是小蝌蚪的妈妈，最后小蝌蚪终于找到了青蛙妈妈。这里面的图画特别漂亮，是水墨画。

小宝：我今天带来的图书是《大卫，不可以》，我觉得大卫特别有意思。这一个系列的书特别有趣，我今天带来了其中的一本。妈妈告诉我，不能像大卫这么调皮。即使我犯了错误，只要能改正，妈妈说她会一直爱我的。

米粒：我向大家推荐的书是《别摸我头发》。这本书里的小女孩儿是一个卷发女孩儿，小伙伴们都喜欢摸她的头发，但是她不喜欢被人摸头发，后来她大声地说："这是我自己的头发，你摸之前要征得我同意。"

三、延伸活动

统计并记录幼儿喜欢的书籍，排出人气书籍榜，选出本班幼儿最喜爱的图书。鼓励幼儿制订阅读计划，有计划地阅读图书。

活动纪实

妙妙：我要每天看一本图书，我画了20个格子，我每看完一本就在格子里画上标志。

悦悦：我的读书计划单是一条小路，我会把每天读的故事里最难忘的事画在格子里。

书的演变

活动形式 集体教学（社会）

核心经验 1. 了解图书的演变过程。

2. 能用符号、图画等多种形式表现图书演变的过程。

3. 营造良好的阅读氛围，养成良好的阅读习惯。

活动准备 《书的演变》PPT，多本纸质图书，彩笔、纸张若干

活动过程

一、认识比较

教师：幼儿园里有哪些书？它们有哪些相同的地方？有哪些不同的地方？古时候有书吗？古时候的书和现在的书一样吗？

小结：大部分图书都有封面、封底、内文等，书的内容和种类不同，小朋友们可以从书中看到许多有趣的故事，还可以学到大量的知识。

二、交流分享

结合自己查阅的图书演变过程进行小组交流。

教师：古时候的书是什么样子的？古时候的书是用什么制作的？

三、梳理提炼

1. 观看《书的演变》PPT，了解图书演变的过程。

2. 看图说一说图书的演变过程。

活动纪实

多多：最早的书是刻在兽骨上的，叫作甲骨文。

小宝：后来，人们把字写在竹子上，每片竹子用绳子连接起来。

贝贝：再有就是写在绢帛上的，叫帛书，一般是白色的。

霏霏：后来有了纸，就用纸来制作书了。但是有的纸是卷起来的，长长的。

佳佳：然后就是跟现在看到的差不多的书了，但是书是用线装订的。

慕阳：除了我们现在看的一本一本的纸质书，还有在电子设备上看的电子书。

四、操作体验

用符号、图画等多种形式将图书的演变过程记录下来。

活动纪实

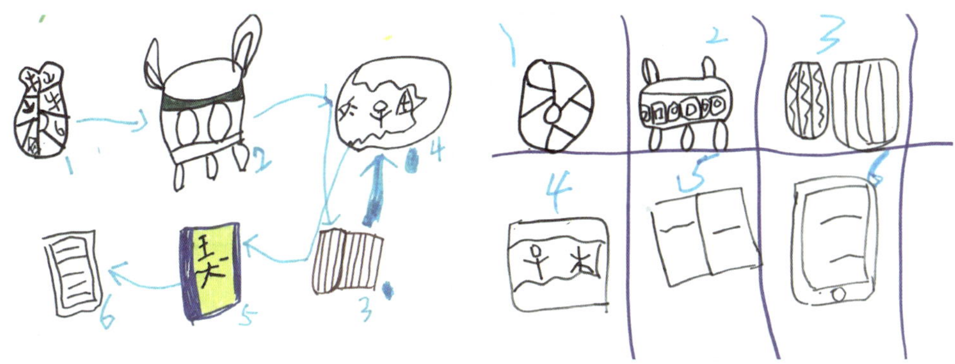

景源：我用序号和箭头，把各种书连在了一起。

小宝：我先在纸上画出格子，然后在每个格子里放一种书，在每种书的上面标上了数字，1表示的是最古老的书。

教师：图书的形式随着科技的发展发生了很大变化，给我们的阅读带来了更多便利，使我们的阅读变得更加便捷。

文房四宝

活动形式 集体教学（美术）

核心经验 1. 了解文房四宝的基本概念和用途。

2. 尝试书写自己的姓氏，并了解其含义。

3. 感受中华传统文化的独特魅力。

活动准备 毛笔、墨汁、宣纸、砚台、笔洗、笔架，幼儿的姓名牌，签到板

活动过程

一、初步感知

观察文房四宝实物，说说它们的名字和用途。

教师：小朋友们，你们知道这些都是什么吗?

活动纪实

仔仔：这个是毛笔，我见爷爷用它写过字。

小宝：它和上一次画荷花的毛笔差不多，但是它更粗一些。

米粒：那个黑色的是墨汁，毛笔没有颜色，要蘸墨汁才能写字。

二、探究体验

探究各种工具的使用方法。

1. 了解文房四宝的名称和用途。

教师：大家看到的这些是古人用来书写和绘画的工具，称为“文房四宝”。这是用来写字和绘画的毛笔，根据用途的不同，毛笔的粗细也有所不同。为了让毛笔变得湿润，需要蘸取墨汁。字要写在纸上，这种纸叫作宣纸。这个是砚台，是用来磨墨汁的工具。

2. 触摸、感受并尝试使用文房四宝。

教师：下面就请大家来看一看、摸一摸文房四宝，说说你的感受。

活动纪实

慕阳：宣纸摸起来软软的、很轻，比我们用的画纸薄很多。

小宝：墨汁是黑色的，还有一点臭臭的味道。

多多：毛笔的笔尖软软的，笔很轻。

霏霏：砚台硬硬的，感觉很结实。

三、实际操作

使用文房四宝书写姓氏，感受中华传统文化的独特魅力。

教师：小朋友们，你的姓氏是什么?你们的姓氏都一样吗?我们能轻易更换自己的姓氏吗?请看一看自己姓名牌上的第一个字，是什么样子的?请你拿起毛笔，蘸取墨汁，尝试写一写自己的姓氏。

活动纪实

幼儿使用文房四宝书写姓氏

曲韵悠扬

活动形式　集体教学（音乐）

核心经验　1. 理解诗词《小池》的含义。

2. 根据古诗词韵律进行动作创编。

3. 感受古诗的优美韵律。

活动准备　歌曲《小池》

活动过程

一、欣赏歌曲《小池》，感受歌曲旋律和歌词内容

1. 聆听歌曲后，讨论歌词内容。

教师：在刚刚播放的歌曲中，你们都听到了什么呢？你听到了哪些歌词？最喜欢哪一句呢？

活动纪实

悦悦：我听到了泉水声。

小宝：歌词里面有大树，唱的是树荫。

明明：小荷是说荷花吧，小荷花刚刚长出来，我喜欢这一句。

霏霏：我和明明喜欢的一样，最喜欢“小荷才露尖尖角”这一句。

佳佳：我听到了有蜻蜓落在了荷花上，我喜欢最后一句。

贝贝：我也喜欢最后一句，“早有蜻蜓立上头”。

2. 欣赏古诗，感受古诗的意境。

教师：我们一起读一读，这里有泉眼、树荫、荷花、蜻蜓。听完后你有什么感受？这首《小池》描写了一幅夏季池塘边的风景图，展现了大自然中的唯美景色。

二、动作创编

熟悉歌词和旋律，尝试创编动作。

教师：歌曲里面的内容，你想用什么动作来表现呢？

活动纪实

大航：“泉眼”用手比一个爱心，“无声”就摆手。

小宝：“惜细流”就用手做水流的波浪动作。

米粒：第二句“树阴照水爱晴柔”有点难，“树荫”用手挡着头，“爱”可以比个爱心。

霏霏：我来说第三句“小荷才露尖尖角”，“小荷”是荷花，就用手做一个小花。

悦悦：“尖尖角”咱们把手向上，两个手合在一起。

慕阳：那最后一句就一起当小蜻蜓吧。

妙妙：很多只蜻蜓一起转个圈。

三、表演体验

跟着歌曲进行律动表演。

教师：我们把大家创作的动作连在一起，跟着音乐一起动起来吧。

纸扇彩绘

活动形式 集体教学（美术）

核心经验 1. 尝试绘画创作古诗中描绘的场景。

2. 能清晰自然地介绍自己的绘画作品。

3. 体验绘画与古诗结合的美感。

活动准备 扇子、水彩颜料、画笔，古诗挂图

活动过程

一、计划分享

观察古诗挂图，激发创作兴趣。

教师：你最喜欢的古诗是哪一首？请你观察挂图，猜一猜这是哪句古诗描述的情景。

活动纪实

佳佳：我猜是“锄禾日当午”。

教师：你是怎么猜出来的？你在画中都看到了什么？

佳佳：这上面有一个人拿着一个工具，然后下面是小草或者小苗。

教师：还有谁和她猜的一样吗？你是看到了画中的什么猜出来的？

霏霏：我想这个人应该是一个老爷爷，他的头顶有个大太阳。

教师：两位小朋友观察得很仔细，回答也正确。这幅挂图呈现的是《悯农》中的“锄禾日当午”这一句，这句诗描写了农民顶着大太阳在田地里辛苦劳作的场景。挂图中呈现了这句诗中的人物、动作和场景，让我们一下就能够猜出来。

二、绘画创作

知晓绘画要求，进行大胆创作。

教师：如果请你画出你最喜欢的一句诗，你会怎样画呢？我们今天要在扇面上作画，请小朋友们将你想要表达的诗句画在扇面上。

三、欣赏交流

互相欣赏作品，交流绘画内容。

教师：请大家介绍一下自己的作品。其他小朋友来猜一猜画的是哪一句古诗。

活动纪实

景源：我画了很多很多的花，花太多了，人们都要看不清了。没错，我画的古诗就是“乱花渐欲迷人眼”。

慕阳：来看看我的画，我这里面有水，有小鸭子，还有树叶。这是春天，天气很暖和，我画的就是“春江水暖鸭先知”。

图书馆

活动形式 游戏活动（角色）

核心经验 模仿图书馆工作人员和读者的语言与行为，体验不同的角色。

游戏准备 1. 幼儿喜欢的图书若干、书架、借阅卡

2. 用小沙发、书桌等布置安静看书的温馨环境

游戏过程

一、创设情境，回忆已有经验

教师：我们在图书馆里可以做什么？图书馆里有哪些工作人员？他们的工作是什么？在图书馆里应该注意什么？

活动纪实

妙妙：我们可以在图书馆看书，也可以把书借回家。

大航：图书馆里有管理图书的图书管理员。

佳佳：图书馆还有保安叔叔，在门口安检。

小宝：我们在图书馆里要保持安静，不能大声讲话。

慕阳：还要注意卫生，不能随地扔垃圾。

二、选择角色，进行角色体验

教师：在图书馆里，你想扮演什么角色？你会怎么做？

活动纪实

佳佳：我想扮演图书管理员，戴上一副眼镜。有来借书的读者，我给他们扫码。

慕阳：我要当小读者去图书馆借书，如果找不到想找的书，我就找图书管理员帮忙。

三、回顾分享

教师：游戏中你扮演了什么角色？你在游戏中有什么需要帮助的吗？遇到了什么问题？你是怎么解决的？

活动纪实

佳佳：我和大航是图书管理员，小宝在游戏的时候没有找我们扫码就拿走了图书，我把他追了回来，告诉他要扫码。

多多：我是保安队长，图书馆进门处有过安检的门，但是区域里没有，我用大的积木搭了一个门。

主题二　探寻博物馆

我知道的博物馆

活动形式　集体教学（语言）

核心经验　1. 通过阅读绘本初步了解博物馆的功能。

2. 能根据绘本画面清楚表达自己的想法。

3. 产生对参观博物馆的兴趣和好奇心。

活动准备 绘本《奇奇妙妙博物馆》、博物馆图片

活动过程

一、观察感知

观察博物馆图片，萌发对参观博物馆的兴趣和好奇心。

教师：图片中是什么地方？博物馆是做什么的？你们去过博物馆吗？你记得去过的博物馆的名字吗？

活动纪实

佳佳：这是博物馆，里面有很多以前的东西。

霏霏：是博物馆，里面展览了很多有价值的物品。

悦悦：我去过的博物馆有三层楼，要坐电梯上楼，里面播放着好听的音乐，还有很多古代的物品，还有一位阿姨专门给我们讲解。

小宝：我去过贝壳博物馆，里面有各种各样的贝壳。

多多：爸爸妈妈带我去的是自然博物馆，里面有动物化石，还有鸟。

大航：我和妈妈去了北京故宫博物院，看到了古代的建筑，还有很多字画。

二、倾听表达

倾听绘本中的故事，了解博物馆的基本概念和博物馆中的展品。

教师：我们一起来听一听绘本《奇奇妙妙博物馆》里的故事，看看故事里面的博物馆是什么样子的。你从绘本中听到了哪些关于博物馆的知识？

活动纪实

妙妙：故事里的小女孩奇奇发现了世界上各种各样的博物馆。

小宝：在手工艺品博物馆里，有古老的动物玩具，还有各种大瓶子。

米粒：自然博物馆里有我们没见过的动物和贝壳。

霏霏：艺术博物馆里有雕塑，还有画。

悦悦：植物博物馆里有像羽毛一样的树叶，还有特别大的花。

教师：原来博物馆是这么有价值的地方，它让我们更好地了解历史、了解世界。

三、讨论交流

交流分享对博物馆的好奇，大胆表达自己的想法。

教师：你对故事中的哪个博物馆最感兴趣？你想了解什么内容？

活动纪实

多多：我想了解手工艺品博物馆，那些动物玩具太酷了。

米粒：我有点好奇太空博物馆，那里面的好多仪器我没有见过。

慕阳：我想去自然博物馆，我最喜欢动物。

霏霏：我有点好奇艺术博物馆里的画，有的已经放了那么长时间，为什么不会褪色呢？

悦悦：我最感兴趣的是植物博物馆里面那个像羽毛一样的树叶，真想去看一看。

教师：每一个收藏着有价值物品的地方都可以称作博物馆。每个博物馆有着自己不一样的文化特点，有机会我们也要走进博物馆去看一看。

参观博物馆的规则

活动形式 集体教学（社会）

核心经验 1. 了解参观博物馆的规则。

2. 能遵守规则并尝试制定简单的规则。

3. 知道遵守规则的重要意义。

活动准备 博物馆内部及藏品图片，博物馆参观规则海报，图画纸、笔

活动过程

一、回顾分享

回忆阅读绘本《奇奇妙妙博物馆》的感受，激发幼儿参观博物馆的兴趣。

教师：小朋友们，你们还记得在《奇奇妙妙博物馆》这本图书中，博物馆是什么样子的吗？你记忆最深刻的是什么？

活动纪实

多多：博物馆是收藏着很多漂亮东西的地方。

小宝：有各种各样的博物馆，里面是不一样的展品。

明明：我印象最深刻的就是和脸盆一样大的花朵。

米粒：我记得书中各种各样的瓶瓶罐罐。

霏霏：自然博物馆里那只奇奇怪怪的鸟，长得像猫头鹰却又不是。

二、讨论规则

展示博物馆参观规则海报，讨论参观博物馆的基本规则。

教师：到博物馆里参观，我们应该注意什么呢？

活动纪实

霏霏：在博物馆里不能触摸展品，否则会把它们弄坏的。

大航：公共场所不可以大声喧哗，要保持安静。

悦悦：有事情说悄悄话，不能打扰其他人。

小宝：跟着爸爸妈妈一起行动，不然容易走失。

三、自主制定规则

从自己的认知出发，制定并绘画参观博物馆的规则。

教师：把你想到的参观博物馆要遵守的规则画下来吧。

活动纪实

悦悦：我们不能随便触碰展品，不能大声喧哗，要和爸爸妈妈一起参观，不能自己乱走，要遵守博物馆里的指示标志。

参观旅顺博物馆

活动类型 社会实践

核心经验 1. 了解多种多样的文物。

2. 能够认识并辨认常见的博物馆展品。

3. 增加对历史和文化的了解，拓宽视野。

活动准备 1. 线上参观旅顺博物馆链接

2. 与旅顺博物馆相关的图片和视频资料

3. 与旅顺博物馆进行联系，沟通预约实地参观相关事宜

活动过程

一、情境导入

打开线上参观旅顺博物馆的链接，向幼儿展示博物馆的大门、展厅等场景。

教师：今天我们要参观的是位于我们大连市旅顺口区的旅顺博物馆。这里有馆藏文物 6 万余件，比较珍贵的有青铜器吕鼎等，藏品共分为 20 个门类。

二、观察感知

1. 整体浏览旅顺博物馆中的各种展品，丰富幼儿的体验。

教师：请大家和我一起来看一看这里的展品吧。这是青铜器展厅，这里陈列的是各种青铜器。这里是古瓷器艺术品展厅，收藏的是古代的各种陶瓷器。这里是雕刻艺术品展厅，主要展出的是明朝和清朝时期的雕刻艺术品。

2. 观察发现，尝试概括展品的特点。

教师：在刚刚我们参观过的展品中，你对哪一件印象最深刻？说一说这件展品的特点。它是什么颜色的？是什么形状的？猜一猜它叫什么名字，是干什么用的？

活动纪实

★马蹄金

霏霏：我印象最深刻的是那件金色的，形状有点像圆形的藏品。

教师：你能猜一猜它的名字吗？它的名字和动物有关。

霏霏：是动物的脚吗？是哪种动物呢？

教师：我来说一个小谜语，大家一起来猜一猜是哪种动物。

教师：尾巴长，鬃毛飘，会拉车，能奔跑。

多多：是马，这个也有点像马的脚印。

教师：没错，这是马蹄金，是古时候的称量货币，因为形似马蹄所以叫这个名字。

三、交流讨论

交流线上参观旅顺博物馆的收获。

教师：在博物馆中观察展品，你有什么感受？线上参观博物馆你学到了哪些新知识？

四、活动延伸

到旅顺博物馆进行实地参观，直观感受博物馆内的文化氛围。

1. 集中交流，重温参观规则。

教师：我们之前通过线上的方式参观了旅顺博物馆，今天我们进行实地参观。大家还记得我们讨论过的参观博物馆要遵守哪些规则吗？

活动纪实

贝贝：用眼睛观看展品，手不能乱摸。

霏霏：公共场所保持安静，不大声喧哗。

明明：有事情说悄悄话，小声和大家分享，免得打扰其他人。

小宝：跟着老师和小朋友们一起走。

慕阳：认真听讲解阿姨的讲解。

多多：要排队参观，不能拥挤。

2. 参观体验，直观感受博物馆内的藏品。

教师：请大家排好队，有序开始我们的参观。

3. 讨论分享，交流参观感受。

教师：说一说实地参观博物馆你心里的感受吧。

活动纪实

贝贝：这个博物馆真的很大，从外边看就很美。

霏霏：开始我有一点紧张，后来跟着老师和小伙伴们就不紧张了。

明明：这些藏品跟在电脑上看到的是一样的，只是大小不一样。

多多：长大了我想做保护这些藏品的人，我要好好学习。

小宝：我们要好好保护这些藏品，让以后的人们也都能看到。

教师：这些藏品能够保存到现在，呈现在我们面前，是很多人一起努力的结果，我们要好好珍惜。

这件藏品好特别

活动形式 集体教学（美术）

核心经验 1. 尝试根据藏品的不同特点进行绘画。

2. 能大胆运用色彩进行绘画。

3. 激发创造力和想象力。

活动准备 博物馆藏品相关的图片，绘画纸、彩笔、油画棒等绘画工具

活动过程

一、回顾交流

描述自己感兴趣的展品并说出理由。

教师：我们参观了旅顺博物馆，你印象最深的是哪件藏品？你能说出理由吗？

活动纪实

悦悦：我印象最深的是有彩色小鱼的铜镜，很漂亮，还可以当镜子用。

妙妙：我喜欢那些不同形状的青花瓷花瓶。

霏霏：老师给我们讲的马蹄金，我在博物馆里也看到了。

大航：我印象最深的是青铜器上的花纹，有各种动物造型。

慕阳：我记得古代的官帽架，和现在的衣架有一点像。

二、绘画创作

选择自己喜欢的博物馆藏品进行绘画创作。

教师：想一想你最喜欢的藏品是什么形状的，有什么样的花纹？结构是什么样的？有几种颜色？发挥想象力，在绘画中加入自己的想法。

三、展示与分享

将自己的绘画作品进行展示，并大胆介绍自己的绘画创意。

活动纪实

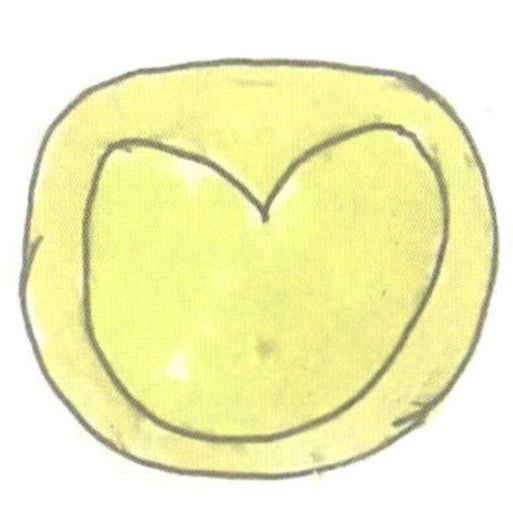

霏霏：马蹄金

慕阳：古代的官帽架

悦悦：有彩色小鱼的铜镜

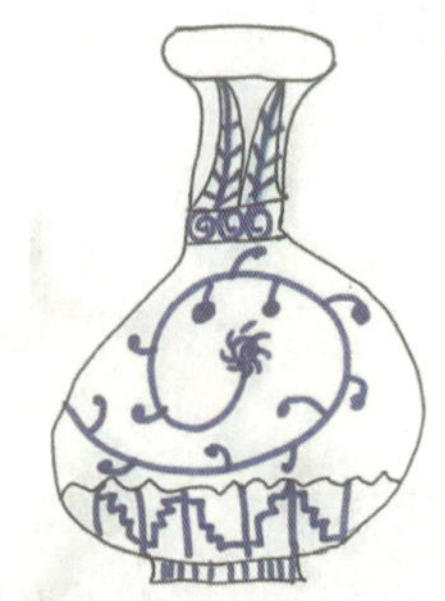

妙妙：漂亮的青花瓷

四、活动延伸

通过讨论、调查，确定“班级博物馆”的主题，尝试利用生活资源和自然资源，为“班级博物馆”创作各式各样的展品。

经验梳理

身心准备	1. 建立积极的入学期待，对小学生活充满好奇和向往。 2. 能经常保持积极、稳定的情绪，并恰当表达自己的情绪。 3. 手部动作协调，能使用简单的工具和材料。
生活准备	1. 自己的事情自己做，能够分类整理和存放个人物品。 2. 有初步的时间观念，做事不拖沓。 3. 能自觉遵守基本的安全规则和交通规则，有自我保护意识。
社会准备	1. 有任务意识，能自觉、独立完成老师安排的任务。 2. 能与同伴分工合作共同完成任务，遇到困难时尝试协商解决。 3. 喜爱自己的班级和幼儿园。
学习准备	1. 对身边的新事物感兴趣，有好奇心和探究欲，有进一步探究想法的行动，主动寻找问题的答案。 2. 喜欢阅读，能理解书中的图画内容，乐于向同伴分享自己在书中的发现和观点，幼儿愿意用图画和符号表现事物或故事。 3. 愿意倾听他人讲话，有疑问时能够主动提问。 4. 增加对文化和历史的了解，拓宽视野。

我要上学了

大连理工大学幼儿园　薛寰宇 蔡程程

主题缘起

大班幼儿即将步入小学，他们对神秘的小学生活充满着向往和期待。新奇的小学生活到底是什么样子的？这个陌生又充满新鲜感的地方，对幼儿来说有很大的吸引力，“小学”成了他们最关心和最感兴趣的话题。

我们追随幼儿的心理发展需求，根据大班幼儿现阶段的年龄特点和发展需要，以游戏化、自主化的形式开展“我要上学了”主题活动。通过讨论交流以及体验活动，幼儿对小学生活有所了解，产生积极的入学愿望，为顺利适应小学生活打下良好基础。

主题网络

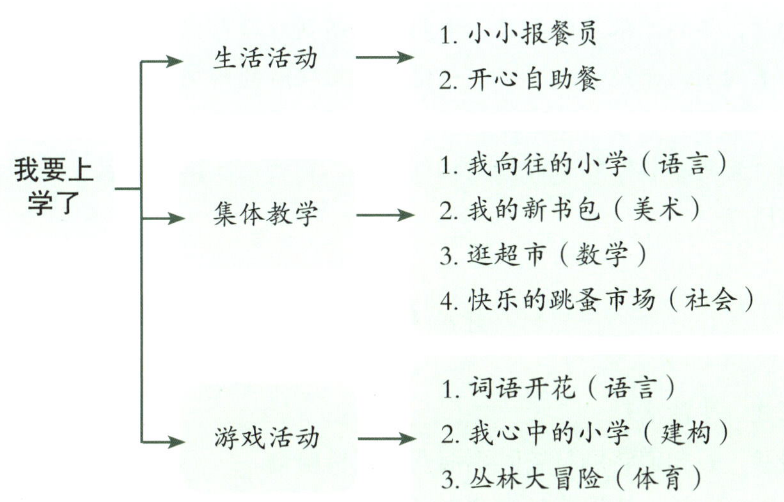

主题实施案例（节选）

小小报餐员

活动形式　生活活动

核心经验　1. 能大胆在集体面前报餐。

2. 尝试有序、连贯、清楚地进行报餐。

3. 喜欢参与报餐活动，体验播报的快乐。

活动准备　食谱、厨师服装

活动过程

一、家长带幼儿提前查看将要介绍的食谱，引导幼儿为餐前介绍做准备

二、每天午餐、晚餐前，分别请小小报餐员穿好厨师服装进行餐前报餐

活动纪实

小玉：今天的午餐是咖喱牛肉土豆盖饭、佛手三色蔬菜片、西红柿鸡蛋汤。咖喱是一种来自印度的食物，印度人吃咖喱是因为他们爱吃牛羊肉，牛羊肉有一股特殊的味道叫作膻味。膻味很难闻，所以大家就想出了一个办法，用咖喱把膻味盖住。咖喱由姜黄和一些其他香料组成。佛手瓜是一种蔬菜，它也可以生吃。西红柿鸡蛋汤感觉就像夏天一样，西红柿是火红的太阳，蛋花就像黄色的小花，里头放一点点小葱花之类的像绿叶子。让我们品尝一下这几道四季美味的午餐吧！

三、幼儿自评报餐情况

活动纪实

小玉：我给自己打99分，失分原因在于没有介绍清楚佛手三色蔬菜片的命名缘由，我得到了老师的认可与表扬，我更自信了。我和妈妈一起查阅资料，知道了不少新的食材，学到了很多新知识，也明白了遇到难题可以通过上网检索的方法寻找答案。如果向别人介绍一件事情，一定要把难理解的陌生词语单独解释清楚，这样有助于别人理解。

餐前由“教师报餐”转变成幼儿担任“小小报餐员”进行报餐，幼儿自我服务的意识逐渐增强。

开心自助餐

活动形式　生活活动

核心经验　1. 知道自助打餐时不浪费，爱惜粮食。

2. 初步认识菜名中的文字，对文字感兴趣。

3. 体验与同伴一起吃自助餐的乐趣。

活动准备

气球装饰、桌布、音乐、背景图、湿巾、餐巾纸、垃圾桶、字牌、投票卡

活动过程

一、展开与吃自助餐有关的讨论，了解吃自助餐时应注意的问题

大班幼儿已经有自主进餐的经验，他们能熟练使用筷子、小勺等餐具，能自己分餐、盛饭、盛菜，掌握一定的取餐技巧。通过开展关于自助餐的讨论，幼儿了解什么是自助餐，为后续的自助餐活动做好经验准备。

活动纪实

讨论 1：什么是自助餐？

小葫芦：自助餐就是自己去拿想吃的食物。

南南：我吃过自助餐，可好吃啦！里面有鸡翅、蛋糕，还有好多好吃的。

盈盈：自助餐就是自己盛饭，喜欢的多盛一点，不喜欢的少盛一点。

讨论 2：吃自助餐的时候应该注意什么？

安安：不能浪费食物，吃多少拿多少。

天天：取餐的时候要排队，不能拥挤。

小玉：要是不够吃了，可以再去拿，但不能一下子拿太多，否则就会造成浪费。

讨论 3：怎样布置用餐场地？需要什么物品？

妥妥：要用气球、好看的桌布。

宸宸：还要有许多美食！

六六：桌子中间摆上装饰品，要像饭店一样好看。

布置好的场地

二、知道菜品的名字，初步认识菜品名字中的汉字

提前让幼儿认识这些菜的菜名，通过了解菜名，激发幼儿对文字的兴趣。

三、组织自助餐活动，体验与同伴一起吃自助餐的乐趣

鼓励幼儿自助打餐，自由结伴就座，愉悦进餐。餐后自行收拾餐桌，有序送餐具，养成良好的卫生习惯。

四、给自己喜欢的食物投票，能按照自己的意愿表达想法

1. 每人一张投票卡，给自己喜欢的食物投票，选出心中最喜欢的食物。一起统计票数，记录调查结果。

活动纪实

幼儿给喜欢的食物投票，统计票数，填写《我最喜欢的食物》统计表。

2. 幼儿根据统计结果，向食堂反馈投票结果，希望下次还可以品尝到美味好吃的食物。

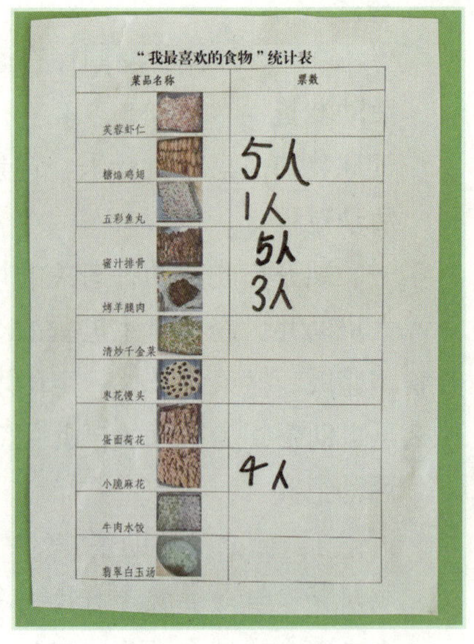

"我最喜欢的食物"统计表

菜品名称	票数
芙蓉虾仁	
糖焗鸡翅	5人
五彩鱼丸	1人
蜜汁排骨	5人
烤羊腿肉	3人
清炒千金菜	
枣花馒头	
蛋面荷花	
小脆麻花	4人
牛肉水饺	
翡翠白玉汤	

《我最喜欢的食物》统计表

我向往的小学

活动形式 集体教学（语言）

核心经验 1. 运用讲述、观察、比较的方法，比较小学和幼儿园的不同。

2. 初步了解小学，对小学生活充满期待。

3. 希望成为一名小学生，愿意为入学做准备。

活动准备 收集哥哥姐姐在小学活动的照片、视频，彩笔、画纸

活动过程

一、谈话分享

分享哥哥姐姐在小学的事情。

教师：身为小学生的哥哥姐姐都需要做什么事情呢？

活动纪实

杠杠：我姐姐每天回家都要写作业，有语文、数学、英语作业，得按时完成。

如意：我姐姐也是，而且她们还有期末考试。

宜宝：我听姐姐说，她们每天都在食堂吃午饭，而且能自己盛饭。

顶顶：小学有课间十分钟，我哥哥下课十分钟的时候还去操场玩。

安雅：姐姐每天都背书包上学校，书包里面装着书、本、笔、跳绳、水杯。

二、观察交流

观看哥哥姐姐在小学活动的照片和视频，围绕问题交流讨论。

教师：在小学可以做什么事情呢？小学里面都有什么？小学和幼儿园有什么不同呢？

活动纪实

宝宝：小学生可以戴红领巾。

墩子：每节课都有不同的老师来上课。

盈盈：小学里面没有滑梯，幼儿园里有滑梯。

大宝：每个小学生都有自己的课桌和椅子，还有同桌，幼儿园是一组一组的。

小葫芦：小学的教室里有大大的黑板，还有讲台。

天天：小学没有午睡的床，幼儿园里才有。

三、话题讨论

大胆想象，讨论自己向往的小学。

教师：你们向往的小学是什么样的呢？

活动纪实

顶顶：我向往的小学有大大的操场，小朋友们都在操场上玩。

宸宸：我希望小学是很大很大的，有图书馆、教学楼，还有吃饭的食堂。

小玉：我向往的小学生活是每天早上和同学们在操场上升国旗、奏国歌，每天和同学们一起学习，一起做游戏。

如意：我希望学校是五彩缤纷的，有又高又漂亮的教学楼，校园里开满了五颜六色的花朵。

四、绘画创作

根据自己对小学的向往，用文字、绘画等形式记录下来。

教师：每个小朋友心目中的小学都是不一样的，让我们用画笔把心目中的小学画下来吧。

活动纪实

1. 幼儿园和小学有什么不同？

六六：小学里面没有滑梯，需要自己带水杯。小学没有睡觉的床。

2. 小学里面有什么？

小七：小学教师里面有课桌、椅子、黑板、粉笔、书报架、数学本、杯子、铅笔盒、橡皮擦、日记本、练习册。

3. 在小学里面都可以做什么事？

昭昭：小学里面老师讲课，小学生听课；小学生还可以在篮球场打篮球。

安安：可以在大大的操场上玩，在教室里上课，还要考试。

小玉：上小学需要做作业，自己带水杯，小学有书包架，可以去食堂吃饭，还能出去春游。

我的新书包

活动形式 集体教学（美术）

核心经验 1. 学习按照自己的意愿制作、设计、装饰书包。

2. 能用线、色彩、图案相结合的方法设计书包。

3. 具有将要成为小学生的自豪感。

活动准备

1. 书包实物、做小书包的口袋

2. 卡纸、彩笔、蜡笔、纸袋子、幼儿自主选择的其他材料（如毛根、纽扣、毛球等）

活动过程

一、观察讨论

1. 观察书包，发现书包的不同特点。

教师：每个小朋友都有自己的书包，你们的书包都是一样的吗？有什么不同？

2. 观察自备小书包，评价自己的书包。

教师：你喜欢自己的书包吗？你喜欢什么样的书包？

二、想象设计

1. 展开联想，构思设计新型书包。

教师：请你设计一个书包，想一想，它是什么造型的？什么颜色的？什么图案的？

2. 互相交流想法和设计思路。

活动纪实

小葫芦：我想在书包上画我最喜欢的兔子，在兔子耳朵上画两颗蓝色的宝石，还有小爱心。

大宝：我喜欢汽车，所以我想画一个汽车书包，里面可以装书、铅笔、日记本。

三、创作表现

尝试用各种形式体现自己的设计。

教师：小朋友们从家里带来了纸袋子，老师这里有不同的材料，小朋友可以自主选择需要的材料和工具，制作出新书包。

活动纪实

南南：我要用纸剪出一个大圆形，粘到袋子上面。

安雅：我想画一只小猪，做一个小猪样子的书包。

芮楠：我们还可以用黏土装饰书包。

四、展示欣赏

互相欣赏，在集体面前大胆展示自己的作品，说说自己设计的小书包。

教师：你设计了什么造型的书包？它的颜色、图案是什么样的？给你的小书包起个名字吧！

活动纪实

如意：我新书包的名字叫“翅膀小书包”，因为书包上有两个翅膀。书包上有很多颜色：橙色、红色、紫色，我还做了很多大小不一样的星星，中间有一颗小爱心，是橙色和蓝色相间的。

小玉：我的新书包有两个名字，第一个是“恐龙世界”，第二个是“火山喷发”。有一天，火山喷发了，下了很大的雨，所有的恐龙都被岩浆烫死了，只有书包上的绿色小恐龙还活着。它生活在两个火山之间，而其他的恐龙都被火山围绕起来，所以它们都被烫死了。

五、延伸活动

1. 讨论书包里装东西的制作方法。

活动纪实

教师：书包怎样才能装东西？

芮楠：可以在书包里粘一张纸装东西。

如意：可以粘一张大纸或者大纸袋子，这样就可以装东西了。

小玉：也可以将操作单的小袋子粘上。

幼儿制作的能装物品的新书包

2. 整理书包

每天整理自己的小书包，尝试整理和保管好自己的物品，培养良好的生活自理能力。

逛超市

活动形式 集体教学（数学）

核心经验 1. 学习 10 以内的加减法运算。

2. 能运用简单的加减运算玩购物游戏。

3. 做事有一定的计划性，体验购物游戏的快乐。

活动准备

1. 活动前布置角色区“超市”场景：幼儿在价签上书写价钱，贴有价签的商品若干、购物筐每人1个、物品筐每人1个

2. 购物计划单每人1张

活动过程

一、观察交流

观察“超市”里的物品种类和价格。

教师：今天“彩虹超市”开业了，我们去看看“超市”里有哪些物品？它们都是多少钱呢？

活动纪实

布置场地照片

二、讨论记录

根据物品价格，在购物计划单上记录购买计划。

教师：这是一份购物计划单，每人只能买 10 元的物品，可以把想买的 2 个物品价钱写下来。

活动纪实

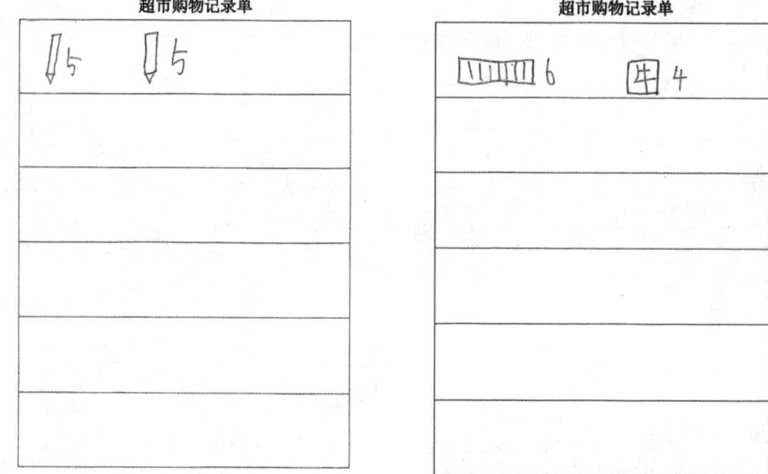

超市购物记录单

三、购物体验

1. 第一次购物。

教师：我们带着购物计划单去“超市”采购，别忘记只能买 2 个物品，它们的价钱合起来是 10 元。你们都买了什么物品？

活动纪实

大宝：我买了 2 支 5 元钱的铅笔。

昭昭：我买了一个 3 元钱的玩具车，一把 7 元钱的魔尺。

六六：我买的是一盒 6 元钱的蜡笔和一盒 4 元钱的牛奶。

2. 第二次购物。

教师：刚才小朋友都能快速地买到合起来是 10 元的商品。这次我们来挑战一下，总数还是 10 元钱，买 2 件以上物品，你想怎么买？可以先和旁边的小朋友说一说，把计划写在计划单上。

活动纪实

宸宸：我想买 3 件物品，一根 2 元的香蕉，一个 2 元的纸杯，一支 6 元钱的彩笔。

南南：我想买 5 件物品，三个 2 元的草莓，一根 2 元的香蕉，还有一个 2 元的本子。

妥妥：我想买 4 件物品，一把 7 元的魔尺，两个 1 元的李子，一个 1 元的纸杯。

超市购物记录单

超市购物记录单
5 5
2 2 6
2+ 2+6=10

超市购物记录单
6 4
7 1 1 1
7+1+1+1=10

超市购物记录单

快乐的跳蚤市场

活动形式　集体教学（社会）

核心经验　1. 尝试跨班级的体验活动，创设自由交往的机会。

2. 愿意用数学方法尝试解决生活和游戏中的问题。

3. 能和同伴友好相处，共同体验活动的乐趣。

活动准备

消费计划表、幼儿带来的闲置物品、数字钱票、购物筐、价签、白色长方形盘子、收银员胸牌、幼儿布置的跳蚤市场场地

活动过程

一、谈话导入

说说购买计划，萌发参与跳蚤市场游戏的兴趣。

教师：今天我们来到了跳蚤市场，你们都想购买什么商品呢？

活动纪实

顶顶：我想买天天带来的足球玩具，买回家和哥哥一起玩。

雯雯：我想买个娃娃，我最喜欢娃娃了。

南南：我看到有好多书，不知道都有什么书，一会儿我要去看看。

六六：我需要笔筒，我的书桌上有很多笔，买一个笔筒把它们都收纳起来。

安雅：我要买一盒 24 色的彩笔，我用的彩笔颜色太少了。

芮楠：我想买两个漂亮的发夹夹到我的头发上。

二、讨论交流

1. 幼儿制订购物计划，完成消费计划表。

教师：如何分配自己手中的钱呢？请记录在消费计划表中。

活动纪实

★制订购物计划表，每人 20 元钱，可以怎么分配？

跳蚤市场消费计划

商品价格	消费计划	人数
5 元	1+1+1+1+1=5	13
	5 元	5
	10-5=5	1
10 元	10 元	1
	5+1+1+1+1+1=10	1
15 元	10+5=15	12
	10+1+1+1+1+1=15	3
20 元	1+1+1+1+1+5+10=20	4

消费计划表

2. 讨论游戏时应该注意的问题和遵守的规则。

教师：小朋友要分成收银组和购买组，各组的小朋友在游戏中都要注意什么？

活动纪实

阳阳：收银组的小朋友要看清楚商品的价格，再收取相应的钱数。

墩子：要爱惜商品，轻拿轻放，不可以弄坏。

安雅：购买组的小朋友要谦让，不能争抢。

三、分组实践

1. 幼儿分成两组——收银组和购买组开展游戏。

2. 互换角色进行游戏。

活动纪实

片段一

小玉（收银员）：宝宝，你买的玩偶是 15 元，但是你给了我 20 元，我要给你找钱才行。

宝宝（顾客）：你要给我找几元钱呢？

小玉（收银员）：再找你 5 元钱，你可以拿着这些钱再去选选其他物品。

宝宝（顾客）：谢谢你的提醒，我再去逛逛。

片段二

妥妥（顾客）：如意，你都买什么了？

如意（顾客）：我刚才花了 10 元钱买了一个扭扭蛋，现在还剩 10 元钱，我还想买这盒 15 元的蜡笔，但是钱不够了。

妥妥（顾客）：正好我这里还剩 5 元钱，咱们可以把钱凑在一起，这样我们就可以一起买这盒蜡笔，一起用了。

幼儿进行买卖游戏

四、交流分享

1. 收银员统计自己的营业额。

教师：请收银员数一数、算一算，今天收了多少钱。

2. 交流分享购物体验。

教师：你们都买到了什么？花了多少钱？

活动纪实

讨论 1：收银组的小朋友收了多少钱？

如意：我收到了 95 元。

小玉：我收到了 91 元钱。

宣宣：我一共收到了 88 元钱。

宜宝：我收到的钱最多，有 110 元呢！

讨论 2：购买组的小朋友都买了什么物品？

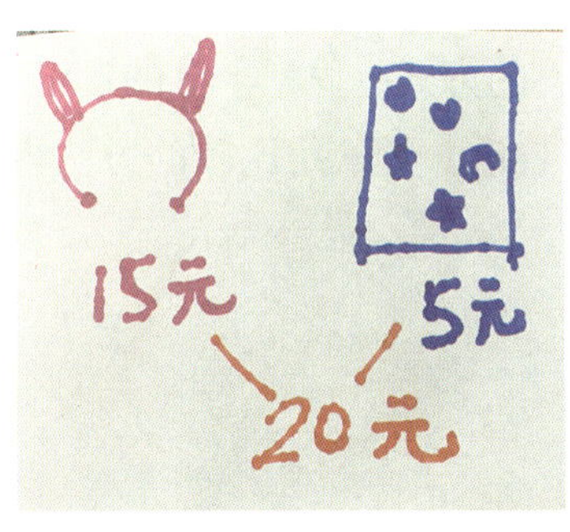

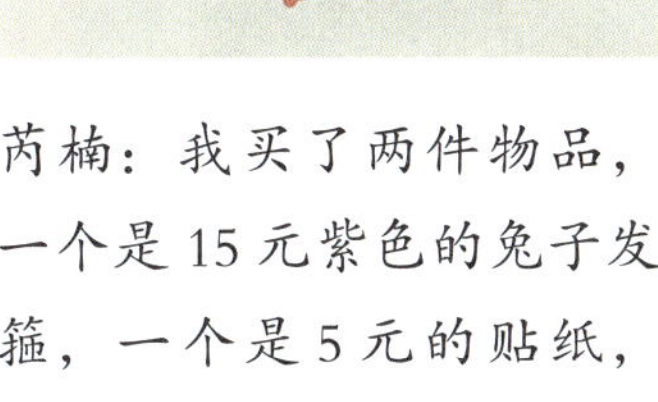

芮楠：我买了两件物品，一个是 15 元紫色的兔子发箍，一个是 5 元的贴纸，一共花了 20 元。

昭昭：我买的是一个机器人玩具，花了 10 元钱，还剩 10 元钱。

宝宝：我买了一个毛线玩具和一个扭蛋，一共花了 15 元，还剩 5 元钱。

词语开花

活动形式 游戏活动（语言）

核心经验 1. 练习用字组词。

2. 学会认真倾听同伴的回答，并积累一定的词汇量。

3. 对组词感兴趣，愿意参与语言游戏。

游戏准备 图文并茂的字卡、记录单

游戏过程

一、了解玩法

教师和幼儿共同讨论游戏玩法。

二、幼儿游戏

1. 幼儿手拿图文并茂的字卡，尝试用字卡上的字来组词，所组的词里必须有字卡上的字。先让每个幼儿轮流说，再进行抢答游戏。

教师：游戏过程中要记得自己组词的数量，游戏结束后，比一比谁说的数量多。

2. 每轮游戏结束后，幼儿在记录单上记录自己组词的数量。

三、经验梳理

引导幼儿交流分享游戏中获胜的方法。

活动纪实

南南：平时多积累一些字和词语，做游戏的时候才能说的多一些。

昭昭：我每说一个词，都伸出一根手指，这样就不会忘记我说了几个词。

宣宣：其他小朋友说的时候，要仔细听，不能说重复的词。

四、游戏总结

幼儿在玩“词语开花”游戏过程中，通过轮流、抢答的方式，积累丰富的词汇，养成良好的倾听习惯，在记录单上记录自己每轮的组词数量，尝试用比较的方法得出游戏结果，体验解决问题的乐趣。

我心中的小学

活动形式 游戏活动（建构）

核心经验 1. 尝试独立或与同伴合作，创意、想象、搭建心目中的小学。

2. 能根据设想选择适宜的建构材料进行合作搭建。

3. 有一定的合作意识，体验合作搭建的乐趣。

游戏准备 各种积木、磁力片、纸盒、薯片桶等低结构材料

游戏过程

一、讨论交流，制订计划

集体交流心目中的小学，制订搭建计划。

教师：你心中的小学是什么样子的？你想搭建一个什么样的小学？

活动纪实

安雅：我心目中的小学有很多的楼，高高的，可漂亮了。

妥妥：我们幼儿园有升旗的地方，小学应该也有升旗的地方。

顶顶：我觉得小学有一个很大的操场，操场里可以踢足球、玩篮球。

杠杠：小学里面有很大的图书馆，我们可以去看图书，我最喜欢看绘本图书了。

芮楠：我心目中的小学像一个大花园一样美丽。

宣宣：我想用半圆形的积木和长方形积木做足球场的两个球门。用棕色的半圆形积木和长方形积木搭停车场的围栏，用圆形拼插积木做停车场的线，再把汽车玩具模型放进去。

杠杠：我打算用棕色的纸筒围成一个长方形的墙壁，再用绿色的磁力片和雪糕棍铺成草地，在棕色围墙外面围上一个紫色的围墙，搭一个足球场。

安雅：我计划用黄色、紫色、蓝色和红色的圆形拼插积木、玩具小汽车搭建一个长方形的停车场。这个停车场可以停很多辆车，上学和放学的时候就不会堵车了。

芮楠：我要用积木、多米诺骨牌和雪花片搭一个老师的宿舍楼。用积木搭宿舍楼的大门，用多米诺骨牌搭建宿舍的外墙，把雪花片铺在宿舍楼门口当作地垫。宿舍楼里面再放上三位老师，把西瓜积木也放在宿舍楼里，老师回到宿舍可以吃西瓜。

二、自主选择，创意建构

按照设计图纸尝试搭建。

活动纪实

宜宝：我和安雅用积木围了一个停车场的围栏，两个半圆形拼插积木的中间是停车位。

小七：我用积木搭了一个实验室大楼，最上面放了两个三角形的透光积木，是实验室大楼上面的玻璃。顶顶用磁力片在实验室里做了一个显微镜。

三、展示评价，交流想法

幼儿先介绍自己的搭建作品，再相互评价。

活动纪实

大宝：足球场只有场地，没有看台，观众没有地方看比赛。

六六：安雅和宜宝搭建的停车场虽然很大，但是没有路线和路标，停车会发生混乱，我们下次游戏时要改进。

丛林大冒险

活动形式 游戏活动（体育）

核心经验 1. 练习快速躲闪、跑、钻、爬的基本动作。

2. 能动作协调、灵活地闯关。

3. 体验游戏的乐趣，愿意克服困难、挑战自我。

游戏准备

迷彩服、海洋球、迷彩网、遮阳网、野战迷彩垫、粗麻绳、平衡木、彩旗 4 面、国旗 1 面、安吉游戏器械等

游戏玩法

幼儿扮演小战士，冲过炮弹区，穿越火线，翻过山岭，走过铁索桥，匍匐过地垫，最终顺利完成挑战。

游戏规则

通过炮弹区时，注意躲避草地外的炸弹。

游戏过程

一、教师介绍游戏场地，讲解游戏玩法及规则

教师：小战士们，我们来到了丛林中，想要穿越丛林需要躲避炮弹区的攻击、穿越火线、爬过山岭、匍匐过地垫，闯关的过程中不能拥挤，注意保护自己。

二、幼儿游戏，自主探索成功穿越丛林的方法

活动纪实

冲过炮弹区

穿越火线

翻过山岭

匍匐过地垫

三、幼儿交流闯关经验

教师：小战士们，你们是用什么办法成功闯关的呢？

活动纪实

顶顶：我在炮弹区的时候，张开胳膊，在平衡木上保持平衡，不让自己掉下来，有炸弹扔过来的时候，我就蹲下，这样就不会被攻击到了。

盈盈：我用手拽住绳子，再用脚使劲蹬，就能又快又安全地翻过山岭了。

如意：爬过草地的时候，我的手和脚交替地在地垫上爬，很快就爬过去了。

主题经验

身心准备	1. 初步了解小学生活，对小学生活充满期待。 2. 能经常保持积极、稳定、良好的情绪状态，遇到困难能积极应对并解决。 3. 积极参加多种形式的户外活动，保持充沛的精力。 4. 手部动作协调，能使用简单的工具和材料。
生活准备	1. 坚持自己的事情自己做，学会整理和保管好个人物品。 2. 能自觉遵守基本的规则，学会保护自己。 3. 能主动承担并完成分餐、清洁、整理等班级劳动，做一些力所能及的劳动。
社会准备	1. 能和同伴友好相处，乐于结交新朋友；能与同伴分工合作共同完成任务；能主动向老师表达自己的想法。 2. 能遵守游戏和生活中的规则，遵守集体活动的基本规则。 3. 理解老师的任务要求，能向家长清晰地转述并主动完成。
学习准备	1. 对身边的新事物感兴趣，有好奇心和探究欲，乐于动手、动脑。 2. 能坚持完成一件事情，遇到困难不放弃；乐于独立思考并敢于在集体面前表达自己；做事有一定的计划性。 3. 喜欢阅读，乐于和他人一起看书讲故事；对生活情境中的文字符号感兴趣，愿意用图画、符号等方式记录自己的想法和发现；愿意用数数、排序、简单的统计等数学方法解决游戏和生活中的问题，体验解决问题的乐趣。 4. 在集体情境中能认真听并能听懂他人说话，有疑问时能主动提问；能认识并书写自己的名字；能清楚地讲述一件事情，能说出图画书的主要情节，并有自己的理解和想法。

有趣的中国字

大连高新技术产业园区第二实验幼儿园 时璐 罗晓慧

主题缘起

幼儿进入大班后，对汉字的兴趣愈发浓厚，会在自己的游戏故事中写上名字，在班级的衣柜、水杯架上等处看见自己的名字会议论，阅读故事时会尝试进行汉字猜读，看到自己认识的汉字会兴奋地读出来……汉字文化在幼儿的心中萌芽，我们追随着幼儿的兴趣点，开启了“有趣的中国字”主题课程。

本主题我们从与幼儿的讨论交流开始，提供丰富的活动资源，满足幼儿求知探索欲望，让幼儿初步感知汉字的意义和用途、汉字结构之间的联系，培养幼儿对汉字特征的敏感性，让幼儿感受汉字的魅力，丰富语言的内容，增强理解和表达能力，为进入小学的书面语言学习做好准备。

主题网络

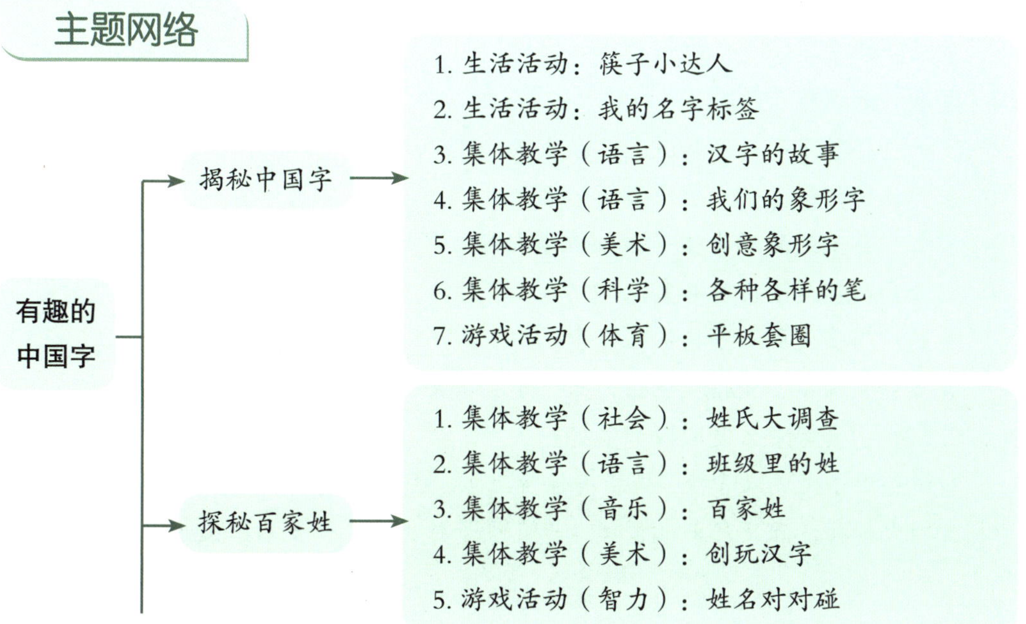

寻秘名字 →
1. 集体教学（社会）：名字的秘密
2. 集体教学（美术）：名字创意画
3. 游戏活动（结构）：拼拼摆摆名字秀
4. 游戏活动（体育）：姓名传球

主题实施

主题一　揭秘中国字

筷子小达人

活动形式　生活活动

核心经验

练习巩固正确使用筷子的方法，熟练使用筷子，对握笔姿势有初步的兴趣，体验活动带来的乐趣。

活动准备　白纸、马克笔、筷子

活动过程

一、梳理使用筷子时遇到的问题，回忆正确使用筷子的方法，通过口诀建立正确使用筷子和握笔姿势的关联性

活动纪实

1. 你在使用筷子时遇到过哪些问题?

辰辰：我拿筷子夹不起饭菜。

瀚瀚：我的筷子总掉。

一一：筷子张开后不知道怎么合上。

教师：你知道怎么正确使用筷子吗?

贺贺：筷子细的那头朝下，粗的那头朝上。

西西：两根筷子得对齐拿。

新新：用手变成小手枪抓住筷子。

喜多：大拇指、食指和中指，三个手指头得一起动。

2. 拿筷子姿势怎么变成握笔姿势?

口诀：小手变成双管枪，拇指夹住筷上方。小手变成单管枪，两支筷子对对齐。中指食指大拇指，三指兄弟来帮忙。一支筷子抽出身，一支后推变握姿。

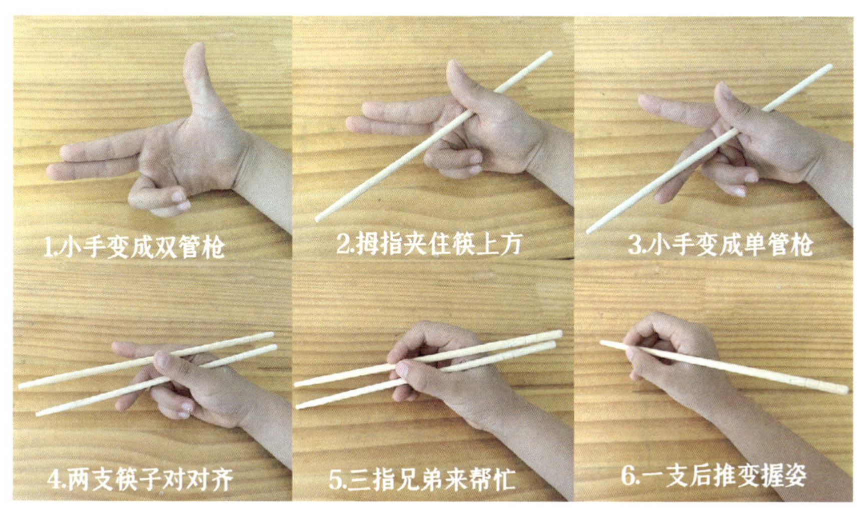

筷子使用方法

二、在“筷子小达人”争夺赛中熟练使用筷子夹不同大小、不同材质的物品，充分锻炼手部动作的灵活性和协调性

幼儿自主选择夹取的物品，与同伴协商制定比赛规则，在玩中熟练掌握使用筷子的方法，遵守比赛规则，体验竞赛后的成就感。

活动纪实

“筷子小达人”争夺赛 1

“筷子小达人”争夺赛 2

“筷子小达人”争夺赛 3

贺贺：我要夹珠子、小积木、毛绒球。

乐乐：我要夹小方块、木片、乐高积木、网状球、拼图。

贺贺：红色泡沫球有点大，我得使点劲才能夹起来，但是太使劲就滑下来了。

乐乐：黄色绒球好夹，又小又不滑。

我的名字标签

活动形式 生活活动

核心经验 1. 能制作姓名标签。

2. 尝试按类别整理物品。

3. 懂得保管好自己的物品。

活动准备 各种大小的彩色纸、马克笔

活动过程

讨论名字标签的用途和制作注意事项，帮助幼儿保管好自己的物品。引导幼儿尝试将不同的物品按照类别进行摆放。

活动纪实

1. 哪里需要贴名签？

西西：衣柜上需要，贴上名字衣服不会放错。

多多：我们的毛巾架、水杯架上需要贴名签。

月月：我们带来的绘本应该写上名字，这样小朋友们的绘本混在一起也能找到。

2. 书写时怎样做？

书写时怎样做

多多：写字的时候，头要抬起来，身体要挺直。

远儿：看书的时候，书本要离眼睛一些距离。

涵涵：写字的时候，身体要离桌子一个拳头远。

3. 怎么样才能把自己的名字写得又工整又好看？

怎么把名字写好

哈哈：写名字时要一笔一笔写，不能歪歪扭扭。

茜茜：写名字的时候，每个字要大小一样，不能有的大，有的小。

小喜：写名字的时候要注意字的结构，不能把字写“分家”。

欣欣：写名字时候每个字之间的距离不能太远，也不能太近。

4. 制作姓名标签，贴在需要的位置上。

幼儿制作的姓名标签

一一：我自己写好了名签粘在板子上。

欣欣：写好的名字可以“图书漂流岛”的时候用，贴在图书的图片下面，别人就知道这本书被谁借走了。

汉字的故事

活动形式 集体教学（语言）

核心经验 1. 了解汉字的起源，知道汉字的悠久历史。

2. 能根据图画辨认汉字，初步建立汉字与图画的联系。

3. 感受汉字的独特魅力。

活动准备 故事《仓颉造字》、《文字连连看》记录单、笔

活动过程

一、故事导入

倾听故事《仓颉造字》，了解文字的起源。

教师：古时候是用什么来记录事情的？是谁发明了汉字？他是怎么发明的？

活动纪实

淘淘：用刻木和打绳结的方法。

贺贺：是仓颉造的字。

多多：他发现了脚印，创造了用符号进行记录的方法。

二、游戏体验

出示《文字连连看》记录单，初步建立汉字与图画的联系。

教师：猜一猜，尝试把文字和图片连接起来。

活动纪实

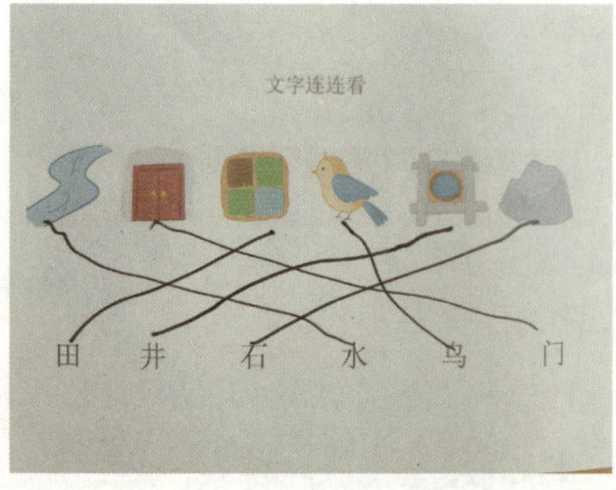

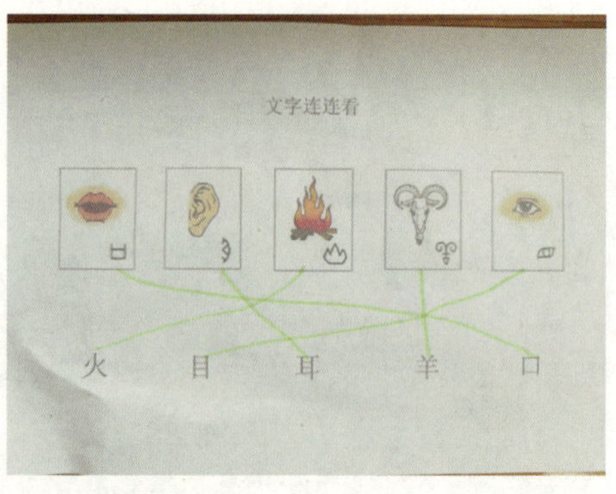

《文字连连看》记录单

淘淘：我一下子都找对了，有条小溪流的图我觉得是“水”字。

多多：有一个红色的门，我想是“门”字。

西西：我是看图猜出的汉字，我看到耳朵的图案，找到了“耳”字，都找对了。

朵朵：有个嘴巴的图案，一定是“口”字，这个字我早就认识了。

三、交流讨论

讨论文字的作用。

活动纪实

欣欣：有了文字就可以记录很多事情。

可儿：如果不知道公交车沿途经过哪些地方，可以看公交站牌上的文字。

西西：我们生活中好多地方都有汉字，如超市、医院等，有了汉字我觉得很方便。

我们的象形字

活动形式 集体教学（语言）

核心经验 1. 了解象形文字的特点，认识简单的象形字。

2. 尝试书写简单的文字符号。

3. 对文字感兴趣，萌发民族自豪感。

活动准备 绘本《三十六个字》、象形字图片、画纸、笔

活动过程

一、初步感知

1. 倾听绘本《三十六个字》故事，观察象形字的特点。

教师：故事中的象形字是什么样的？

活动纪实

轩轩：这些文字真好玩，像画一样。

乐乐：“月”字好像弯弯的月亮。

橙子：“羊”字像小羊的角，弯弯的形状。

2. 观察图片，感受象形字的演变。

教师：这是什么字？你是怎么知道的？

象形字

活动纪实

讨论 1：你们都找到了什么字？

布丁：有“日”“水”。

洋洋：有“山”“火”“大”。

讨论 2：你们是怎么知道这些字的？

月月：我看到太阳的图片，圆圈里有个点，我觉得是“日”。

盈盈：那是火苗，着火了，我觉得是“火”。

二、经验分享

结合前期关于象形字的调查问卷，集体分享交流。

教师：你和爸爸妈妈找到了哪些象形字？

活动纪实

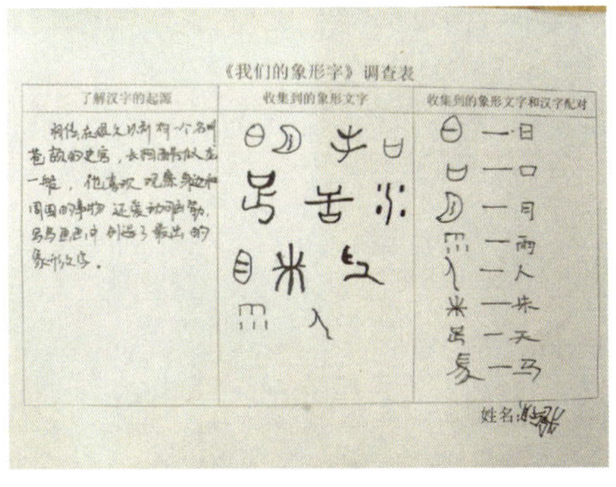

《我们的象形字》调查表

了解汉字的起源	收集到的象形文字	收集到的象形文字和汉字配对
[illegible]	[illegible]	[illegible]

姓名：[illegible]

淘淘：我收集到好多象形字，有象形字“手”，和我们看到的不一样；还有“日”“雨”，还有“人”字。有些字我能猜出来，但我不认识象形字“马”。

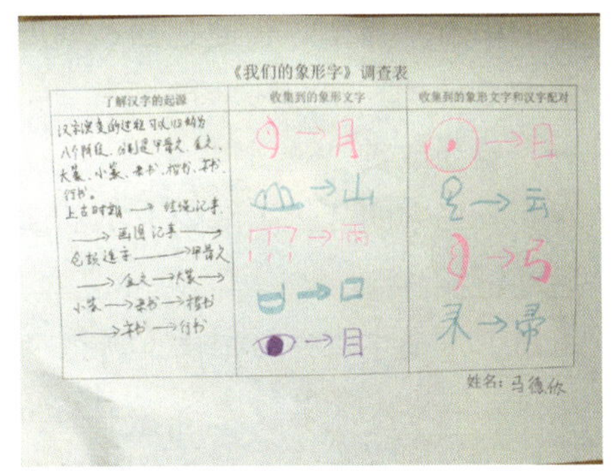

《我们的象形字》调查表

了解汉字的起源	收集到的象形文字	收集到的象形文字和汉字配对
[illegible]	[illegible]	[illegible]

姓名：[illegible]

欣欣：我和妈妈一起在电脑上找的，找到了象形字“月”“山”“雨”“口”“目”，还有“日”字。

教师：象形字是从各种具体形象的图画中演变而来的，是我国古人智慧的结晶。

三、拓展提升

尝试书写象形字。

活动纪实

多多：像一座山一样的是“山”字。

欣欣：四个小方格是“田”字。

辰辰：两条横线和两条竖线交叉在一起是“井”字。

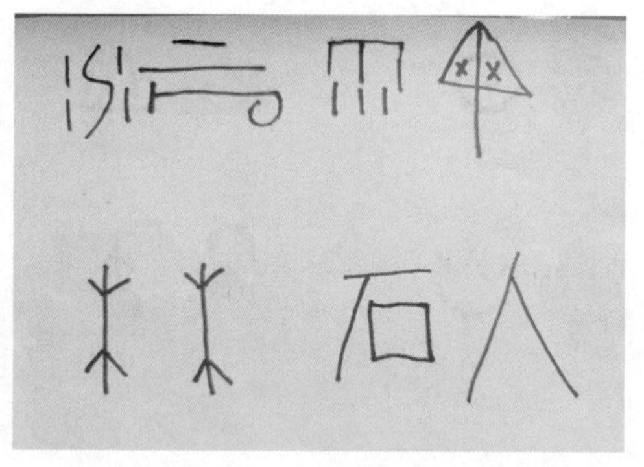

贺贺：像一把打开的雨伞的是“伞”字。

布丁：小河流水弯弯曲曲，是“水”字。

桃桃：两个小树杈在一起是“林”字。

创意象形字

活动形式 集体教学（美术）

核心经验 1. 了解象形字的演变特点。

2. 能创意制作象形字。

3. 欣赏象形字演变的美。

活动准备 黏土、彩笔、纸、纸盘、象形字图片

活动过程

一、感受欣赏

观察象形字图片，了解象形字的演变。

活动纪实

西西：下雨了有好多雨滴，所以“雨”里面也有点。

洋洋：一个人弯着腰走路，“人”字就像两条腿一样。

桃桃：我看见一个人，他的手臂和腿都张开的样子，是“大”字。

凯米：人的一只耳朵的形状，是“耳”字。

盈盈：一棵大树是“木”字，两棵大树在一起是“林”字，树林里有好多大树。

象形字的演变

二、尝试创作

尝试用多种方法和材料创作象形字。

教师：你们想用哪些方法制作象形字？

活动纪实

多多：我想用黏土捏象形字，黏土软能捏出字。

可儿：我觉得还可以刮字，在刮画纸上刮出的象形字是各种颜色的，特别漂亮。

洋洋：材料超市里有好多物品，都能拿来制作字，我想去找找和你们不一样的材料。

瀚瀚：我想用毛笔写字。

三、展示交流

介绍作品，相互欣赏。

活动纪实

欣欣："羊"上边像两个羊角似的。

淘淘：像两个树枝放在一起，是"林"字。

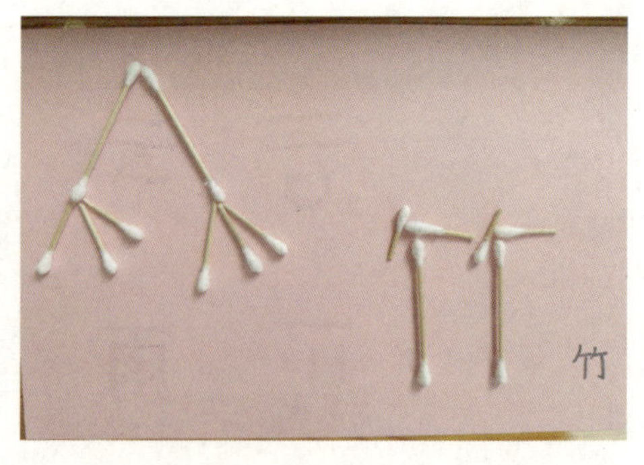

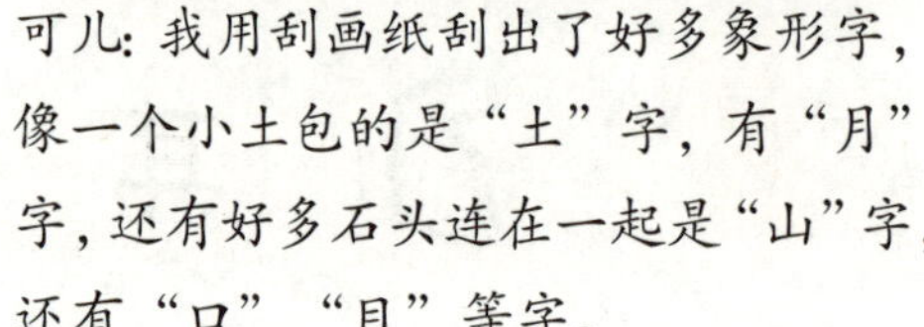
可儿：我用刮画纸刮出了好多象形字，像一个小土包的是“土”字，有“月”字，还有好多石头连在一起是“山”字，还有“口”“目”等字。

天天：我用棉签做了一个“竹”字，有的地方短，我就把棉签折断，这样就像“竹”字了。

各种各样的笔

活动形式　集体教学（科学）

核心经验　1. 知道各种笔的名称，了解它们的外形特征及结构。

2. 观察比较，发现各种笔的不同特性，大胆讲述自己的发现。

3. 对笔感兴趣，体验探索活动的乐趣。

活动准备

1. 各种笔：铅笔、油画棒、水彩笔、签字笔、钢笔、毛笔、记号笔等
2. 各种纸：宣纸、白纸等
3. 其他：墨汁、黑板、塑料膜、橡皮、黑板擦、湿巾、湿抹布等

活动过程

一、观察感知

认识各种各样的笔。

教师：你认识哪些笔？这些笔有什么用？

活动纪实

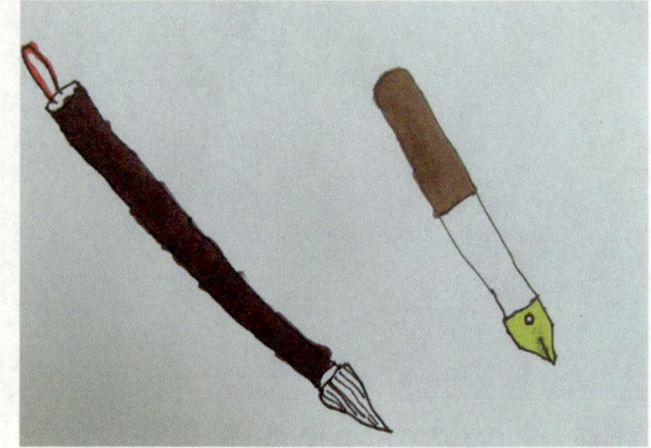

各种各样的笔

多多：我认识铅笔，还有蜡笔。铅笔能写字，蜡笔画画的时候能涂出好多颜色，可漂亮了。

哈哈：我认识油笔，它能写出黑色的字，老师给我们写游戏故事的时候我见到过。

天天：我认识钢笔，能写字，我爸爸用过。

布丁：笔尖软软的，都是毛，是毛笔，过年写“福”字的时候就用毛笔。

二、操作探索

搜集各种各样的笔带到幼儿园，通过观察、触摸、试用、比较等方法，进一步了解各种笔的特性。

教师：你有哪些发现？你最喜欢什么笔？为什么？

活动纪实

1. 你有哪些发现？不同笔有什么不一样？

淘淘：我发现签字笔有笔帽，铅笔没有笔帽。

哈哈：我发现钢笔写不出来字，得蘸墨水才能写出来。

小宇：铅笔写完字可以用橡皮擦掉，就像没写过东西似的。

欣欣：马克笔写在白板上擦不掉，白板笔写在白板上能擦掉。

2. 你最喜欢什么笔？为什么？

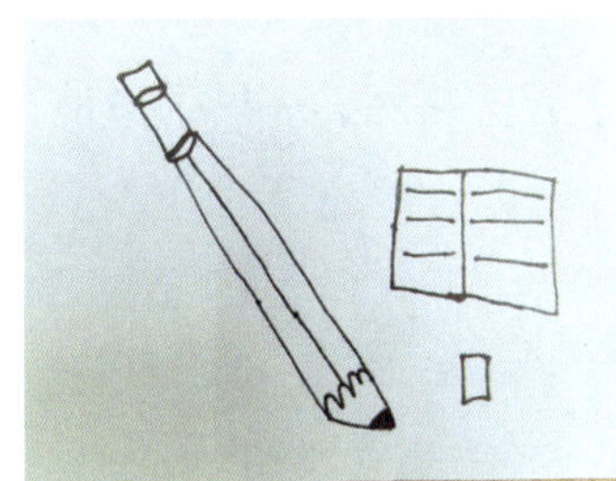

我喜欢铅笔

我喜欢蜡笔

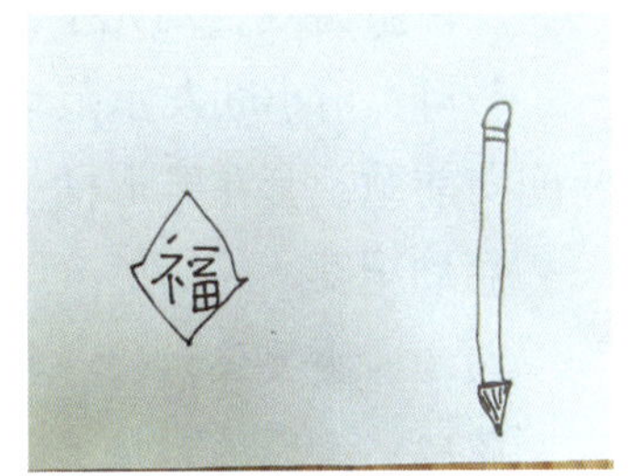

我喜欢毛笔

多多：我最喜欢铅笔，因为画错了可以用橡皮擦掉。

欣欣：我最喜欢蜡笔，因为可以画出五颜六色的图画。

贺贺：我最喜欢毛笔，我们家过年的“福”字就是我用毛笔写的。

平板套圈

活动形式 游戏活动（体育）

核心经验 1. 练习单手支撑投圈。

2. 发展四肢肌肉力量。

3. 协调控制投掷的姿势。

游戏准备 宽敞的场地、塑料圈若干、锥形桶、轮胎

游戏玩法

轮胎放在场地中间，用锥形桶围成大圈，幼儿双脚搭在轮胎上。游戏开始后，每人 3 个塑料圈，幼儿一只手拿起塑料圈，一只手撑地，将塑料圈向前抛，套在锥形桶上，套得多的人获胜。

游戏规则

1. 幼儿双脚始终需要搭在轮胎上，脚不能落地。

2. 塑料圈要套中锥形桶，套得最多的人获胜。

游戏过程

一、介绍活动玩法，教师讲解示范游戏动作

1. 讨论玩套圈的方法。

教师：假如每人一个塑料圈，可以怎样玩套圈游戏？

活动纪实

贺贺：站在线上，找一个瓶子放在地上，把圈扔出去，套住瓶子。

艾伦：扔的时候要注意，力气太大圈就扔出去了，力气太小也套不上瓶子。

喜多：我能一只手扔圈。

欣欣：我能趴在地上，像做俯卧撑一样玩套圈，我在家和爸爸一起做过俯卧撑。

2. 讲解游戏，幼儿示范动作。

教师：请小朋友示范动作，双脚搭在轮胎上，一只手拿起塑料圈，一只手撑地，将圈向前抛，套在锥形桶上。

活动纪实

淘淘：脚要使劲蹬在轮胎上，一只手要用力撑住地。

欣欣：套圈的时候头要抬起来，身体也要撑起来，另一只手快点投圈。

盈盈：投圈的时候，看下远近，不能太用力，用力太大我就撑不住了，身体就倒了。

二、幼儿进行游戏

活动纪实

游戏中，艾伦脚踩在轮胎上，单手撑地，另一只手套圈。他单手撑地没撑住，身体倒在地上。他随后重新调整姿势，把脚搭在轮胎上，一只手撑地面，另一只手套圈，圈扔远了，没套中。第二个圈他使劲扔，套中了，最后一个圈也套中了。

平板套圈

姓氏大调查

活动形式 集体教学（社会）

核心经验 1. 知道姓是名字的一部分，能用完整的语言描述自己和亲人的姓氏。

2. 能大胆清楚地表达自己的见解。

3. 感受传统文化的博大精深，对百家姓产生兴趣。

活动准备 《姓氏大调查》调查表、百家姓图片

活动过程

一、谈话导入

说说名字第一个字，寻找姓的秘密。

教师：小朋友名字中第一个字是什么？

活动纪实

淘淘：我名字的第一个字是“娄”。

哈哈：我名字第一个字是“姜”，我姓“姜”。

宣宣：我和小瀚都姓“陈”。

欣欣：我姓“马”，我们的姓不一样，所以名字中的第一个字也不一样。

楚楚：咱班没有人和我一个姓。

一一：我姓“徐”，我跟我爸一个姓。

多多：我知道，我们名字中的第一个字是姓氏。

二、交流表达

1. 说说家庭中的姓氏，发现姓氏的秘密。

教师：你发现身边还有谁和你的姓是一样的？

活动纪实

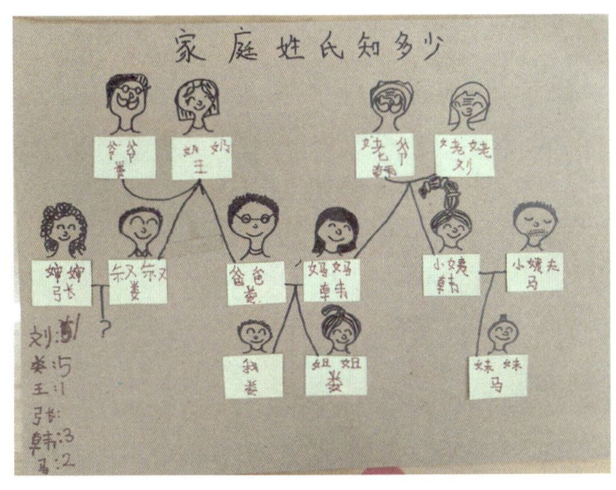

家庭姓氏调查

多多：我爸爸姓“邱”，我爷爷也姓“邱”。

淘淘：我和姐姐姓“娄”，我爸爸姓“娄”，我叔叔也姓“娄”，我妈妈和小姨都姓“韩”，姥爷也姓“韩”。

瀚瀚：我和爸爸都姓“陈”，我妈妈姓“袁”。

布丁：我们家我和爸爸、妈妈都姓“徐”，因为我爷爷姓“徐”，我姥爷也姓“徐”，所以我和爸爸妈妈的姓一样。

2. 介绍自己调查到的姓氏。

教师：请你说一说你调查到的姓氏有哪些。

活动纪实

贺贺：我们家有人姓“王”，我和爷爷、爸爸，还有哥哥都姓“张”，还有人姓“李”和“周”。

大娃：我和爸爸一起查了好多姓，有“赵钱孙李”，我周围的人也有好多不同的姓，有“郑”“姜”“马”，还有“邵”。

三、经验提升

了解百家姓。

教师：我们的祖国人口众多，有好多的姓，这些姓叫作“百家姓”。

活动纪实

艾伦：这是我找到的姓，有“赵钱孙李周吴……”我找到了20个姓氏。

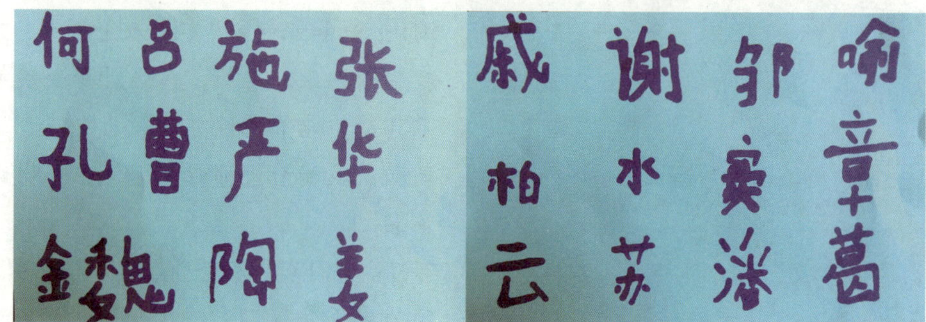

西西：我找到了“何”“吕”“施”“张”“孔”。我在《百家姓》一书中找到了自己的姓，“张”姓在《百家姓》中排名24，姓“张”的人很多。

班级里的姓

活动形式 集体教学（语言）

核心经验 1. 喜欢自己的姓氏，为拥有一个属于自己的姓氏而骄傲。

2. 知道中国人名字中的“姓”。

3. 能有礼貌地询问别人的姓名。

活动准备 白纸、马克笔

活动过程

一、交流讨论

教师：咱们班级里有哪些姓氏？你的姓是什么？谁和你的姓一样？

活动纪实

欣欣：我姓“马”，班级里没有人和我的姓一样，只有我自己姓“马”。

洵洵：我姓“娄”，班级里还有好多姓，有“毕”“曲”“高”，还有“朱”。

贺贺：班级里的姓还有“邵”“邱”“李”“金”。

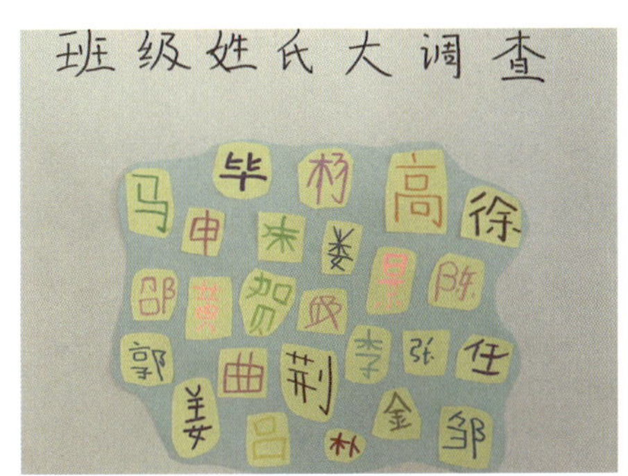

班级姓氏大调查

二、调查统计

教师：我们一起来数数，班级里一共有多少个姓氏？我们班有 25 个小朋友，为什么只有 20 个姓氏呢？

活动纪实

欣欣：我知道，班级里的哥哥和妹妹是一家人，他俩都姓“郑”。

凯米：我和瀚瀚都姓“陈”。

哈哈：我和睿睿的姓一样，姓“姜”。

小结：原来我们班有同姓的小朋友。全班共有 25 个小朋友，有 20 个不同的姓氏，其中姓“姜”的有 2 人，“郑”有 3 人，“陈”3 人，其余姓均只有 1 人。

百家姓

活动形式 集体教学（音乐）

核心经验 1. 了解百家姓的排序。

2. 尝试用欢快、活泼的声音演唱歌曲《百家姓》。

3. 愿意唱歌，体验唱歌的乐趣。

活动准备 音乐《百家姓》

活动过程

一、谈话导入，引出主题

教师：你都知道哪些姓？《百家姓》里的姓氏是怎么排序的？

活动纪实

天天：我知道班级的小朋友有好多不同的姓，有“张”“郑”“娄”“邱”“马”“邵”。

乐乐：姓氏最多的人排在前面。

贺贺：《百家姓》开始是“赵钱孙李”。

西西：我知道好多姓，有“任”“王”“张”“李”“陈”“姜”。

二、熟悉旋律，理解歌词

首先播放音乐《百家姓》，幼儿分句学唱。

教师：让我们来听一首歌曲，听听歌曲里唱的是什么。

活动纪实

哈哈：我听到有“赵钱孙李”。

盈盈：我听到“要背熟《百家姓》”。

贺贺：我听到《百家姓》里有我的姓“张”。

教师：“让我们一起来唱一唱吧！”

三、自由演唱

幼儿做拍手、左右摇头、摇摆身体等简单的肢体动作，边表演边唱歌。教师为幼儿提供展示的空间，让其进行自由演唱。

创玩汉字

活动形式　集体教学（美术）

核心经验　1. 了解汉字的结构特点。

2. 能用多种材料和方法制作汉字。

3. 体验手工制作的乐趣。

活动准备　彩色卡纸、超轻黏土、各种废旧材料

活动过程

一、观察讨论

观察汉字特点。

教师：你看到的是什么字？它是什么样子的？

活动纪实

可可：“田”字好像一个方块，里面加一条横线，再加一条竖线。

乐乐：“天”字是“大”字上面又加了一个横。

天天：“苗”字就是“田”的上面长“草”了。

桃桃：两座“山”放在一起就是“出”字。

二、操作体验

1. 引导幼儿讨论制作汉字的方法。

教师：你想用什么材料制作汉字？怎么做？

活动纪实

西西：我想用黏土捏汉字，黏土特别软，先搓成条然后捏字。

欣欣：我想用瓶盖做一个“大”字，把瓶盖摆在地上，先摆一横，像直线一样，再摆一个“人”字。

淘淘：我想用毛球制作汉字。

2. 幼儿自主制作，教师观察。

三、展示交流

幼儿展示分享制作的汉字。

教师：你用了什么材料制作了什么汉字？

活动纪实

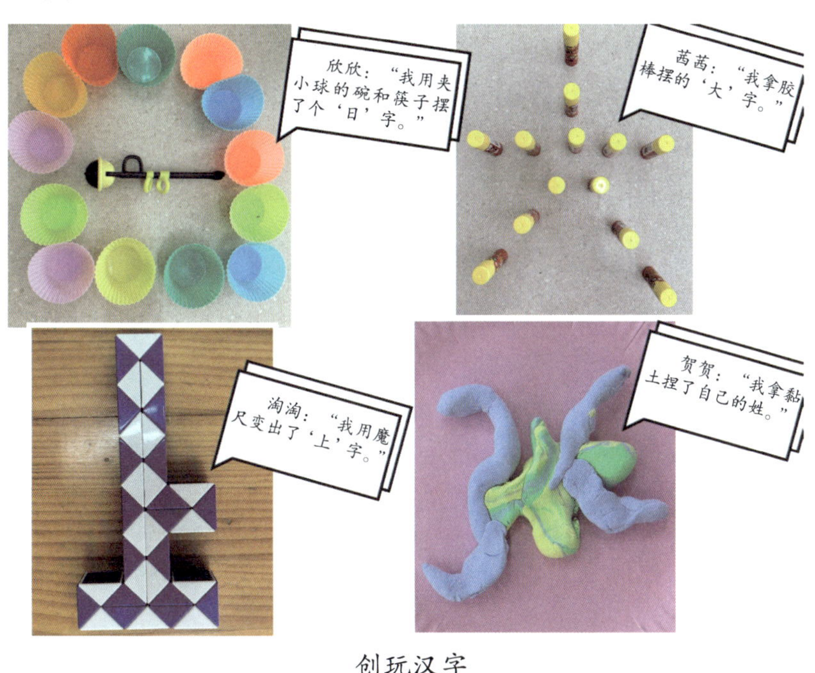

创玩汉字

姓名对对碰

活动形式　游戏活动（智力）

核心经验　熟悉自己的名字，对文字符号感兴趣。

游戏准备　姓氏卡若干、名字卡片

游戏过程

一、分享交流

出示名字卡片，幼儿进行自我介绍。

活动纪实

楚琛：我名字里的“楚”字上面两个“木”，“琛”是珍宝的意思。

楚瑶：我名字里也有“楚”字，上面是两个“木”组成“林”字。“瑶”里面有点儿像美丽的玉。

二、操作体验

幼儿操作，给名字配对。

教师：请你在班级里寻找字卡，将找到的字组成班级小朋友的名字。

活动纪实

游戏开始，淘淘翻动着带字的卡片，拿起一张“禾”字，看了看又放下，随后又拿了一张“德”字，放在了一边。他不停地翻找卡片，找到了“马”字，又找到了“欣”字，把找到的三个字组成了“马德欣”。

姓名对对碰

名字的秘密

活动形式 集体教学（社会）

核心经验 1. 知道自己名字的含义。

2. 能清楚地讲述自己名字的小故事。

3. 愿意与同伴分享交流，增进同伴亲密关系。

活动准备 姓名卡片、《我的名字》调查表

活动过程

一、猜猜名字

观察幼儿姓名卡片，说说是谁的名字。

活动纪实

贺贺：上面是“加”字，下面是“贝”字，组合起来是“贺”字，“张羿贺”是我的名字。

哈哈：这个我认识，是“姜杉”。

怡怡：我的名字里也有“欣”字，第一个字是“李”，这是“李欣怡”的名字。

姓名卡片

二、分享名字故事

与同伴分享交流《我的名字》调查表。幼儿两两结伴交流讲述自己名字的故事。

教师：你们的名字是怎么来的？又有什么小秘密呢？

活动纪实

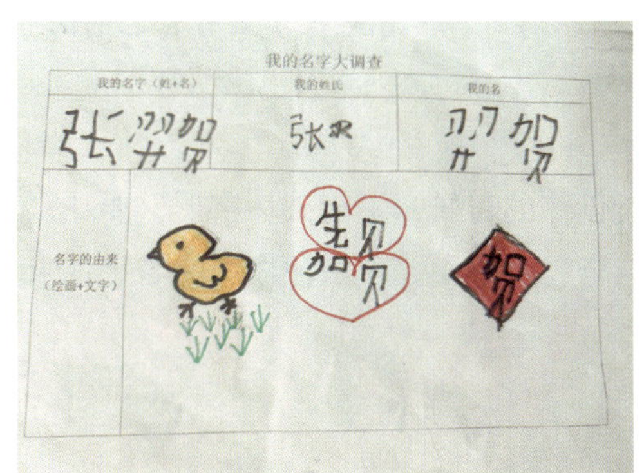

我的名字大调查

我的名字（姓+名）	我的姓氏	我的名
张羿贺	张	羿贺
名字的由来（绘画+文字）		

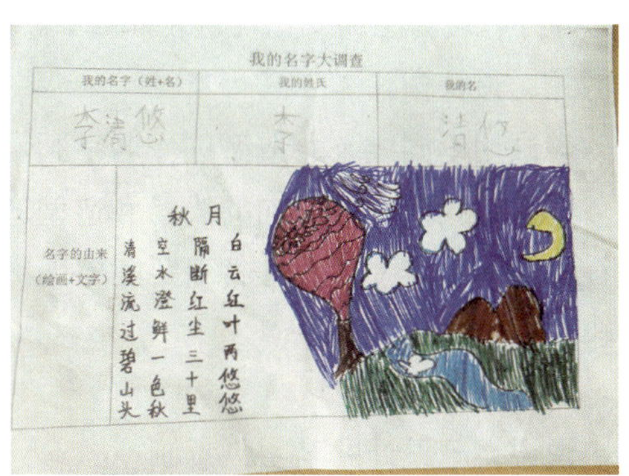

我的名字大调查

我的名字（姓+名）	我的姓氏	我的名
李清悠	李	清悠
名字的由来（绘画+文字）	秋月 白云红叶两悠悠 隔断红尘三十里 空水澄鲜一色秋 清溪流过碧山头	

《我的名字》调查表

诺诺：我的名字有“前程似锦”“一诺千金”的意思。

禾茜：我的爸爸妈妈一个是庄河人，一个是鸡西人，所以取名“禾茜”。

贺贺：我哥哥是“赞”，我是“贺”，因为哥哥是先来的宝贝，我是又加了一个宝贝。

欣欣：我随爸爸姓，因为家谱中我这辈泛“德”字，又是二月出生，取“欣欣向荣”的寓意。

清悠：我的名字取自古诗《秋月》。

名字创意画

活动形式　集体教学（美术）

核心经验　1. 能写出自己的名字。

2. 能根据自己的名字结构进行想象添画。

3. 感受名字创意画的有趣。

活动准备　各种纸、彩笔

活动过程

一、问题导入

了解名字的用途。

教师：你知道生活中名字有什么用处吗？哪些地方会用到名字？

活动纪实

一一：签到的时候要写名字。

月月：鞋子上有名字，这样即使鞋一样也不会穿错。

琳琳：衣柜上有名字，一下子就知道是谁的衣柜。

多多：去医院看病挂号会用到名字，医生一下子就知道是谁生病了。

布丁：机票上面有名字，我和妈妈去广州旅游时，我看见机票上有自己的名字。

二、设计创作

尝试用不同线条、造型创作名字画。

教师：我们在用不同的线条和造型进行创作的时候，不能破坏字形，要让别人一看就能认出名字，而且名字要能体现出爸爸妈妈的爱。现在让你们的名字也来个有趣的大变身吧。

三、分享交流

说说自己设计的名字创意画。

活动纪实

七朵：我喜欢爱心的形状，在“李”字上面画了爱心；我画的三个圆圈是“润”字的三点水，上面有人、车，还有房子，是小人开车回家了；我在“雅”字上画了小花，因为我喜欢花仙子，我想成为一个花仙子。

涵涵：我喜欢星空，星星一闪一闪亮晶晶的，我在名字里画上了星星，还画了大树，大树长大了我可以在树下乘凉。我还画了小鸟，我想像小鸟一样在天空中自由飞翔。

拼拼摆摆名字秀

活动形式 游戏活动（结构）

核心经验 1. 了解自己姓名里字的结构，能拼搭出名字。

2. 手指灵活地用积木拼摆名字。

3. 对名字感兴趣，愿意参与拼搭游戏。

游戏准备 阿基米德积木、多米诺骨牌

游戏过程

一、谈话引入

观察自己名字的结构。

教师：请你观察自己的名字是怎样书写的。

活动纪实

淘淘：我姓“娄”，上面是“米”字，下面是“女”字。

悠悠：我的名字里有“清”字，是左右分开的，左边是三点水，右边是“青”字。

布丁：我的名字里有个“一”字，就像一条横线。

元宝：我名字第一个字是“吕”，有两个“口”字，上面一个，下面一个。

二、动手操作

进行拼搭名字游戏。

教师：试一试，可以用哪些材料拼搭自己的名字。

三、作品展示

幼儿交流展示自己的作品。

教师：哪些小朋友拼搭了自己的名字？

活动纪实

一一：我用雪花片插出了我的名字。

欣欣：我用多米诺骨牌摆名字。

茜茜：我用插塑玩具拼名字。

姓名传球

活动形式　游戏活动（体育）

核心经验　1. 听语言指令做抛接球的游戏。

2. 能手眼协调地抛接球。

3. 体验合作带来的成功体验。

活动准备　球若干、宽敞的场地

游戏玩法

幼儿分成两队，教师发出“传球”信号后，喊谁的名字，谁就接住球，接住球的人继续喊名字抛给下一个人，一个接一个，直至把球全部抛完。

游戏规则　1. 幼儿之间必须是抛接球，不能传递球。

2. 每队幼儿都要抛球。

游戏过程

一、讨论玩法

教师：可以怎样合作玩球？

活动纪实

小玮：可以玩“螃蟹夹球”游戏。

可儿：人多可以玩传球游戏，一个人把球传给下一个人。

西西：可以玩抛接球游戏。

二、幼儿游戏

1. 试着两人面对面抛接球。

2. 增加游戏难度，根据喊到的名字顺序进行抛接球。

三、分组比赛

幼儿分成两队面对面站好，比一比哪队获胜。

活动纪实

幼儿进行“姓名传球”游戏

贺贺：我喊名字了，有的人不听口令就抛给别人。

晨晨：球抛过来太快了，我没接住。

洋洋：我要仔细听，喊到我名字时，我做好准备才能接住球。

乐乐：我们队一起配合，我们赢了。

经验梳理

身心准备	1. 积极参加多种形式的户外活动，如跑跳、投掷、躲避等。 2. 手部动作协调，能使用筷子、笔等工具。
生活准备	1. 能保持良好的个人卫生习惯，有保护视力的意识。 2. 知道使用笔的安全知识，有自我保护意识。 3. 会用姓名做标记，能整理和保管好自己的物品。
社会准备	1. 能主动向老师表达自己的想法和需求。 2. 感受文字、姓氏文化的独特魅力，体验作为中国人的自豪感。
学习准备	1. 了解汉字的起源演变、结构特点及汉字在生活中的应用，对汉字感兴趣。 2. 能认识并书写自己的名字，书写时保持正确的姿势，做好书写准备。 3. 了解名字的含义，能和同伴清楚地交流讲述。 4. 喜欢阅读，遇到问题能在图书中寻找答案。 5. 对生活情境中的文字符号感兴趣，愿意用图画、符号等方式记录自己的想法。 6. 尝试用数字、简单的统计等数学方法解决日常生活中的问题。

虫虫世界

大连理工大学幼儿园 冯琳楷 郑忠鹏

主题缘起

户外游戏时，幼儿常常被草地里的蚂蚁、鼠妇、蜗牛所吸引，他们对小虫子有着强烈的好奇心，总是兴奋地讨论着新发现。《指南》中指出：“支持幼儿在接触自然、生活事物和现象中积累有益的直接经验和感性认识。”幼儿喜欢昆虫，对昆虫的外形、生活习性、运动方式等有探究的意愿，基于他们的兴趣，我们开启了“虫虫世界”主题活动。

主题网络

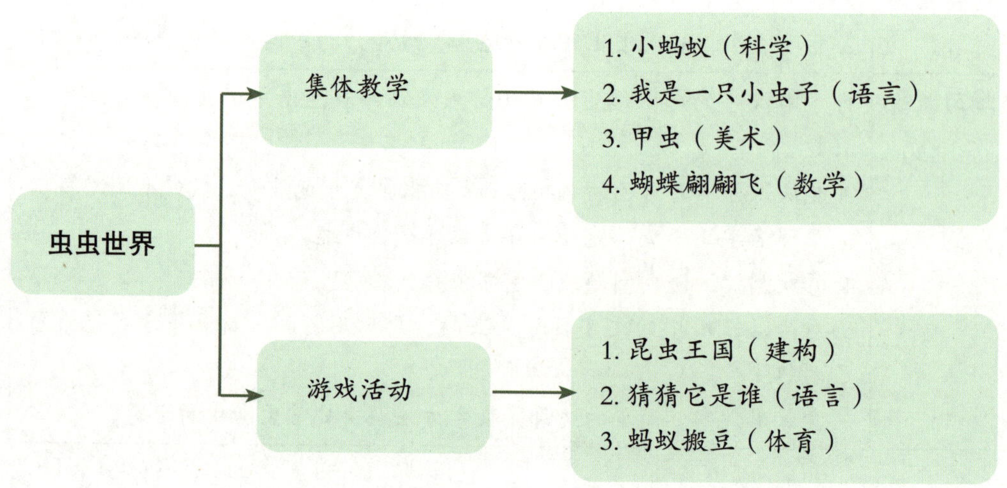

主题实施案例（节选）

小蚂蚁

活动形式 集体教学（科学）

核心经验 1. 了解蚂蚁的外形特征和生活习性。

2. 能倾听其他人的想法并大胆表述。

3. 体验探究蚂蚁的乐趣。

活动准备 蚂蚁如蚁后、雄蚁、兵蚁、工蚁的图片

活动过程

一、谈话讨论

出示蚂蚁图片，引导幼儿观察蚂蚁的外形特征，引发讨论。

教师：小蚂蚁是什么样子的？ 蚂蚁的身体由几部分组成？蚂蚁的头上长了什么？有几条腿？

活动纪实

包子：蚂蚁全身黑黑的。

房烜：蚂蚁有头、身体，还有腿。

妞妞：蚂蚁有一对触角，还有眼睛、嘴巴。

教师：蚂蚁的身体上面是胸部，下面是腹部。蚂蚁由头、胸、腹三部分组成。蚂蚁头上长着一对触角、一双眼睛和一个嘴巴，身体两侧共长着六条腿。

二、观察发现

出示蚁后、雄蚁、工蚁、兵蚁的图片，引导幼儿看图了解蚂蚁的生活习性。

1. 了解蚂蚁触角的作用。

教师：你知道蚂蚁之间是怎么沟通的吗？

活动纪实

卡卡：蚂蚁是通过触角沟通的，它们触角碰一碰就能说话了。

妞妞：蚂蚁能感觉到振动，它们触碰地面或者植物发出振动，其他蚂蚁就能感觉到了。

教师：我们昨天在操场上发现了一只蚂蚁，精精问它是不是找不到家了，蚂蚁会走丢吗？

佑佑：不会走丢，蚂蚁的触角可以感受到周围的振动。顺着它们发出的振动信号，就能找到家了。

教师：除了你们说的通过触碰沟通，感受振动信号找到食物和回到自己的巢穴，蚂蚁还会散发气味。蚂蚁每次离开自己的洞穴去外面找食物的时候，都会释放一种

气体，不管蚂蚁离开自己家多远，它都会跟着这个气味找到自己的家。

2. 了解蚂蚁的分工。

教师：你知道蚂蚁家族里都有谁吗？它们分别是做什么的？

活动纪实

晨晨：这个蚂蚁好大，它是蚂蚁家族里的大力士吗？

妞妞：它是蚁后，负责生宝宝的。

包子：我认识第二个蚂蚁，它就是我们昨天看到的小蚂蚁吧，它是负责找食物的。

西西：老师，长翅膀的是什么蚂蚁？

三、梳理总结

小结：蚂蚁家族中体形最大的是蚁后，蚁后原先有翅膀，生完蚁宝宝后翅膀就会脱落；雄蚁有翅膀，它的工作主要是和蚁后一起生宝宝；工蚁负责找寻食物，照顾蚁宝宝；兵蚁负责保护蚂蚁的家，防止敌人入侵。

我是一只小虫子

活动形式 集体教学（语言）

核心经验 1. 理解故事内容，初步感受轻松幽默的语言风格。

2. 能尝试概括和描述故事的主要内容。

3. 体验大胆猜想故事情节的乐趣，愿意与大家分享自己的想法。

活动准备 绘本《我是一只小虫子》

活动过程

一、观察讲述

引导幼儿观察绘本《我是一只小虫子》中的图片，猜测故事情节。

教师：看一看图片上有什么。猜一猜会发生什么故事。

二、谈话讨论

教师：这只小虫子的好朋友都觉得，当小虫子一点儿也不好，你觉得是为什么呢？当小虫子有没有好的地方呢？

活动纪实

萱萱：因为小虫子太小了，很容易被螳螂或者其他大一点儿的虫子吃掉。

积米：小虫子总受欺负，天牛可以顶它，蜜蜂可以蜇它，它还容易被屎壳郎的粪球压死。

熙熙：下雨后，小虫子的家会被水淹没。

教师：当小虫子有没有好的地方呢？

卡卡：小虫子能睡在草叶上并在草叶上伸懒腰，还能用露水梳洗打扮。

一墨：它能躲在叶子后面偷听小兔子讲悄悄话。

沐沐：小虫子可以跳在小狗身上，小狗去哪里，它就能跟着去哪里。

三、续编故事

幼儿分组把续编的故事内容画出来，整理成册，制作成新的绘本故事。

活动纪实

茉莉：小虫子被苍耳扎到屁股了。

童童：小虫子躲在树上偷听小兔子讲话。

四、活动延伸

将幼儿制作的新绘本投放到区域中，让幼儿进一步阅读、讲述、表演。

甲虫

活动形式 集体教学（美术）

核心经验 1. 能给甲虫涂上漂亮的颜色，了解不同甲虫的身体结构。

2. 能自主搭配色彩，提高色彩搭配能力。

3. 体验色彩搭配的乐趣。

活动准备 甲虫图片、蜡笔每人 1 盒、图画纸、勾线笔每人 1 只、装饰报纸若干

活动过程

一、谈话交流

出示各种甲虫图片，引导幼儿观察交流甲虫的形状、颜色。

活动纪实

教师：这是什么昆虫？有什么特点？

正月：这个是七星瓢虫，昨天我看到了七星瓢虫，它是橙色的，身上有很多黑色的小点点。

熙熙：它的身体是半圆形的，像一个倒扣的碗。

包子：它身上有 7 个小点，所以它的名字叫七星瓢虫。

二、创意作画

引导幼儿先选择自己喜欢的甲虫图片，再观察了解它的外形特征并进行绘画。

教师：请你为甲虫穿上美丽的衣服并装饰、丰富画面。

活动纪实

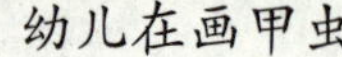
幼儿在画甲虫

幼儿在设计背景

三、展示交流

引导幼儿分享自己的绘画作品。

蝴蝶翩翩飞

活动形式 集体教学（数学）

核心经验 1. 尝试自编 10 以内的加减法应用题。

2. 能较熟练进行 10 以内的加减运算。

3. 体验编题活动的乐趣。

活动准备 1. 花朵挂图、粉蝴蝶小卡片 7 张，蓝蝴蝶小卡片 3 张

2.《我会编题》操作单

3.10 的加减算式卡片若干、记录笔每人 1 支

活动过程

一、观察交流

出示花朵挂图和蝴蝶小卡片，引导幼儿自编 10 以内的加减法应用题，并用卡片把算式列出来。

活动纪实

教师：花朵上有 7 只粉蝴蝶、3 只蓝蝴蝶，一共有几只蝴蝶？用什么方法来计算？

萱萱：应该是加法，一共有 10 只蝴蝶。

教师：你是怎么算的？

萱萱：用 7 只蝴蝶加上 3 只蝴蝶，等于 10 只蝴蝶。

教师：花朵上有 10 只蝴蝶，飞走了 3 只蝴蝶，还剩几只蝴蝶？用什么方法来计算？

鼎鼎：飞走了，蝴蝶变少了，应该用减法，10 减 3 等于 7。

二、看算式编题

引导幼儿运用10的加减算式卡片，编出不同的应用题。

活动纪实

教师：“7+3=？”这个算式能编出什么应用题？还可以怎样编？

积米：我有7块大积木，3块小积木，请问我一共有几块积木？

卡卡：我有7支蓝色铅笔和3支黄色铅笔，我一共有几支铅笔？

教师：“10−3=？”怎么编应用题？

栋栋：我有10块糖果，吃了3块，还剩几块？

幼儿在列算式

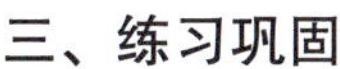

三、练习巩固

引导幼儿根据《我会编题》操作单上的内容编加减法应用题并列式。

活动纪实

编加减法应用题

《我会编题》操作单

昆虫王国

活动形式 游戏活动（建构）

核心经验 能运用叠高、拼插、围合的技能进行组合拼搭昆虫王国。

游戏准备 1. 昆虫王国图片

2. 各种大小不一的积木

3. 插塑玩具

4. 多米诺骨牌、废旧纸盒、纸杯、扑克牌等搭建材料若干

游戏过程

一、交流讨论

教师：昆虫王国要举行“昆虫的家”设计大赛，想一想可以选择什么样的材料进行搭建？用什么方法进行搭建？

活动纪实

房烜：我选择纸盒和纸板，两个纸盒上面放纸板，变成一个大门。

沐沐：我选择积木，因为积木可以垒高，可以建一座大高楼。

教师：选择好材料和搭建方法后就找小伙伴一起搭建吧，最后再给作品拍照，进行分享。

二、展示分享

教师：请每组出一人到前面介绍小组作品的名称、运用的搭建方法。

活动纪实

都都：我们组起的名字是“水上昆虫王国”，下面有四根高高的大柱子，像桥一样。这样我们的城堡就不怕水了。上面是一层层叠起来的房子，一层比一层少，这样房子就不会倒了。

沐沐：我们组搭的是“三角形的家”。我们组用了好多三角形，前面一层是大门，后面的是两层，是用很多不一样形状的积木拼搭成的，用三角形搭出来的房子很漂亮。

童童：我搭的是“昆虫王国”，下面是用积木垒高的，然后用长条积木进行架空，再在上面垒高，搭建出了我们喜欢的王国样子。

猜猜它是谁

活动形式 游戏活动（语言）

核心经验 1. 尝试用语言简单描述物品特征。

2. 会仔细倾听并根据特征说出相应昆虫的名称。

3. 体会语言游戏带来的乐趣。

游戏准备 5 张昆虫卡片

游戏过程

一、集体游戏

教师出示 1 张昆虫卡片，请幼儿轮流说出昆虫的特征，每人只能说一个特征，不要重复。

活动纪实

一墨：它有翅膀。

乔乔：它的翅膀是透明的。

晨晨：它有四个翅膀。

沐沐：它喜欢水。

包子：我知道了，它是蜻蜓。

二、创新玩法

请幼儿想一想、说一说，与同伴设计新玩法。

活动纪实

沐沐：拿卡片的人猜昆虫特征，我们回答“是”或“不是”，最后拿卡片的人来猜是什么昆虫。（包子拿出了蝴蝶）

包子：它有翅膀吗？大家：是。

包子：它有四个翅膀？大家：不是。

包子：它会采蜜吗？大家：不是。

包子：它身上有 7 个小黑点吗？大家：不是。

包子：它的翅膀有好看的花纹吗？大家：是。

包子：是蝴蝶吗？大家：是。

昆虫图片

幼儿进行“猜猜它是谁”游戏

蚂蚁搬豆

活动形式 游戏活动（体育）

核心经验 能掌握平稳推独轮车的方法，增强耐力和动作的协调性。

游戏准备 1. 独轮小车、平衡木、梅花桩、沙袋若干

2. 节奏明快、富有动感的背景音乐

游戏玩法

幼儿两人一组，自由组合练习推独轮车。计时赛时，幼儿分两大组站在起跑线后，每组两位组员同时出发，一同推独轮车过“独木桥”，绕过梅花桩障碍到达“麦田”并收一颗“豆子”（将沙袋放在独轮车上），再从线路两旁返回起点，将车交给本组下两名幼儿继续搬“豆子”，依次进行。规定时间内哪组搬的“豆子”多，哪组获胜。

游戏规则

1. 两人合作推车，不能一人推车。

2. 要通过路线上的所有障碍。

游戏过程

一、通过交流讨论，总结游戏的玩法

活动纪实

讨论 1：两个人怎么合作才能使独轮车走起来？

栋栋：两个人用手扶住，不让车倒，慢慢向前推。

卡卡：两个人配合好，不能一个人用力，否则车子就拐弯跑了。

讨论 2：怎么控制独轮车绕桩，走“S”弯？

拜特：上一轮游戏，我发现我一用力推，车子就往另一个方向走，如果对方用力推，车子就会往我这面走。

萱萱：对，我也发现了，等我们到桩旁边的时候，外面的小朋友用力往里推，车就能拐进来了。

二、自主分组，尝试进行游戏

活动纪实

幼儿进行“蚂蚁搬豆”游戏

经验梳理

身心准备	1. 能经常保持积极、稳定的情绪，遇到困难和不开心的事情，不乱发脾气，不迁怒他人。 2. 积极参加多种形式的户外活动，提高动作协调性和灵活性，增强力量和提高耐力。 3. 手部动作协调，能使用简单的工具。
生活准备	1. 坚持自己的事情自己做，能分类整理和保管好自己的物品。 2. 能自觉遵守基本的安全规则，有自我保护意识。
社会准备	1. 能和同伴友好相处，分工合作共同完成任务，遇到困难互帮互助。 2. 能主动向老师表达自己的想法和需求。 3. 能遵守游戏的规则。 4. 能理解老师的任务要求，能向家长清晰地转述并主动去做；能自觉、独立完成老师安排的任务。
学习准备	1. 对大自然和身边的事物有广泛的兴趣，对遇到的问题能够努力寻找答案；有好奇心和探究欲。 2. 喜欢阅读，乐于和他人一起看书讲故事，遇到问题经常通过图书寻找答案；能说出图画书的主要情节，并有自己的理解和想法。 3. 对生活中的文字符号感兴趣，愿意用图画、符号等方式记录自己的想法和发现。 4. 在美术活动中，能识别上下、左右等方位。

日历里的秘密

大连市沙河口区第十二幼儿园 贾国琴 刘晓晨

主题缘起

日历是幼儿一日生活中较为常见的认识时间的工具，我们在与幼儿晨间谈话中发现，幼儿并不了解日历。“日历上有什么？我们应该如何查看日历？日历上的数字、颜色分别有什么意义？日历上还有哪些秘密？……”这一系列问题引发了幼儿探究的欲望，他们走进日历的世界，去了解、去探秘，一步一步揭开日历的神秘面纱，开启“日历里的秘密”主题课程。

本主题从生活实际入手，通过谈话、讨论等形式，了解大班幼儿对日历感兴趣的问题，以此为基础开展各类活动，使幼儿了解日历中的数字、文字、图案所蕴含的意义及其与生活之间的关系，让幼儿知道时间的宝贵进而珍惜时间，提升管理时间的能力。

主题网络

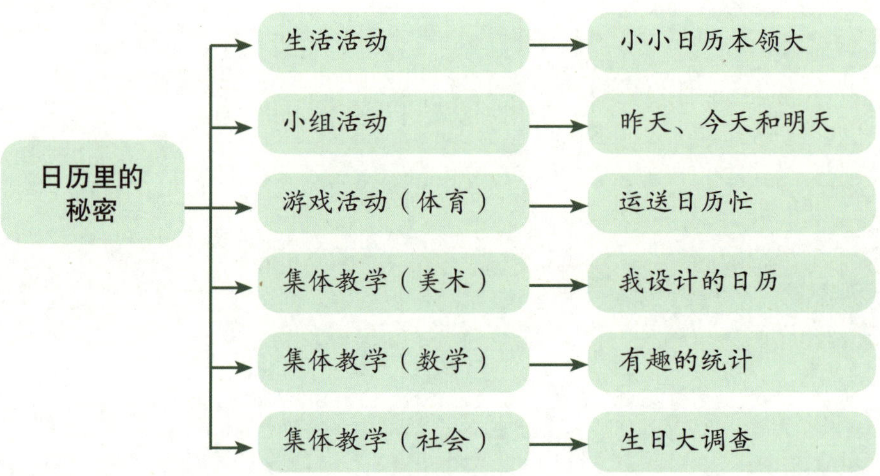

主题实施案例（节选）

小小日历本领大

活动形式 生活活动

核心经验 1. 理解时间单位年、月、日之间的关系。

2. 知道日历的重要性，初步建立时间观念。

3. 养成守时的好习惯。

活动准备 日历、马克笔、胶棒、小的正方形或长方形纸

活动过程

一、组织晨间谈话，记录叙事日历，建立初步的时间观念

与幼儿谈话引出日历，帮助幼儿整理记录的内容和方法，引导幼儿在每天记录中，不断理解年、月、日之间的关系，树立良好的时间观念，培养幼儿守时的好习惯。

活动纪实

1. 谈论今天的日期。

教师：今天是几月几日？

呦呦：3 月 30 日。

教师：你是怎么知道的？

呦呦：来园之前妈妈告诉我的，互动墙下面有日历，我看完日历就更加确认今天是 3 月 30 日了。

2. 讨论记录的内容和形式。

教师：什么时候记录？需要记录什么？

呦呦：我们可以来得早一些，进班级更换鞋子整理完自己的衣服后，就可以记录了。

果果：7 点 50 分统一这个时间来记录，我们不能迟到。

文希：需要马克笔、胶棒和小的正方形或者长方形纸。

沙沙：记录当天的日期。

粘粘：还可以把当天精彩的活动内容画出来。

车车：把我们班级的出勤人数、缺勤人数都记录下来。

3. 制作日历互动墙和 3 月叙事日历。

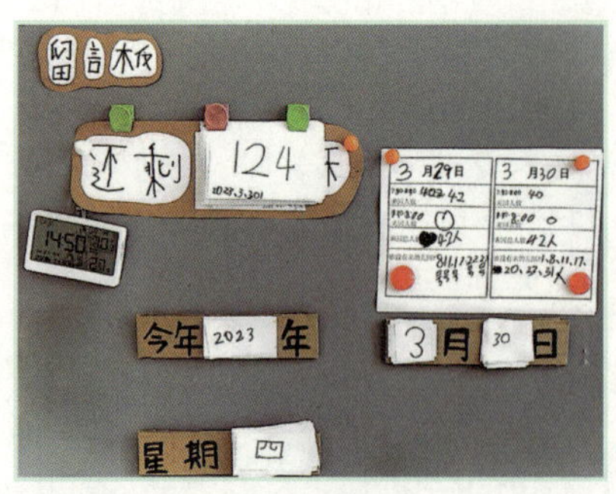

互动墙 1

互动墙 2

3 月叙事日历

二、寻找生活中的“年月日”，理解时间单位年、月、日之间的关系

教师：日历中的“年月日”在生活当中能找到吗？它们表达什么意思呢？一起玩找日历的游戏，寻找生活中的“年月日”，感知日期与人们生活的关系。

活动纪实

教师：日历是一种日常使用的表示时间等功能的工具，用于记载日期等相关信息。每页显示一日信息的叫日历，每页显示一个月信息的叫月历，每页显示全年信息的叫年历。我们学习查看生活中物品的“年月日”时，要先找到“年”，再找“月”，最后找“日”。你们在家里的哪些物品上找到了“年月日”？

车车：我在面包袋上、酸奶盒上找到了生产日期和出厂日期。

郑郑：我在纸抽和冻干无花果上找到了“年月日”。

茹茹：我在妈妈的零食袋上找到了生产日期，是 2023 年 2 月 23 日。

溏溏：我在喷雾瓶子的底部找到了生产日期。

默默：我在妈妈面膜盒的侧面找到了保质期，是 2026 年 2 月 15 日。

小常：我在弟弟的奶粉桶上找到了生产日期和保质期。

诺诺：我有很多笔，我在水性马克笔的笔盒上找到了保质期。

小高：我在奶奶的钙片盒上看到了生产日期和有效期。

呦呦：我在书上找到了印刷日期和出版日期。

牛牛：周末我们吃了意大利面，在妈妈拿出的番茄酱袋子上我看到了“年月日”。

教师：除了这些物品，还有哪些物品上有“年月日”？

粈粈：儿童口罩。

小蔡：酒精湿巾。

垚垚：手机上有出厂日期。

宁宁：电话手表上也有出厂日期。

三、谈论日历中“年月日”的作用，理解日历与人们生活的密切关系

活动纪实

教师：“年月日”有什么用处？食品袋上的保质期和生产日期是用来做什么的？

车车：人们如果一不小心吃了过期的食品，就会中毒，所以包装袋上的日期是用来提醒人们在安全的时间内把它吃完。

教师：消毒湿巾呢？

诺诺：过了保质期，消毒湿巾会失去消毒作用。

教师：口罩上的日期有什么用处？

沙沙：口罩是用来预防病毒入侵的，如果口罩过了保质期，就不能预防病毒了。

垚垚：电子日历上也有“年月日”，能提醒我早上早点起床，上学不迟到。

四、分享周末趣事，懂得珍惜时间

活动纪实

教师：你们在周末都做了哪些有趣的事情？

呦呦：我每周六都去姥姥家陪陪姥姥和姥爷，周日上舞蹈课。

果果：我周末有美术课，过几天我美术课就结业了，虽然每次只有 2 个小时，但是可以学到很多的技能。

宁宁：我周天去爬山，在露营地露营、野餐。

教师：你们周末的活动可真丰富呀！要珍惜一分一秒，别浪费时间。

昨天、今天和明天

活动形式 小组活动

核心经验 1. 知道正确的时间顺序。

2. 提高语言表述的流畅性。

游戏准备 记录单、日历、笔

游戏过程

一、经验回顾

回忆对星期的认知经验。

教师：星期妈妈有几个宝宝，它们都叫什么名字？一个星期有七天，第一天是星期日，第二天是星期一，第三天是星期二，第四天是星期三，第五天是星期四，第六天是星期五，第七天是星期六。

二、记录小日志

分享交流关于“昨天、今天和明天”的话题，尝试记录下来形成小日志。

教师：今天是几月几日？昨天是几月几日？今天你的心情怎么样？今天我们吃的水果有哪些？

活动纪实

	昨天	今天	明天
日期	3月21日	3月22日	3月23日
值日生	47183	47183	
水果			
心情			

沙沙：今天是3月22日，昨天是3月21日，明天就是3月23日了。我今天很开心，因为昨天、今天、明天，我都是值日生。

	昨天	今天	明天
日期	3月21日	3月22日	3月23日
值日生	21512	21512	21512
水果			
心情			

佳佳：今天是3月22日，早点吃了精品网纹瓜，昨天吃的是苹果和火龙果。明天吃啥呢？我去看看食谱，哦，是红提和枇杷。

	昨天	今天	明天
日期	21	22	23
值日生	12.15.2.	12.15.2.	12.15.2.
水果			
心情			

呦呦：时间过得好快呀，明天就是3月23日啦！我觉得今天的我是最棒的！

	昨天	今天	明天
日期	3月21日	3月22日	3月23日
值日生	47183	4718	4718
水果			
心情			

灿灿：今天在中间，今天的前面一天是昨天，今天的后面一天是明天。

三、自主体验

幼儿自主选择记录材料，教师观察幼儿的游戏情况并给予指导。

活动纪实

幼儿的记录

四、经验梳理

分享交流制作“昨天、今天和明天”小日志的经验。

教师：制作小日志时你用了哪些小妙招？

活动纪实

沙沙：如果我只记得今天的日期，昨天的日期不知道了，可以从日历上找答案。

呦呦：可以自己设置游戏规则，假设一个今天的日期，让我的好朋友找昨天和明天的日期。

佳佳：今天这个日期在中间，今天前面的一天是昨天，今天后面的一天那就是明天了。

运送日历忙

活动形式 游戏活动（体育）

核心经验

1. 练习助跑屈膝跳的方法。
2. 能够助跑屈膝跳过 30 厘米高的高度，锻炼下肢力量和跳跃能力。
3. 愿意克服困难、挑战自我。

游戏准备

日历若干，小车 3 辆，9 个 30 厘米高的栅栏（在 2 把幼儿椅子中间绑上绳子），木桩（白色凳子）9 个，障碍物（轮胎）3 个，白色环保小布袋

游戏玩法

幼儿分成人数相等的两组。游戏开始，每组第一名幼儿将日历装进白色环保小布袋中，先快跑一段距离，然后跳过 30 厘米高的栅栏轻轻落地，踩过木桩（白色凳子），跨过障碍物（轮胎），小跑把日历运送到指定地点。依次进行，在规定时间内，运送的最多的一组获胜。

游戏规则

1. 小小邮递员要助跑屈膝跳过30厘米高的栅栏。

2. 必须听到出发的口令后，小小邮递员才能开始运送日历。

游戏过程

一、介绍活动规则，教师示范讲解“运送日历忙”的玩法

二、幼儿自主分组，练习“运送日历忙”的动作要领

活动纪实

幼儿分组练习助跑屈膝跳的动作要领

三、幼儿讨论助跑屈膝跳不碰到栅栏的办法

活动纪实

教师：谁能分享一下助跑屈膝跳是怎样跳的？

沙沙：首先要集中注意力，然后快跑一段距离。

奇奇：在起跳时，不助跑是跳不过去的。

灿灿：先快跑一段距离，在起跳时，屈膝、双脚一起用力蹬地快速向前跳起，然后轻轻落地。

文希：轻轻落地，一定是两只脚一起轻轻落地。

四、幼儿分组比赛，比比哪组能先将日历运送到指定地点

活动纪实

幼儿分组进行比赛

我设计的日历

活动形式　集体教学（美术）

核心经验　1. 初步认识日历，了解其用途并学会正确使用。

2. 尝试运用多种形式设计日历。

3. 知道时间宝贵，懂得珍惜时间。

活动准备　马克笔、A4 纸若干、日历

活动过程

一、谈话讨论

谈话交流日历里的小秘密。

教师：日历里有哪些小秘密？你想怎样设计日历？

活动纪实

文希：我发现日历中一个月最多的天数有 31 天，那么格子至少要有 31 个。

穆穆：一个星期有七天，每一行的格子要有 7 个，一个星期为一行。

车车：日历中一周的第一天是星期日。

佳佳：每个月的 1 号，也就是每月第一天并不都是从星期一开始的。

呦呦：设计日历的时候表格要大一些，否则看不清楚。

籼籼：我发现上个月的月份和下个月的月份要连在一起看，你们看上个月最后一天是周一的话，下个月的 1 号就是周二，它们是连在一起的。

二、交流分享

交流设计日历的注意事项。

教师：你们在设计日历时，需要注意些什么呢？

活动纪实

果果：绘画的时候，可以用尺子把线画直，不然格子就会歪歪扭扭，不整齐也不好看。

奇奇：有纪念意义的日子可以用颜色鲜明的色彩做标识。

源源：我们可以把日历中的表格画大一些。

诺诺：设计日历的时候，我们要先把年月日标好了，这样能方便我们看懂是哪一年的几月几日。

小常：日历中的几号我们可以写大一点。

焓焓：我们在做表格时，可以用自己喜欢的图案、形状、符号和线条，这样就是独一无二的。

三、尝试设计

幼儿尝试设计日历并分享。

活动纪实

诺诺：我设计的是心情日历，有笑脸、哭脸，在节日当天还用了贴画纸做标记，谷雨那天我用雨点来表示。

佳佳：我喜欢彩虹色的线条，我的日历就是彩虹色的，每一天都是不一样的。

雨雨：2023 年是兔年，我在日历上画了一只可爱的小兔子，它就像我一样可爱。看！我画的日历漂亮吧。

蕊蕊：我喜欢星星，所以我在日历上画了好几颗星星。

四、经验分享

以小组为单位，幼儿互相交流设计日历的小妙招，与同伴分享。

有趣的统计

活动形式　集体教学（数学）

核心经验　1. 体验统计带来的快捷与方便，激发学习统计的兴趣。

2. 初步学会分类统计，提高计数能力和逻辑思维能力。

3. 学会用简单的方法统计事物的数量，并使用表格分类记录。

活动准备　日历、马克笔若干、A4 纸若干

活动过程

一、谈话讨论

讨论记录时用的方法。

教师：一年中有几个月？每个月又有几天？你是怎样记录下来的呢？除了你记录的方法外，有没有更简单、更快速的方法呢？

活动纪实

车车：一年中有12个月。

文希：我发现日历中每个月的天数不一样。

穆穆：我是从一开始数，数到几，就写几，用数字表示。

呦呦：用表格按照不同类别统计总数，再写出来。

二、尝试记录

交流统计的方法，调查发现日历的秘密。

活动纪实

1. 讨论统计的方法。

呦呦：可以先将要统计的事物用文字或符号在表格中记录，然后通过计数计算出相应的数量，最后将相应数字填写在对应的表格内。

蔡蔡：对，数到几，总数就是几。

2. 统计记录发现日历的秘密。

1月大
2月平
3月大
4月小
5月大
6月小

日历的秘密

日历的秘密

	2023 年	
	月份	天数
调查数据	1月	31
	2月	28
	3月	31
	4月	30
	5月	31
	6月	30
	7月	31
	8月	31
	9月	30
	10月	31
	11月	30
	12月	31
合计	共（12）个月	共（365）天

5

日历的秘密

	2023 年	
	月份	天数
调查数据	1月	31
	2月	28
	3月	31
	4月	30
	5月	31
	6月	30
	7月	31
	8月	31
	9月	30
	10月	31
	11月	30
	12月	31
合计	共（12）个月	共（365）天

16号

日历的秘密调查数据

三、统计记录

统计记录家庭成员生日，相互交流统计结果。

活动纪实

教师：表格中有什么需要我们统计？

籼籼：我们和家人的生日。

教师：我们应该怎样统计？怎样记录？

呦呦：要先画出要统计的人，再在对应的格子里写上生日，画上生肖。

19号

家庭成员生日统计表

家庭成员	几月？	几日？	生肖
	4月	4日	
	6月	6日	
	8月	17日	
	10月	9日	

家庭成员生日统计表

家庭成员	几月？	几日？	生肖
	8月	19日	
	6月	21日	
	2月	4日	
	10月	28日	

22号

家庭成员生日统计表

家庭成员	几月？	几日？	生肖
	10月	9日	
	4月	8日	
	7月	7日	
	4月	5日	

18号

12号

家庭成员生日统计表

家庭成员	几月？	几日？	生肖
	12月	16日	
	6月	6月7日	
	8月	8月8日	
	9月	9月1日	

家庭成员生日统计表

四、经验梳理

对班内物品进行统计，巩固并练习统计的方法。

1. 在教师的指导下，幼儿完成统计表格中的内容。
2. 请幼儿自由选择统计内容，填到表格中并进行统计，教师巡回指导。
3. 幼儿互相检验统计结果。

五、延伸学习

幼儿将家里的物品进行统计，并将调查结果带回幼儿园分享。

生日大调查

活动形式 集体教学（社会）

核心经验 1. 知道自己的生日是哪一天。

2. 能在日历上找到自己的生日。

3. 体验参与活动的乐趣。

活动准备 日历、《生日大调查》调查问卷、马克笔若干、A4 纸若干

活动过程

一、谈论话题

与幼儿交流什么是日期。

教师：我们已经了解了日历，那你们知道什么是日期吗？日期用什么来表示？

活动纪实

果果：日期代表着时间。

呦呦：日期用来表示哪一年的几月几日，可以用数字来表示。

沙沙：日期是由数字和汉字组成的。

教师：既然日期代表着时间，你知道自己的生日吗？

二、分享交流

分享自己的调查问卷——《生日大调查》。

教师：小朋友们，你知道你的生日是哪天吗？怎么在日历上找到你的生日？

活动纪实

怎么找到我的生日

呦呦：先找到我的生日是在几月，接着找到当月的具体哪一天，那一天就是我的生日了。

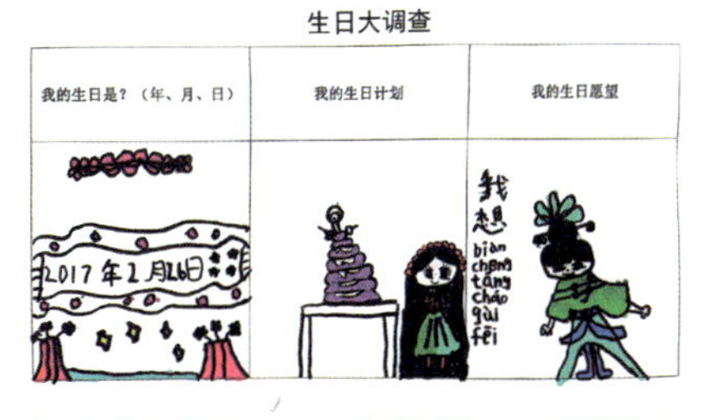

诺诺：我的生日是 2017 年 4 月 21 日。我画了一个花瓶、一座小房子和五个亮晶晶的小装饰。我的生日愿望是妈妈、爸爸、姥姥、奶奶都给我准备小礼物。我走过来一看，哇！真漂亮。我的生日愿望是变成千金小姐。

呦呦：我的生日是 2017 年 2 月 26 日，我画了亮晶晶的小亮片、两个花盆，还有一个蓝色的地毯和一朵粉色的小花。我的生日愿望是变成唐朝的公主。

沙沙：我的生日是2016年10月19日。我的生日计划是和我的爸爸一起做一张生日贺卡。我的愿望是看到一条美人鱼。

教师：小朋友们都知道自己的生日，那我们一起来统计一下每个月有几个小朋友过生日吧。

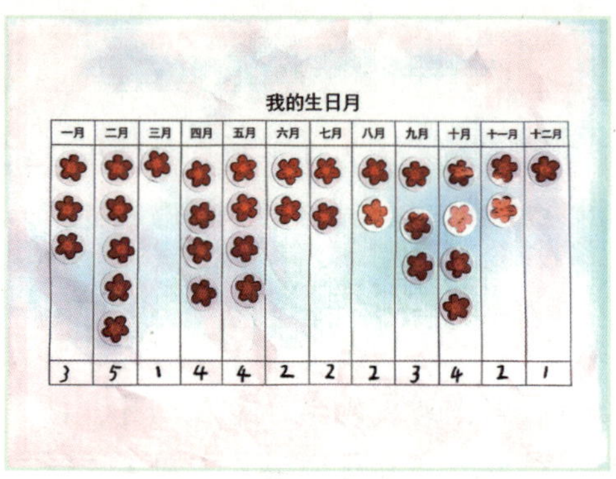

小高：一月份和九月份过生日的分别有3人。四月份、五月份和十月份过生日的分别有4人。二月份过生日的最多，有5人。

车车：三月份和十二月份过生日的分别只有1人。六月份、七月份、八月份和十一月份过生日的分别有2人。

三、尝试设计生日日历

幼儿自由设计生日日历。

教师：你生日的那一天一定是最特别的，是独一无二的。请你用喜欢的符号或者图案来标注生日的那一天，设计属于你自己的生日日历吧！

经验梳理

身心准备	1. 手部动作灵活协调，能使用简单的工具和材料，锻炼手部小肌肉动作。 2. 积极并愿意参加多种形式的户外活动。 3. 遇到困难和不开心的事情，不乱发脾气，不迁怒他人。 4. 初步了解日历，对日历的话题充满好奇。
生活准备	1. 能够保持规律作息，坚持早睡早起。 2. 有初步的时间观念，做事不拖沓。 3. 坚持自己的事情自己做。 4. 能自觉遵守游戏中的安全规则。

（续表）

社会准备	1. 知道别人的想法有时和自己不一样，能倾听和接受别人的意见。 2. 喜爱自己的班级和幼儿园，对自己的班级有集体荣誉感。 3. 能与同伴分工合作共同并主动完成任务。遇到困难互帮互助，发生冲突时尝试协商解决。 4. 理解老师的任务要求，能自觉、独立完成老师安排的任务。
学习准备	1. 对日历中的文字符号感兴趣，遇到问题能主动在书中找寻答案。 2. 愿意用图画、符号等方式独立设计日历，做好前书写准备。 3. 能够用数学方法解决相关问题，并有计划地安排自己的活动。 4. 在集体情境中认真倾听他人讲话，并较完整地表达自己的意见。